Guiden till Spaniensverige

Diaspora, integration och transnationalitet bland svenska föreningar i södra Spanien

Erik Olsson

STOCKHOLM
UNIVERSITY PRESS

Published by
Stockholm University Press
Stockholm University
SE-106 91 Stockholm
Sweden
www.stockholmuniversitypress.se

Supporting Agency (funding): Denna bok är skriven inom projektet "Service och omsorg i transnationella rum" som har finansierats av Riksbankens jubileumsfond. Publiceringen av boken har beviljats bidrag från Åke Wibergs stiftelse.

First published 2018
Cover Illustration: Martin Wincent, Stockholm University Press
Cover Image: Copyright Stockholm University, Licensed with CC BY 4.0
Cover Design: Karl Edqvist, Stockholm University Press

A part of the book series Anthropology & Society (Online) ISSN: 2002-6293

ISBN (PDF): 978-91-7635-056-0
ISBN (EPUB): 978-91-7635-057-7
ISBN (Mobi): 978-91-7635-058-4
ISBN (Hardback): 978-91-7635-059-1

DOI: https://doi.org/10.16993/bao

Stockholm Studies in Anthropology & Society

Anthropology & Society (AS) (ISSN 2002-6293) is a peer-reviewed series of academic monographs and edited volumes. The series strives to provide an open access platform for contemporary anthropological research. With its unique insights into the human condition, anthropology offers a fresh perspective on social life around the world, which the series aims to convey.

Editorial Board

Titles in the series

1. Olsson, Erik. 2018. *Guiden till Spaniensverige. Diaspora, integration och transnationalitet bland svenska föreningar i södra Spanien.* Stockholm: Stockholm University Press. DOI: https://doi.org/10.16993/bao. License: CC-BY

Riktlinjer för sakkunniggranskning

Stockholm University Press sakkunniggranskar alla publikationer i två steg. Varje bokförslag skickas till ett redaktionsråd av forskare inom ämnesområdet samt till två oberoende experter. Det fullständiga bokmanuset granskas även i sin helhet av två oberoende experter.

En utförlig beskrivning av förlagets riktlinjer för sakkunniggranskning finns på webbplatsen: http://www.stockholmuniversitypress.se/site/peer-review-policies/

Redaktionrådet för Anthropology & Society tillämpar anonym sakkunniggranskning av bokförslag och manuskript. I fallet med Guiden till Spaniensverige har granskarnas namn presenterats först efter att hela bedömningen av manuskriptet slutförts. Redaktörerna, författaren och förlaget vill rikta ett stort tack till dessa två ämnesexperter som har läst och godkänt manus innan publicering:

Charlotta Hedberg, Docent i Kulturgeografi, Institutionen för geografi och ekonomisk historia, Umeå universitet.
ORCiD: https://orcid.org/0000-0001-7888-780X

Anna Gavanas, Filosofie doktor i Socialantropologi, Docent i Genusvetenskap.
ORCiD: https://orcid.org/0000-0002-1682-0738

Innehållsförteckning

Förord

Den studie som ligger bakom den här boken tjuvstartade med några rekognosceringsbesök i Torrevieja för omkring tio år sedan. Det är en lång tid och det har blivit många besök sedan dess. Jag har hunnit träffa många intressanta och vänliga människor som också hjälpt mig i mitt forskningsarbete. Framförallt vill jag nämna Carina Theorell, Agneta, Thomas Tibell, Leif Henriksson och Bo Löfgren. Tack för alla tips, trevliga samtal, hjälp och stöd under mina vistelser i Torrevieja och Fuengirola. Det är också en rad andra personer som på olika sätt har hjälpt mig på plats i Spanien. Alla har varit vänliga och trevliga (utan att behöva det). Här får ni ett kollektivt tack!

Läsaren ska emellertid inte tro att (alla) svenskar i södra Spanien är så livsstilsberoende och provinsiella som den här boken riskerar att framställa dem. De personer jag nämnt i förra stycket känner nog inte ens igen sig själva. Boken handlar inte om dem som individer och överhuvudtaget inte om enskilda individers migration till Spanien. Istället har jag valt att undersöka vad som gör individerna till en gemenskap av livsstilssvenskar i Spanien. Till en svensk diaspora. Jag hoppas att boken lyckas klargöra denna skillnad.

Själv har jag nog på sätt och vis blivit ett slags livsstilsmigrant. När hösten blir som mest tröstlös och vintern för tung är det med viss längtan jag tänker mig in i en sysslolös tillvaro vid Medelhavets strand. Kanske detta är ett tecken på att jag börjar närma mig pensionen?

Boken skulle emellertid knappast ha blivit skriven om jag helt och hållet befunnit mig i Spanien och där ägnat mig åt författandet i min ensamhet. Forskning är ett lagarbete. Jag vill särskilt tacka min projektledare och vän Annika Rabo för gott sällskap och många intressanta samtal. Tack också för att du på ett tidigt stadium läste mitt usla manuskript och att du gav mig goda råd som kunde förbättra det. Anna Gavanas läste i ett mycket senare skede och gav mig sådan uppmuntran och goda råd att det så småningom gick att slutföra boken. Tack Anna! Jag har dessutom ett antal seminariedeltagare och kollegor att tacka för feedback på delar av detta manus eller den artikel som publicerades i Nordic Journal of Migration Research 2017. Kollektivt tack till er kolleger! Jag är också tacksam för att Johanna Ankarcrona ställde upp och gick igenom det språkliga i manuset. Tack! Förutom universitetet är det också några finansiärer som gjort boken möjlig. Riksbankens jubileumsfond finansierade en stor del av forskningen och Åke Wibergs stiftelse har gett bidrag till bokens publicering. Tack!

Slutligen ska jag naturligtvis tacka min familj! André har gjort värdefulla praktiska insatser med såväl datainsamling som manus. De övriga i min familj har stått ut med mig. Särskilt tacksam är jag som vanligt gentemot Maria, min hustru. Hon har tålmodigt accepterat min stress. Och dessutom min benägenhet att åka till sydligare nejder när vädret är som sämst här hemma. Jag borde ha dåligt samvete för att jag lämnat henne ensam med snöskottning och andra sysslor. Tyvärr är det på så vis att om jag fick chansen att göra om den här studien, då skulle jag inte tveka.

Järvsö i april 2018
Erik Olsson

1. Inledning

Min första forskningsvistelse i Costa del Sol började bra. Redan den andra dagen kontaktade jag två personer som båda ingick i styrelsen i en av de större nordiska föreningarna i området. Ordförande för föreningen var en man som jag kallar Roland men det var Nisse (båda namnen är pseudonymer) som av de flesta sågs som föreningens starke man. Följaktligen ringde jag Nisse först. Jag presenterade mig och talade om varför jag ringde honom. Nisse visade sig vara en vänlig person. Jag hade ringt vid rätt tillfälle, sade han, för dagen efter ska föreningen bjuda sina medlemmar på en "återvändarfest". "Du får gärna komma dit om du vill", sa han, men bad mig samtidigt att ringa Roland för att få det bekräftat. Självklart ville jag det! Jag ringde omedelbart till Roland och fick där samma positiva gensvar. "Det var en bra idé av Nisse", sa Roland, och visst var jag välkommen till festligheterna.

Det är ovanligt att en fältvistelse i forskningen får en sådan rivstart. Så dagen efter var jag fylld av tillförsikt men också lite nervös över hur jag skulle förklara min närvaro. Jag var ganska tidigt ute när jag ringde på dörren i klubblokalen. Det hördes stoj och skratt. Jag hälsades snabbt välkommen av en person som jag genast glömde namnet på. Föreningslokalen var ganska trång men förefall vara trivsam. Dörrarna till terrassen hade öppnats och släppte in en härligt ljummen och salt kvällsbris. Ute på terrassen hördes vågornas brus när de slog mot stranden några hundra meter bort men inne i föreningslokalen blev det snart annat ljud i skällan. Lokalen var redan fylld av gäster och det var kö till baren där det vankades gratis dryck. Högljudda röster och skratt ekade mellan väggarna. Av larmet att döma hade gästerna tagit med sig sitt bästa humör. De flesta hade nyligen kommit tillbaka från den annalkande hösten i Sverige och här var vädret, som alltid denna tid på

Hur du refererar till det här kapitlet:
Olsson, Erik. 2018. Inledning. I Olsson, E. *Guiden till Spaniensverige. Diaspora, integration och transnationalitet bland svenska föreningar i södra Spanien*. Stockholm: Stockholm University Press, 1–9. DOI: https://doi.org/10.16993/bao.a. License: CC-BY

året, fantastiskt! Ett härligt buffébord med lufttorkad spansk skinka, ostar, sallader, oliver, räkor och annat smått och gott hade dukats upp. Jag noterade dessutom att det fanns inlagd sill, knäckebröd och hårdost på bordet. Gästerna försedde sig av dessa läckerheter och av det vin som fanns till självservering. När de flesta satt sig till bords avbröts vi ganska snart av föreningens ordförande, det vill säga Roland, eftersom det var dags för ett välkomsttal. Det var ett kort tal där vi hälsades välkomna "tillbaka" [till Spanien] och den härliga gemenskapen med alla föreningens medlemmar. Roland tog också tillfället i akt att utbringa en skål. En skål för att "alla är tillbaka" och för glädjen och nöjet att umgås igen! Sedan tog någon fram ett instrument och spelade några välbekanta visor ur den svenska vistraditionen. Stämningen var helt enkelt på topp! "Det här är vad vi [föreningen] håller på med!", sade Nisse efter att jag kommenterat den goda stämning som tycktes råda i lokalen. "Vi tycker det är viktigt att hålla ihop härnere – vi vill föra svenskarna samman för det behöver vi". Just vid det tillfället var denna kommentar självklar. Vad jag kunde se hade alla det trevligt och precis som de övriga lät jag mig väl smaka av maten och vinet.

Livsstil och svensk migration – utgångspunkter och syfte

Denna scen från "återvändarfesten" riskerar att bekräfta de fördomar som finns om svenskarna i Spanien och deras tillvaro där. Detta är inte avsikten. Scenen vill i stället ge en levande bild av föreningsliv och social gemenskap bland de svenska livsstilsmigranterna i södra Spanien. Mitt besök på återvändarfesten är just en scen från en fest och inget annat. Festerna är en av föreningarnas standardaktiviteter för att samla de svenska nätverken men som denna bok kommer att visa är detta inte det enda föreningarna gör. Självklart består svenskarnas tillvaro i Spanien av så mycket annat än fest och det finns många andra förväntningar på vad föreningar ska göra. Dessutom finns det för individerna mycket att välja på när det gäller socialt liv. Förutom det lokala utbudet finns till exempel en mängd intresseföreningar ("svenska", "internationella" och "spanska"), kyrkor och en rad olika arrangemang av kulturella aktiviteter och nöjen. Med tanke på att dessa migranter, till skillnad från turister, har sina första eller andra hem i någon av dessa spanska kustorter har de självklart också ett vardagsliv bortom den soliga tillvaron att ta hand om.

Tidpunkten för det besök som skildrades i vinjetten var slutet av september och de flesta svenska migranterna i södra Spanien hade kommit tillbaka efter flera månaders vistelse i Sverige. Besöket var föranlett av ett forskningsprojekt som i stora drag handlade om att förstå gemen-skapen bland svenskarna i södra Spanien, hur denna organiseras och hur det bland svenskarna där skapas ett slags kollektiva lösningar på vardagliga problem.[1] Tack vare detta forskningsprojekt har jag under några år från hösten 2010 haft förmånen att besöka olika miljöer och tala med människor i Costa Blanca och Costa del Sol om bland annat dessa frågor. Jämfört med många andra migrationsströmmar är det här fråga om relativt välbeställda människor som söker efter "ett gott liv" – en företeelse som i forskningen ofta har kallats för "livsstilsmigration" (till exempel Benson & O'Reilly 2009; Benson & Osbaldiston 2014; O'Reilly & Benson 2009; Torkington 2010), "ägandeturism" eller "boendeturism" ("residential tourism" – Casado-Diaz 2009; Huete & Mantecón 2012).[2]

Det betyder inte för den skull att de svenska migranterna i Spanien på något förutsägbart sätt bosätter sig nära sina landsmän (även om det mönstret finns) och uteslutande umgås med dem i så kallade enklaver. Det finns här alla möjliga varianter. Många håller förstås ihop i olika slags nätverk, andra söker sig bort från sina landsmän till ett "interna-tionellt" umgänge (Lundström 2017) och en del tänker sig att på sikt bli en del av det spanska samhället. Det finns både de som bestämt sig för att utvandra till det nya landet och de som har för avsikt att vistas där under längre tidsperioder utan att definitivt bestämma sig för när de ska flytta tillbaka till Sverige igen. Det stora flertalet av migranterna är emellertid säsongsboende eller långtidsvistande med bibehållna relatio-ner till det svenska samhället. Många har en bostad eller sommarstuga någonstans i Sverige – detta är vanligt också bland de som är permanent boende i Spanien – och en stor majoritet upprätthåller sina kontakter med familj, släkt och vänner som bor kvar i Sverige.

Jag väljer att åtminstone för ögonblicket ändå att bortse från denna stora sociala variation och bunta ihop dessa lite olika kategorier i en ganska opreciserad kategori av "livsstilsmigranter". Ordet "livsstils-migrant" passar enligt min uppfattning bättre som beteckning för det levnadsmönster som det handlar om här än vad alternativen turist eller långtidsresenär gör. Det som förenar livsstilsmigranterna är deras öns-kan om att åstadkomma en förändring i sitt liv genom att skaffa sig ett

[1] Föreliggande studie var ett delprojekt inom projektet "Service och omsorg i trans-nationella rum". Projektledare var professor Annika Rabo. Projektet finansierades av Riksbankens jubileumsfond 2011–2014.
[2] Det bör också nämnas att det finns många exempel på liknande så kallad livsstils-relaterad migration i andra delar av Europa – t.ex. Frankrike, Portugal och Cypern – men även i Asien och Nordamerika/Karibien.

varaktigt boende i Spanien (i detta fall). Livsstilsmigranterna drivs av ett slags projekt där själva livskvaliteten sätts i centrum och för att detta projekt ska kunna genomföras hänger mycket på boendet. Detta är en skillnad gentemot att vara turist (även om livsstilsprojektet mycket väl kan ha börjat med en förlängd semester). De svenska livsstilsmigranterna i Spanien bor flera månader eller längre varje år i sitt andra (eller första) hem där. Ett ganska stort antal av dem flyttar dessutom permanent till Spanien och har i en del fall för avsikt att stanna där livet ut. Boken handlar om dessa livsstilsmigranter men i mycket begränsad mening om deras tillvaro i Spanien.

När jag formulerade forskningsfrågorna "visste" jag förstås att det är många svenskar som bosätter sig i de områden som det handlar om här – Costa Blanca i sydöstra Spanien och Costa del Sol på det spanska fastlandets sydspets (för karta, se figur 1 i kapitel tre) – och jag trodde mig också veta att inte så många av dem pratar bra spanska. Jag har intresserat mig för det kollektiva livet som dessa utvecklar och i anslutning till detta också för frågor som har med deras vardag i Spanien att göra. På vissa orter i Spanien bor det tusentals svenskar – Fuengirola och Torrevieja har båda en svensk befolkning som motsvarar en mindre svensk stad – och det personliga nätverket kan inte omfatta alla dessa. Två individer som stöter på varandra i en affär eller på en restaurang faller knappast i djup nostalgi för att de båda råkar komma från Sverige och befinna sig på samma plats ett par hundra mil söderut. Många är inte ens intresserade av att umgås enbart på sådana grunder och kanske just därför undviker att besöka de svenska föreningarna och kyrkorna. Samtidigt är det uppenbart att en relativt stor andel av svenskarna i Spanien åtminstone stundvis uppträder som en gemenskap. Ett av syftena med denna bok är att beskriva hur detta går till och vad gemenskapen tar fasta på. Jag kommer i mindre omfattning att beröra frågan varför (eller varför inte) svenskarna flyttat till Spanien än den fråga som i stället rör hur den svenska anknytningen, ursprunget eller språket görs till ett socialt kitt som får svenskar i södra Spanien att känna sig som en gemenskap (eller åtminstone har detta som mål).

En fråga som hör ihop med detta och med migranternas livsstilsprojekt är den som handlar om hur de kan ordna sin tillvaro med till exempel ett fungerande hem och en trygg sjukvård och omsorg? Hur får de tillgång till den service och de tjänster som livsstilsprojektet "kräver"? Detta med tanke på att migranterna befinner sig i ett land med ett annat språk som de i de flesta fall inte behärskar. Hur anlitar svenskarna en hantverkare eller ordnar läkarbesöket när språket är främmande? Vad är de olika föreningar som bildats bland de svenska migranterna i södra Spanien uttryck för och vad har de för betydelse för svenskarnas sociala gemenskap och för deras vardagliga tillvaro?

Min infallsvinkel till dessa frågor har, av skäl som jag snart ska redogöra för, gått genom olika sociala aktörers (till exempel föreningar och andra organisationer) engagemang för att samla svenskarna i södra Spanien. Jag kommer inte att i detalj gå in på de individuella sätten att leva i dessa områden. Även om en del mönster nog är mer vanliga än andra så finns det många olika varianter på hur människor lever sitt liv som migrant i södra Spanien. Diskussionen i denna bok handlar i stället om de *organiserade försöken till att åstadkomma sådan social gemenskap* men också om hur migranterna får ett fungerande och bekvämt liv där *livsstilsprojektet kan förverkligas.*

De finns tydliga uttryck för en gemenskap bland svenskarna i södra Spanien i bland annat föreningslivet och kyrkan. När det gäller migranternas livsstilsprojekt så finns förutom det lokala spanska utbudet av välfärdstjänster (med tanke på hälsa och annat) en uppsjö av serviceleverantörer i dessa områden. De livsstilsmigranter som efterfrågar service, till exempel av hantverkare eller sjukgymnaster, kan alltid hitta någon som levererar de efterfrågade tjänsterna. Det finns dessutom ett stort utbud av företag som är inriktade på nöjen, sport och kultur. Om detta är vad migranterna önskar sig i tillvaron så saknas sannerligen inte möjligheter att få ett innehållsrikt liv. Många önskar sig dessutom de tekniska förutsättningarna för datakommunikation och tv-kanaler som underlättar kontakterna med det svenska samhället. Utbudet är mycket stort och det är delvis en fråga om de ekonomiska begränsningarna för att kunna utnyttja det. Ekonomin är ingen försumbar fråga i detta fall eftersom många lever på sin pension och dessutom har stora kostnader. Bland annat är många angelägna om att då och då kunna resa för att besöka släkt och vänner i Sverige samt i många fall bo där under sommaren. Jag ska i denna bok ägna en hel del utrymme åt att beskriva hur de "svenska" föreningarna i södra Spanien tillhandahåller möjligheter för social gemenskap och hur de på andra sätt engagerar sig i de svenska migranternas livsstilsprojekt.

Min avsikt är *inte* att framställa de svenska migranterna i södra Spanien som en klart avgränsad "grupp". Men något måste man kalla den kategori det handlar om. Denna kategori består i grunden av olika nätverk av svenska medborgare som hamnat i södra Spanien. Nätverk är en användbar beteckning för det som det handlar om här. Det handlar om en rad sociala kontakter och aktiviteter mellan personer som talar samma språk och är från samma land. I vissa fall hand har det funnits relationer mellan dessa migranter redan från hemlandet (till exempel grannar eller släktingar) men i allmänhet är det flyktiga eller indirekta kontakter och bekantskaper som helt enkelt inträffat. Jag tar med andra ord inte denna gemenskap för given utan boken handlar om hur en sådan gemenskap mobiliseras från dessa nätverk. Det är en potentiell gemenskap som formas i och med att det sker ett slags organisering av kontakterna. Hur gör de sociala föreningarna (framförallt) för att fånga de svenska migranternas uppmärksamhet och leda dem in i en gemenskap? Hur ser dessa gemenskaper ut i den form som föreningarna ger dem? Hur har föreningarna och andra organisationer engagerat sig i de svenska migranternas tillvaro i södra Spanien?

Det analytiska greppet är i hög grad färgat av ett transnationellt perspektiv (jämför Faist 2000; Glick Schiller, Basch & Szanton-Blanc 1992). Jag kommer senare att förklara närmare vad detta innebär men redan här kan sägas att det är ett synsätt där människors kontakter, utbyten och rörlighet över nationsgränser sätts i centrum. Ett av bokens centrala begrepp – *diaspora* – hör hemma i det transnationella perspektivet. I den definition jag använder handlar diaspora om den sociala process som genererar en utlandsbaserad gemenskap i vilken de gränsöverskridande sociala relationerna med "hemlandet" är central (Faist 2010a; Olsson 2013; Wahlbeck & Olsson 2007). Det betyder *inte* att jag ser en fix och färdig grupp av (Spanien)svenskar med särpräglad identitet och kultur framför mig. Inte heller kan jag se en grupp som något klart och tydligt resultat av denna process. Här handlar det om att förstå hur en sådan grupp kan uppstå. I det perspektiv jag använder är *diaspora ett slags projekt som drivs och stöps fram av social praktik.* Det är de aktiviteter och arrangemang som anordnas för att samla en befolkning av migranter, eller för den delen en minoritet, som är diasporans reella blodomlopp.

Bokens innehåll och disposition

I nästa kapitel redogör jag för den forskning som ligger grund för min egen ansats, de teoretiska utgångspunkter, metod och annat som tillhör studiens ljus och lykta. Efter en kort genomgång av det relevanta forskningsläget beträffande svensk migration till Spanien, diskuterar jag det teoretiska perspektiv som används här. Slutligen innehåller detta kapitel också en diskussion om metod; valet av metod, det som karaktäriserar den och hur jag gått tillväga för att generera det empiriska underlag som boken bygger på. Jag vill här ge ett slags karaktärsbeskrivning av mitt empiriska material. Detta görs bland annat genom ett resonemang om intervjuernas betydelse, hur de genomförts och hur jag på andra sätt grävt fram information.

Kapitel tre handlar om de omständigheter och förhållanden som utgör grunden för svenskarnas etablering i denna del av Spanien. En del av detta återger diskursen om södra Spanien och hur migrationen dit förklaras och legitimeras bland de aktörer som är inblandade i den svenska livsstilsmigrationen. Varför väljer så många svenskar att permanent eller säsongsvis flytta till dessa orter i Costa Blanca och Costa del Sol? Det tillhör bakgrunden att flera av dessa orter har exploaterats hårt och berövats den charm som nog är sinnebilden för medelhavsstäder i övrigt. Jag menar här att den spanska solen och klimatet inte ska ses som den enda orsaken till denna massiva migration. Kanske klimatet inte ens är den viktigaste faktorn? Utan att leverera svar på detta vill jag rikta uppmärksamheten mot det slags infrastruktur för livsstilsmigration som leder till denna del av Europa.

I kapitel fyra ger jag en bakgrund till det kollektiva engagemang som kan sägas bilda stommen till svensk gemenskap i södra Spanien (eller diaspora om man föredrar det). Kapitlet ger en bild av de olika slags sociala praktiker som genom åren mobiliserat svenskarna i dessa områden. Framförallt är det föreningslivet som är motorn i denna mobilisering. Tusentals svenskar är (och har genom åren varit) medlemmar i någon av de sociala föreningarna i Spanien och ses som en central aktör för att göra gemenskap bland de svenska migranterna där. Det finns därför också en mängd frivilliga och eldsjälar som på olika sätt engagerat sig i föreningarnas verksamhet. Förutom föreningarna finns det dessutom andra aktörer, organisationer och företag som har liknande intressen av att föra samman svenskarna. Stundtals gör dessa aktörer gemensam sak med föreningarna. Kyrkor och svenska skolor samt en rad skandinaviskt profilerade företag (Börestam 2011) är exempel på detta.

I kapitlen fem, sex och sju finns bokens empiriska kärna. I kapitel fem beskriver jag så att säga grundbultarna för föreningarnas verksamhet och engagemang i södra Spanien. Det tycks finnas ett antal principer och förutsättningar som bestämmer färdriktning och "profil" i föreningarna. Med detta menar jag den typ av aktör som föreningen, genom sin verksamhet, vill uppträda som. Vad gör föreningarna för sina medlemmar, vilka riktar sig föreningen till och framförallt hur vill föreningen uppfattas bland de potentiella medlemmarna? Det verkar finnas en rationalitet i föreningarna som slår igenom i deras profil och verksamhet. Mot bakgrund av detta är det därför logiskt att föreningarna, som jag visar i kapitel sex, uppträder som sociala klubbar i ordets rätta mening. I föreningarnas ögon blir arrangerandet av olika sociala aktiviteter den mest centrala uppgiften. I kapitlet visar jag hur de stora föreningarna bygger in ett slags *patos* i sin verksamhet där det "svenska" tar plats. Nostalgi och känslor till det frånvarande svenska är en självklar ingrediens men här finns också ett slags löfte om att få ett välbekant hem (Jeppsson Grassman & Taghizadeh Larsson 2012; Lundström 2017). Det finns också ett "andra ben" i föreningarnas verksamhet som svarar mot det servicebehov som många av livsstilsmigranterna har. I kapitel sju är det denna aspekt av profilen – *logos* – som står i centrum. De föreningar som har ambitionen att bli stora och uppträda som aktörer i de svenska nätverken lägger stor vikt vid förmedling av information, service och kontakter för att rekrytera medlemmar. *Logos* har en inriktning på livsstilen och den gör anspråk på att förenkla och bekvämliggöra tillvaron för svenskarna i södra Spanien. En viktig konsekvens av denna serviceinriktning från föreningarnas sida, är att många svenskar (och andra nordbor) guidas till ett bekvämt liv i den spanska tillvaron där det svenska samhället finns på armslångt avstånd. Jag visar samtidigt att föreningarna, för att inte drunkna i alla krav och önskemål som kan ställas på dem, måste avgränsa sin verksamhet och att det är därför är vissa kategorier och intressen som mer än andra blir föremål för föreningarnas intresse.

Kapitel åtta är en uppföljning och fördjupning av de empiriska observationer som lyftes fram i de tre föregående kapitlen. Här fokuserar jag främst på några centrala aspekter i föreningarnas profilering och vad föreningarna med detta "gör" i termer av social gemenskap och livsstil. De intressen som föreningarna sätter i främsta rummet bygger på en "diasporisk" tillvaro i vilket boendet och tillvaron i Spanien och de praktiska kontakterna med det svenska samhället, ingår som ett slags modell. Kapitlet handlar om föreningarnas profil och de sociala konsekvenser den har för gemenskapens sociala tyngdpunkt men också för dess orientering i relation till det spanska samhället.

Bokens röda tråd kan sägas vara social mobilisering sett genom föreningarnas och flera andra organisationers engagemang bland nätverken av svenska livsstilsmigranter i södra Spanien. Denna diskussion summeras i bokens avslutande kapitel (nio). Här försöker jag också föra en diskussion som tar fasta på de analytiska konsekvenser som följer med att anlägga ett diaspora perspektiv på denna livsstilsbaserade gemenskap.

Innan jag går vidare vill jag med huvudtexten föra in en not om hur texten är upplagd. Jag har skrivit boken inom ett forskningsprojekt och i egenskap av forskare med ett akademiskt forskningsintresse. Boken riktar sig till forskare och studenter som delar mitt intresse för transnationell migration och diaspora. Samtidigt vill jag bjuda in läsare som inte har samma forskningsbakgrund som jag själv och mina forskarkollegor – inte minst de som själva bor eller verkar i detta Sverigespanska sammanhang. För att göra boken tillgänglig för båda dessa typer av läsare har jag valt ett upplägg där de empiriska kapitlen i huvudsak är beskrivande av hur mobiliseringen av svenskarna går till. De analytiska resonemang som krävs för att den röda tråden ska finnas kvar i texten är begränsade till några inskjutna poänger och jämförelser. De slutsatser som jag drar av mina observationer kommer främst i slutet av respektive kapitel. Det analytiska tempot höjs i de två avslutande kapitlen. Det är således i dessa kapitel åtta och nio som jag på allvar tar itu med analyserna av vad som skildrats i de tidigare kapitlen. Min förhoppning är att jag med detta val av upplägg också får en pedagogisk effekt där båda kategorierna av läsare delar insikter om att forskning om sociala förhållanden kräver detaljrik empiri. Men jag hoppas också att boken kan visa att beskrivningar av empiriska sociala förhållanden, ofta triviala och vardagliga, kan bli mer intressanta om man tillåter sig att läsa dem i ljuset av ett teoretiskt perspektiv.

2. Att studera en svensk diaspora

I inledningskapitlet presenterade jag boken som en studie i görandet av social gemenskap av de svenska livsstilsmigranterna i södra Spanien. Jag ska i detta kapitel beskriva det perspektiv som karaktäriserar mitt försök och där redogöra för de viktigaste utgångspunkterna. Det handlar om ett perspektiv där diaspora ges en viktig roll och på vilket sätt den här sortens migration kommer in i detta. Kapitlet handlar dessutom om min metod, dataunderlag och hur jag gått tillväga när jag studerat detta gemenskapsgörande. Det finns emellertid några forskare som också de studerat svenska livsstilsmigranter i Spanien. För att läsaren ska få en ungefärlig uppfattning om vad vi vet (och inte vet) om svenskarnas tillvaro i Spanien så ska jag inleda kapitlet med en kort forskningsgenomgång.

Forskning om svensk migration till Spanien

Den tidigare forskningen om svenskarnas migration och tillvaro i Spanien har i huvudsak studerat hur individer förhåller sig till den spanska tillvaron och boendet där. Exempelvis har Per Gustafson diskuterat de transnationella aspekterna i den turism och säsongsboende som märks bland framförallt de svenska pensionärerna i Spanien (Gustafson 2001, 2002, 2008). I en artikel om strategier för boendet (Gustafson 2009) visar Gustafson också att många svenska migranter i Spanien har anpassat sitt liv med hänsyn till de bostäder de har i såväl Spanien som Sverige – för övrigt ett relativt vanligt mönster också bland andra livsstilsmigranter till Spanien (Huete & Mantecón 2011). Många av dem har därför flera "hem" att förhålla sig både praktiskt och emotionellt.

Hur du refererar till det här kapitlet:
Olsson, Erik. 2018. Att studera en svensk diaspora. I Olsson, E. *Guiden till Spaniensverige. Diaspora, integration och transnationalitet bland svenska föreningar i södra Spanien.* Stockholm: Stockholm University Press, 10–33. DOI: https://doi.org/10.16993/bao.b License: CC-BY

Valet av boendeform är naturligtvis en fråga om smak, tycke och framförallt möjligheter, men inbegriper också en rad ställningstaganden i olika sociala, ekonomiska, juridiska och praktiska frågor. Särskilt komplicerat blir detta i och med att boendet/hemmet finns i både Sverige och Spanien. Med ägandet av en bostad följer bland annat ett ansvar att sköta om bostaden att betala avgifter och att på olika sätt sköta de juridiska och skattemässiga förpliktelser som följer ägandet i båda länderna. Ett annat exempel är Annie Woubes avhandling (2014) som bygger på ett etnografiskt fältarbete i ett av de mer populära områdena för svenskar i Spanien (Costa del Sol). Woube undersöker framförallt individers erfarenheter av sitt migrationsprojekt och hur de förhåller sig till såväl sin svenska bakgrund som det spanska samhället. Woube visar att de individuella positionerna för tillhörighet bland dessa migranter är mer komplexa än att helt sonika stå på en nationell grund. I Woubes studie märks såväl "internationella" som transnationella uttryck för migranternas identifikationer (se även Lundström 2017; Woube 2017). Eftersom min egen studie handlar om de sociala praktiker som mobiliserar gemenskap är det också logiskt att Woube delvis drar andra slutsatser än vad jag gör. Det finns ingen motsättning i detta eftersom min observation handlar om den praktik som konstruerar gemenskap snarare än individers ståndpunkter.

Både Gustafsons och Woubes arbeten går i linje med liknande studier av till exempel britter i Spanien (Casado-Diaz 2009; King, Warnes & Williams 2000; Oliver 2007; O'Reilly 2000; O'Reilly 2017) där snarlika mönster med "flerboenden", "säsongsvistelser" och "transnationalisering" märks. För att återvända till svenska forskningsarbeten kan Catrin Lundströms studie av svenska kvinnor i (bland annat) Spanien nämnas (2014, 2017). Lundström visar bland annat att de svenska kvinnorna strävar efter en position där villkoren är definierade av dem själva. Det svenska medborgarskapet och tillgången till den "vita femininiteten" blir ett slags tillgångar för att skaffa sig en självständig position. På sätt och vis kan migranterna med sådana resurser växla in sina privilegier och dra sig undan till en tillvaro utanför både det svenska och spanska samhället (jämför Leivestad 2015). Samtidigt visade Lundström att kvinnornas liv kompliceras av könade strukturer, heterosexuella normer och ekonomiskt beroende. Livsstilsmigration består inte av ett enskilt, och från övriga samhällsprocesser frikopplat, lycksökande; det är inte (uteslutande) den "flykt" till det goda livet som ett livsstilsprojekt kan framstå som (O'Reilly & Benson 2009). Lundströms studie visar att även om den enskildes "motiv" till sin migration handlar om individuella livsprojekt så kan inte detta undersökas fristående från samhälleliga maktstrukturer.

Lundström lyfter fram en viktig poäng som återkommer i Anna Gavanas (2016, 2017) studie av svenskarna i Kanarieöarna och Costa del Sol. Det individuella livsprojektet utgör många gånger ett slags drivkraft för svenska livsstilsmigranter i Spanien. Likväl hamnar de i allmänhet i en situation då de inte kan stå helt oberoende av det samhälleliga livet som till exempel när de behöver hjälp av sjukvården eller när de behöver omsorg och service. Nätverken (eller för den delen föreningar och organisationer) kan ofta bli det stöd som ersätter de funktioner som annars offentliga institutioner har. En hel del av det frivilliga engagemang och kollektiva lösningar på vardagsproblem som framförallt Gavanas studie beskriver, kommer igen i den här boken.

Ambitionen med min bok (och som gör att den förmodligen skiljer sig gentemot de flesta andra studier om svensk migration till Spanien) är emellertid att komma "bakom" de individuella försöken bland de svenska migranterna att hitta ett bra liv. Min studie visar liknande tendenser som flera andra forskare och journalister har påpekat: de svenska migranterna håller sig för sig själva eller söker gemenskap i en internationell omgivning men ofta utan att ha några djupare kontakter med det spanska samhället och dess befolkning. Jag håller också för troligt att detta skulle *kunna vara* en grund för utvecklingen av en större gemenskap bland de svenska migranterna i södra Spanien men det är samtidigt oklart i vilka sammanhang en sådan i så fall skulle förverkligas. Det betyder för den skull inte att svenskarna i Spanien förverkligar sina drömmar genom att leva i "kolonier" och bilda enklaver. Det är inget "lilla Sverige" i Spanien som speglas i mitt material och inte heller syns något sådant i Woubes, Gavanas och Lundströms studier. Det sociala livet inom, i huvudsak, svenska nätverk är en viktig komponent för många svenskar i södra Spanien men den är definitivt inte den enda och inte för samtliga. Däremot tycks föreningarnas verksamhet i form av aktiviteter och service vara ett bekvämt sätt för många att inrätta tillvaron med. Detta ger deras liv i Spanien ett slags "färdriktning". Jag diskuterar denna aspekt i bokens avslutande kapitel främst utifrån föreningarnas position i integrationsfrågor.

Ulla Börestams (2011) studie av skandinaviska företag i Spanien har på flera sätt varit en inspirationskälla för mitt eget arbete. I fokus för Börestams studie är företagsnamnen och hur namngivningen av företag kan höja intresset för det skandinaviska ursprunget. Detta sker bland annat av marknadsskäl eftersom "skandinaverna" utgör den största kundkretsen men också för att det skandinaviska kan ge ett slags kvalitetsstämpel på deras produkter och tjänster. Genom Börestams studie har jag också fått stöd för en viktig observation som säger att företagen och föreningarna ofta samordnar sina intressen av att fånga in de svenska migranterna. Företagens intresse av att upprätthålla konsumenternas efterfrågan på "svenska" och "skandinaviska" produkter och tjänster har sin motsvarighet i föreningarnas försök att locka medlemmar. Det visar sig dessutom att dessa föreningars ansträngningar på den punkten ofta är sammanflätade med företagens motsvarande intressen.

Det perspektiv på gemenskap som jag förespråkar sätter sociala aktiviteter och annat "görande" i centrum. Fokus ligger alltså på social mobilisering och de olika uttryck en sådan kan ta. Samtidigt innebär detta perspektiv att man måste erkänna att en sådan mobilisering inte självklart omfamnas av alla dem som kan beröras av den. Efter att ha samtalat med hundratals personer i dessa områden i Spanien (dock utan att alltid ställa den typen av frågor), tror jag inte det är möjligt att säkert säga hur svenskarna i södra Spanien lever och organiserar sin tillvaro. Jag har inte studerat frågan empiriskt men jag tror att det finns en stor variation i hur de svenska migranterna förhåller sig till det kollektiva "svenska" i allmänhet och föreningslivet i synnerhet. Den mångfald som finns i hur migranterna hanterar sin vardag i Spanien är minst lika stor. Individerna söker sig till *olika* sammanhang för att hitta socialt umgänge och för att få det stöd och den service de behöver för att leva ett bekvämt liv. Med detta i bakhuvudet ska denna bok läsas som en studie av hur mobiliseringen av de svenska migranterna går till – de visioner och den praktik som ingår i detta – men i mindre utsträckning av migranter som i och med detta förverkligar sina livsstilsprojekt.

Social gemenskap, migration och svensk diaspora

Ett starkt argument i denna bok är att diasporisk gemenskap hänger samman med den sociala praktik som mobiliserar den. Det huvudsakliga intresset riktas därför mot görandet av svensk gemenskap och hur detta uttrycks bland livsstilsmigranterna i södra Spanien. Jag ska genom begreppen social gemenskap, social praktik, migration och diaspora här ge en kort redogörelse för det perspektiv som färgat min framställning.

Svensk gemenskap?

Vad menas med (svensk) gemenskap i detta sammanhang? En utgångs-punkt är Ferdinand Tönnies (1887/2002) typologi av samhällen ("com-munity") karaktäriserade av "täta" respektive "instrumentella" sociala interaktioner (jämför Asplund 1991). Urtypen för den täta typen av sociala interaktioner finns, enligt Tönnies, i förindustriella sam-hällen som ofta bygger gemenskap på basis av släkt- och grannskap ("gemeinschaft"). Komplexa industrisamhällen domineras däremot av sekundära former av sociala relationer som, enligt Tönnies, kan beskri-vas som nytto- och ändamålsinriktade ("gesellschaft"). Människor finner samhörighet på basis av intressen och funktion i ett större sammanhang.

En eventuell *gemenskap* bland svenskarna i Spanien kan självklart inte bygga på att människorna anser sig vara släkt med varandra och heller inte att de har ursprung i samma lokalsamhälle. Det handlar pre-cis som jag redan påpekat om ett mycket diffust nätverk av människor från olika delar av Sverige och de flesta känner inte varandra person-ligen. Visserligen förekommer det att familjer, släktingar och vänner inspirerats av varandra och flyttat till samma plats i Spanien men inte i sådan utsträckning att detta kan vara basen för någon mer omfattande svensk gemenskap. Detta talar i så fall för att de svenska migranternas sociala gemenskap skulle mobiliseras på basis av sekundära relatio-ner. Detta förefaller det mest rimliga med tanke på att Sverige sedan lång tid är starkt urbaniserat. Likväl har gemenskaper som utvecklas i komplexa samhällen med mer sekundära sociala interaktioner ofta ett inslag av kvaliteter som främst förknippas med primära relationer (Asplund 1991). I komplexa moderna samhällen är etnicitet och natio-nalism exempel på två (besläktade) centrala sociala processer för tillhö-righet och identifikation, vilka båda är grundade i föreställningar om ett gemensamt historiskt ursprung (Eriksen 1993). Översatt till detta sammanhang med svenska livsstilsmigranter kan vi tänka oss att det finns sammanhang då det svenska ursprunget framkallar en gemen-skap kring det nationella ursprunget (och med detta en underförstådd gemensam historia). Detta är en bas för samförstånd som, i vissa fall, också kan få blodet att svalla.

Att vara "svensk" är i grunden ett uttryck för en föreställd gemen-skap (Anderson 1983) där vedertagna uttryck för denna gemenskap sätts i förgrunden – vanligtvis en myt om ursprunget, kulturen, den gemensamma historien och språket – utan att de konstruerande inslagen i detta problematiseras (Eriksen 1993; Johansson 1999). En gemenskap av svenskar i södra Spanien är för den skull ingen "naturlig" och primär form av social interaktion. Att få människor som ingår i sammanhang i huvudsak byggda kring sekundära relationer att acceptera och ta till sig föreställningar som i hög grad är knutna till primära relationer, kräver alltid ett slags "kampanj". Det betyder å andra sidan att all social gemenskap också inbegriper sociala gränsdragningar om vilka som tillhör eller inte tillhör den grupp som är tänkt att representera gemenskapen. Detta är tydligt i samband med etniska gränser men det betyder för den skull inte att gruppen är inbördes homogen. Gemenskapsbildningar bör därför studeras i relation till den mobilisering som skapar dessa gränser och de olika sociala komponenter – till exempel ålder, klass, kön och etnisk tillhörighet – som konstituerar den.

Social praktik

De individer av svenskt ursprung som rör sig på gator och torg i den offentliga spanska miljön är på sin höjd en förutsättning för att en gemenskap kring det svenska i Spanien ska uppstå. Men för att en sådan ska förverkligas i någon form krävs en samling eller mobilisering av dem som kan tänkas passa in. Denna sociala mobilisering kan förstås i relation till begreppet *social praktik*. Enkelt uttryckt syftar social praktik på olika slags handlingsmönster som tar form när människan gör och omvandlar sin värld, liv och tillvaro. Inom samhällsvetenskapen har social praktik främst förknippats med kollektiva handlingsmönster som ett sätt att förklara relationerna mellan agens och struktur (se till exempel Bourdieu 1989; Giddens 1979; Ortner 2006). Det kan med andra ord röra sig om en mängd sociala uttryck som i analytisk mening medlar mellan individen och de strukturer som, i sin totalitet, kan ses som samhällskroppen. Här använder jag detta begrepp för att belysa den sortens sociala arrangemang som sociala föreningar och organisationer iscensätter för att svenskarna i södra Spanien ska få ett slags social samvaro eller för att de på något sätt ska få en bättre tillvaro. Med detta riktas blicken mot hur återkommande sociala aktiviteter "drar in" svenskarna i en mer varaktig samvaro som i en vidare mening kan sägas vara en mobiliserad social gemenskap. Med tanke på vad som jag aktualiserade om gemenskapens konstituering är det dock viktigt att undersöka hur praktiken i denna process relaterar till olika sociala positioner och kategorier av, i detta fall, svenskar.

När sådan social praktik institutionaliseras som en vedertagen form för gemenskap kan den också sägas vara ett slags "social infrastruktur" (Xiang & Lindquist 2014:133). Med detta menar jag att de olika aktiviteter som praktiken består av blir en social mekanism som får de sociala nätverken "att fungera" som något slags social enhet. Det är när svenskarna i de annars (ut)spridda nätverken börjar delta i dessa aktiviteter som de blir möjliga att analysera som en form av gemenskap. Den sociala praktiken är med andra ord en förmedlande länk som sätter igång och underhåller samspelet mellan individuell agens och struktur samt dessutom leder detta i en viss riktning. Som Biao Xiang och Johan Lindquist (2014) poängterar blir materiella förutsättningar och villkor centrala element i denna infrastruktur. Till exempel är det uppenbart att föreningar som arrangerar sociala aktiviteter är beroende av ett fysiskt rum och av materiella resurser, kommunikationsmedel och annat för sin verksamhet. Denna materialitet kommer att på olika sätt forma vad som är möjligt och önskvärt att åstadkomma och här kommer, som vi ska se, företagens serviceutbud att spela en viktig roll.

För att inte missleda läsaren vill jag här tillägga att den infrastruktur som refereras till här inte ska ses som en motorväg eller ett järnvägsspår som har den svenska gemenskapen som sin enda destination. I så fall handlar det om en vägsträcka som har både materiella och sociala sidor och som definitivt inte är enkelriktad eller enkelspårig. Det finns individer som så att säga hoppar på detta tåg av erbjudanden om till exempel social gemenskap och service och som följer med det ända till slutstationen. Men det finns andra individer som åker en kort bit eller inser att de hamnat på fel tåg och kliver av efter vägen. Slutstationen är dessutom ingen fysisk plats i sig utan en (föreställd) gemenskap mellan människor men också en gemenskap som förändras över tid. Det är denna gemenskap som i boken kallas för Spaniensverige och framställningen har fokus på det sätt som föreningarna är engagerade i uppbyggnaden av denna gemenskap.

Jag kommer här in på en viktig aspekt av den sociala praktik som frambringar gemenskap bland de svenska migranterna i södra Spanien. Det är väl känt att dessa områden har dragit till sig personer som vill tillbringa sin pensionärstillvaro i ett varmare land. Om en förening vill utveckla en social praktik som fångar in dessa som medlemmar kan man således tänka sig att den anpassar verksamheten efter detta förhållande. Å andra sidan går det att vara pensionär i många år. Bland pensionärerna i södra Spanien finns det individer som är yngre än 60 år och det finns de som är över 100 år gamla. Pensioneringen har heller ingen gemensam social nämnare utan det finns stor social variation i termer av socioekonomisk bakgrund, religion, etnisk tillhörighet och så vidare. Dessutom är en relativt stor andel av de svenska migranterna i dessa områden fortfarande förvärvsarbetande och många har dessutom barn i skolåldern. Det betyder att mobiliseringen av svenskar i södra Spanien inte på något okomplicerat sätt kan vända sig till kategorin "pensionärer" utan det finns en rad andra sociala attribut och bakgrunder att ta hänsyn till. Det sätt som den sociala praktiken utformas i sådana här sammanhang aktualiserar alltid frågor som berör vilka det är som känner sig hemma i den gemenskap som föreningarna iscensätter.

På detta sätt ska social praktik ses som en brygga mellan individer och deras handling å ena sidan och de strukturella uttrycken för handlingarna å den andra. Sociala praktiker bidrar därför till strukturernas förverkligande (i detta fall organisationer och föreningar) men samtidigt är de också redskap för "strukturernas" påverkan på dem som är berörda av dem (jämför Giddens 1979). Ett annat sätt att säga detta på är att säga att individer både orienterar sig i tillvaron med hjälp av social praktik men de blir också orienterad av den. Jag ska inte komplicera framställningen mer än nödvändigt men detta resonemang rimmar väl med Sara Ahmeds orienteringsbegrepp (Ahmed 2006). Ahmed menar att människor som träder in i ett socialt rum, kanske för att de söker en social gemenskap, också läser av situationen och anpassar sig därefter. Om jag besöker en föreningsverksamhet med andra svenska deltagare kommer jag, för att inte "hamna utanför", också prata svenska och konversera övriga deltagare på det sätt som jag tror förväntas av mig. Men samtidigt finns det en potential till förändring i detta. Om jag som "främling" tar plats i samma verksamhet och får mina vänner att intressera mig för den, till exempel genom att starta en studiecirkel om socialantropologisk forskning, kommer verksamheten (hypotetiskt) också att få ett tillskott av nya medlemmar. Det finns med detta en potential till att förändra föreningen. Enkelt uttryckt ska social praktik inte ses som ett statiskt sediment av handlingar som destinerar individer i en viss riktning. Sociala rum består i allmänhet av dynamiska samspel som både formar och formas av individers handlingar. Det viktiga här är att de som deltar i föreningsverksamhet kommer in i en färdig struktur av förväntningar och normativa beteenden – gemenskapen – men de är genom sitt deltagande också delaktiga i utformandet och förändringen av densamma.

Migration och livsstil

Några läsare har förmodligen vid det här laget synpunkter på att jag här väljer att diskutera svenskarnas vistelser vid Medelhavet som en form av (livsstils)migration. Jag ska här ge detta vidsträckta begrepp en kort belysning. Internationell, transnationell och livsstilsrelaterad; dessa attribut är flitigt förekommande i denna bok. Med begreppet internationell migration syftar jag här på ett socialt handlingsmönster som uttrycks i den typ av flyttning och mobilitet som korsar nationsgränserna. Om vi väljer denna ingång till studiet av migration och migranters sociala liv så fästs uppmärksamheten inte bara på motiven, intentionerna och de individuella handlingarna i samband med själva flytten. Det är framförallt görandet av migration som blir centralt. Migration ses med andra ord här som en social praktik (se ovan) som både utvecklar "strukturer" för dem som migrerar och samtidigt är "orienterande" för dem som följer efter. Termen migration täcker därför, enligt min uppfattning, en rad fenomen som kan kopplas till migrationshandlingen. Till exempel kan migranters föreningar och organisationer räknas till de strukturer som utvecklas, liksom den "industri" (Sørensen & Gammeltoft-Hansen 2013) av frivilligorganisationer, företag och mäklare som har intressen knutna till migration. Ett tydligt uttryck för social praktik som kan sägas genera migrationsstrukturer är färdrutter av olika slag som både leder till att det utvecklas organisationer och som också anpassar sig efter den verksamhet som organisationerna utövar. Andra exempel på sociala praktiker bland migranter är den typ av föreningsverksamhet som mobiliserar civilt engagemang och lojalitet på basis av migrationsbakgrund (som jag återkommer till nedan). Så snart dessa sociala praktiker sedimenterats har de också en kraft att styra individuella handlingar i en viss riktning så att det till exempel blir "naturligt" att följa en viss färdrutt, att det blir självklart att skaffa sig en viss typ av identitetshandling eller att anlita vissa typer av tjänster som finns tillgängliga i denna struktur.

Migration är en verklighet för väldigt många människor i dagens samhälle oavsett om det handlar om att söka skydd eller ett bättre och lugnare liv. Det behöver knappast påpekas att det finns stora skillnader i villkor mellan olika migrationssammanhang. Jag menar till exempel inte att det finns någon poäng med att jämföra de umbäranden som flyktingarna från Syrien och Eritrea erfarit med de livsstilsprojekt som nordeuropéerna i Spanien frivilligt engagerar sig i. Det handlar naturligtvis *inte* om att relativisera migrationshandlingar genom att säga att flyktingmigration och livsstilsmigration är en nära besläktad erfarenhet. De flesta svenska migranterna i södra Spanien är i jämförelse med de förra naturligtvis priviligierade: de har god ekonomi, de har sökt sig till Spanien för att höja sin livskvalitet snarare än på grund av förföljelse eller fattigdom och framförallt har de en relativt stor valfrihet. Svenskarna i Spanien representerar en typ av migration där det i allmänhet finns omfattande möjligheter att styra händelseutvecklingen eftersom de kan behålla sitt svenska medborgarskap och är EU-medborgare. För de syrier som tvingats fly från kriget i sitt hemland tycks det däremot inte vara någon ände på eländet ens när de lyckats ta sig till det välmående Europa.

Varför ska då samma begrepp (internationell migration) användas för att beteckna så vitt skilda förhållanden? Släktskapet ligger på en begreppslig nivå som sätter den sociala praktiken i centrum. Enligt min uppfattning är detta inte konstigare än att, som ofta görs, använda begreppet identitet för att fånga något som handlar om känslor av tillhörighet för såväl rika som fattiga, kvinnor som män och gamla som unga. Begreppet (social) klass är ett annat exempel. Klass används för att beteckna en samhällelig position på basis av socioekonomiska förhållanden och makt men det är underförstått och uppenbart att begreppet för den skull inte utesluter skillnader både vad gäller makt och socioekonomiska positioner i samhället beroende på till exempel om man är kvinna eller man.

Hein de Haas (2014) har diskuterat olika slags typer av migration mot bakgrund av människors förmåga att välja att flytta (eller stanna). Med ungefär samma breda definition som jag föreslagit ovan, utvecklar Hein de Haas en klassificering där det också går att urskilja olika typer eller kategorier av migration (2014:31). Individer är i stor eller liten utsträckning fria att bestämma över sin mobilitet, menar han. När de externa begränsningarna och restriktionerna är minimala ökar således möjligheten och förmågan att bestämma (så kallad "positive liberty") och när begränsningarna och restriktionerna tvärtom är stora så är den förstås liten ("negative liberty"). Om detta sätts i en typologi för att beteckna en viss migration så hamnar den svenska migrationen till Spanien (som den ser ut i dag) in i den kategori som de Haas benämner "free migration" ("High positive liberty", "High negative liberty") och flyktingarna från Syrien och Eritrea i allmänhet i "precarious migration". Till skillnad från de senare har svenska livsstilsmigranter en relativt stor frihet att bestämma om de vill flytta eller stanna – åtminstone när de ekonomiska förutsättningarna finns för detta – och de kommer dessutom inte heller att utsättas för några större restriktioner den dag de bestämmer sig för att göra detta.

Den typologi som de Haas gör i avsikt att fånga olika migrationsvillkor och typer, kastar ljus över det breda spektrum av mobilitet som ryms i begreppet. Den komplexa verkligheten med alla dess skiftningar och färgskalor får däremot inte plats i samma typologi. Såväl flyktingar som livsstilsmigranter söker efter ett bättre liv. Det är inte givet att detta bättre liv handlar om materiella villkor i ett fall och förföljelser i ett annat. Sett över en längre tidsperiod kan individer, liksom de sociala sammanhang och praktiker som formar deras liv, dessutom skifta position.

På samma sätt som många flyktingfamiljer säkert har olika uppfattningar om huruvida en flykt är den bästa lösningen på familjens problem är det nog ingen överdrift att påstå att det är skillnad på frivillighet även bland livsstilsmigranter. Det finns givetvis olika uppfattningar och viljor inom familjerna inte minst när det handlar om en eventuell återflytt till ursprungslandet. Inte heller kan olika vistelsetider och intentioner med flytten motivera att vi gör alltför rigida distinktioner mellan olika migrationstyper. I den individuella privata situationen finns i allmänhet intentioner med att flytta. Men på frågan varför en individ egentligen har flyttat kan nog svaren skilja sig över tid och situation. Det är dessutom endast retrospektivt som det går att avgöra hur lång tid vistelsen utomlands varade. Många svenskar får möjlighet att på allvar bosätta sig i Spanien först när de pensionerat sig eller åtminstone först när de skaffat sig ekonomiska förutsättningar för detta. Det hindrar inte att vistelsen blev något annat än vad de först hade tänkt sig. Bland det relativt stora antal svenska familjer som flyttat till Spanien finns det flera familjer som stannat och levt där i generationer. Jag tror inte att alla från början hade för avsikt att göra det och heller inte föreställt sig ett sådant scenario.

Sammanfattningsvis menar jag därför att inte finns anledning att på förhand bestämma sig för att migranter är väsensskilda från varandra beroende på vilken "typ" de representerar. Om internationell migration är en social praktik för mobilitet över nationsgränser så handlar det oavsett intention och möjligheter om migrationsprocesser. Livsstilsmigrationen har precis som andra former av migration också den en vardag. Oavsett om vi riktar intresset mot företeelsen i sig eller mot individerna som migrerar kan detta studeras och förstås med hjälp av de begrepp som migrationsforskare ofta använder sig av. Mitt intresse i denna bok riktas mot etableringen av gemenskap bland de svenska migranterna som flyttar till södra Spanien. Ett underliggande tema i boken är att denna svenska gemenskap möjliggörs av en struktur av både organisatoriska och kommersiella intressen. Fastighetsförsäljning och service av olika slag bidrar till att svenskarna kan leva ett "svenskt" liv och det finns ett utbud av organisationer och föreningar som både utgör sociala arenor och materiella förutsättningar för utvecklingen av ett socialt liv bland de svenska migranterna. Med tanke på diskussionen ovan är de sociala praktikernas länkande med det svenska samhället en viktig dimension i detta.

Transnationalism och diaspora

En vedertagen ram och förutsättning för den samtida internationella migrationen är att den är transnationell till sin natur. Detta betyder i korthet att de sociala praktikerna är gränsöverskridande i, så att säga, båda riktningarna. Transnationell migration kan således sägas vara en uppsättning sociala praktiker som länkar samman det som brukar kallas "sändar-" och "mottagarsamhällena" i ett socialt "fält" eller "rum" (Basch, Glick Schiller & Szanton-Blanc 1994; Faist 2000; Faist, Fauser & Reisenauer 2013). De människor som deltar i dessa sociala praktiker har således (helt eller delvis) tillgång till ett socialt och samhälleligt liv som går tvärs över nationsgränserna.

Den konstruktivistiska synen på gemenskap utgår från att grupper och andra kollektiva uttryck för gemenskap är framsprungna ur social interaktion. En gemenskap mellan de svenska migranter som bor i södra Spanien kan definitionsmässigt beskrivas som en "diaspora" – den uttrycker en samhörighet i förskingringen – men är för den skull inte nödvändigtvis materialiserad i form av en grupp. Begreppet diaspora som det används i den moderna vetenskapliga litteraturen kan härledas till en klassisk föreställning om samfund grundade kring till exempelvis grupper av judar eller kristna som lever i exil. [3] I den moderna tolkningen är begreppet förknippat med motsvarande grupperingar i ett slags förskingring där etnicitet och "utlänningskapet" sätts i centrum (Olsson 2013; Wahlbeck & Olsson 2007). Det finns en lång diskussion om vilka kriterier som kan förknippas med diaspora (Safran 1991; Cohen 1997) och de viktigaste, förutom de redan nämnda, är förmodligen förekomsten av en mytologi om ett gemensamt ursprung och idéerna om en återvandring. Jag menar dock att när begreppet används på detta sätt så blir det också i allmänhet ett deskriptivt begrepp (Olsson 2013). Vi får ett namn för ett samhälleligt fenomen men vi vet inte

---

[3] För forskningsgenomgångar av diasporabegreppet se t.ex. Braziel & Mannur 2003; Cohen 1997; Olsson 2013; Vertovec & Cohen 1999; Wahlbeck & Olsson 2007.

så mycket om detta fenomens empiriska utbredning (och det är dessutom svårt att veta detta annat än i begränsade sammanhang). Om det verkligen handlar om en grupp eller sammanhållen gemenskap som människor känner tillhörighet till, kan alltid ifrågasättas (Kalra, Kaur & Hutnyk 2005). Många forskare (till exempel Bauböck 2010; Faist 2010a; Sökefeld 2006) har istället betraktat diaspora som en samhällsprocess. Detta innebär ett skifte i fokus där det konstruktiva inslaget i mobiliseringen blir mer central. En diasporisk gemenskap smids fram i ett dynamiskt spänningsförhållande mellan ett liv i ett värdsamhälle (som utlandsbaserad gemenskap) och det föreställda hemlandets samhälle men det som gör denna till "diasporisk" är den sociala praktiken (Brubaker 2005). Martin Sökefeld (2006) har med inspiration från forskningen om sociala rörelser visat att triaden struktur, (social) praktik och aktör driver denna form av mobilisering och att den också hänger samman med ett antal samhälleliga förutsättningar och incitament där det diasporiska anspråket kan ta plats.

Min uppfattning är att denna förskjutning av fokus från individ till praktik också ger diasporabegreppet ett analytiskt värde och blir användbart i denna studie. Det är inte en statisk beskrivning av någon social gruppering av svenskar i förskingringen jag är intresserad av utan hur sociala praktiker i så fall "gör" en utlandsbaserad gemenskap av förskingrade svenskar. Vidmakthållna kontakter med det forna hemlandet, föreställningar om ett annorlundaskap i "värdlandet" och en mytologi om ett främmande ursprung, är några av de viktigaste ingredienserna i den praktik som kan generera en diaspora. Detta för möjligtvis tankarna till den klassiska formen av minoriteter som lever generationer i exil och som vårdar minnet av sina förfäders hemland. Möjligen kan det samtida samhällets olika grupperingar av flyktingar från olika länder och samhällen också de passa in i en sådan tankefigur. Men det finns stora variationer i hur en sådan praktik uttrycks och det finns olika grunder för mobiliseringen.

För att metodologiskt kunna studera diaspora bör forskaren, enligt Sökefeld (2006), resa frågor som har med kritiska händelser, förändringar och specifika omständigheter att göra. Det är i sådana nyckelsituationer som engagemanget för en gemenskap kan mobiliseras. Det kan visserligen vara svårt att peka på någon enskild omständighet som kan förena svenskarna i södra Spanien men en tänkt gemenskap i utlandssammanhang kan alltid grundas i olika omständigheter och scenarier. Ett exempel är ett medvetandegörande om att det förekommer en utbredd ensamhet och social isolering som drabbar många av de svenska migranterna i Spanien. Ett annat är att de riskerar att bli utsatta för brottslighet, eller för krångel, korruption och byråkrati. Sådana "diskurser" kan samtidigt hävda att tillvaron blir enklare om man håller ihop och löser problemen gemensamt eller tar hjälp av en landsman. Genom att diskursen fylls med sådana beskrivningar mobiliseras också viljan av att samverka och umgås.

Jag har visserligen ovan talat om social praktik som ett slags handlingsmönster men det går för den skull inte att komma ifrån att det finns aktörer – "agents of diasporic imaginations" (Sökefeld 2006) – som tar initiativ och är aktiva inom den här typen av mobiliseringar. Studiet av diasporiska mobiliseringar handlar till stor del om hur aktörer på olika sätt agerar för det sociala projekt som en diasporisk gemenskap i grunden kan sägas vara. Det är här föreningarna (och övriga organisationer) kommer in som konkreta aktörer. Föreningarna går helt enkelt i spetsen för gemenskapen och leder den genom sina aktiviteter. Incitamenten till varför föreningarna ska göra detta är en empirisk fråga som jag kommer att beskriva i denna bok. Den sorts verksamhet som bland annat föreningar, men också kyrkan och andra organisationer, engagerar sig i, är centrala för en diaspora av svenskar i södra Spanien. Verksamheten representerar en social praktik som riktar sig till en nationellt eller etniskt definierad befolkning men den har också en position som förbinder gemenskapen med "hemlandet".

Jag vill emellertid komplettera detta metodologiska panorama med en referens till den samhälleliga ramen. Sökefeld (2006) pekar på vikten av att kontextualisera diaspora till det sociala och politiska klimat som råder i samhället. Samhället och därmed incitamenten för en mobilisering förändras över tid och påverkar därmed också de praktiker som tjänar mobiliseringen (Olsson 2009). Detta är samma sak som att säga att samspelet mellan olika maktkonstellationer och de spänningar som finns mellan olika intressen är ett slags socialt klimat för hur grupper och gemenskaper kan frodas. Den praktik som initierades för att samla svenskarna under 1960-talet har rimligen förändrats i takt med att det spanska samhället har demokratiserats och blivit medlem i EU samt att populationen svenska migranter i Spanien flerdubblats. Det finns givetvis ett slags historia som föregår initieringen av mobiliseringen och som också i många fall hänger med i gemenskapens framtida historia. Det finns dessutom en samhällskontext – både i värdlandet och det så kallade hemlandet – som denna dynamik orienterar sig till. En gemenskap bland svenskar i södra Spanien ska därför inte ses som en direkt konsekvens av migrationen till Spanien utan som en mobilisering där migrationen utgör själva referenspunkten.

Diasporor är processer som inte enbart mobiliserar från en etnisk och nationell tillhörighet utan också länkar samman dem i det transnationella rum eller fält som nämndes ovan. I diskussionen om migration framgår att transnationalism tillhör en av den samtida internationella migrationens centrala attribut. Så gott som alla studier av migrationsfenomen och migranter kan på ett eller annat sätt relateras till sådana gränsöverskridande processer. Thomas Faist (2010b) menar här att transnationaliseringen av sociala formationer (som diaspora) också har resulterat i att "transnationalitet" blivit ett slags social livsstil och resurs i det sociala livet. Socialt liv är i allt högre grad knutet till det transnationella och detta har inte minst med ekonomiska intressen att göra. Transnationalitet kan i det avseendet ställas vid sidan av (men också i interaktion med) genus, klass, religion, språk och kanske också ålder (Faist 2010b). Av detta (och det som tidigare sagt om diaspora) följer att de sociala praktikerna också bör studeras med hänsyn till hur de relaterar till ålder, socioekonomisk bakgrund, genus, språk och religion samt också transnationalitet.

Studiefält och metod

Traditionellt har utlandskyrkan och olika svenska eller nordiska föreningar tagit ett socialt ansvar för svenskar som befinner sig utomlands. Detta gäller även södra Spanien där såväl kyrka som föreningar och vissa organisationer fungerat som knutpunkter för de svenska nätverken. En del av detta ansvar har också varit sådan service som kan underlätta tillvaron för svenskarna i Spanien. Detta gäller särskilt föreningarna vars verksamhet i allt högre grad handlat om att ge information till medlemmarna och tillhandahålla medlemsrabatter hos olika tjänsteföretag. Eftersom syftet med denna studie handlat om att förstå hur sådana aktörer mobiliserar en gemenskap av svenskar i södra Spanien har det empiriska forskningsarbetet till övervägande delen handlat om att försöka beskriva hur detta går till. Det betyder att de större föreningarnas verksamhet hamnat i centrum för intresset men jag har också till viss del intresserat mig för hur andra organisationer och företag bedrivit liknande verksamheter. Dessutom har jag i mina fältstudier sökt upp individer som på olika sätt gjort sig kända för sitt engagemang i till exempel en kyrkoförsamling eller ett nätverk.

Den metod jag använt har rötter i den typ av etnografi som framförallt förknippas med antropologisk och etnologisk forskning. Det handlar i allmänhet om täta beskrivningar av ett avgränsat fält som i denna forskningstradition ofta är synonymt med att göra fältarbeten och deltagande observation (Hannerz 1983; 2006). Genom detta får forskaren möjligheter till att skaffa sig ett unikt empiriskt material som grundas i egna erfarenheter och insikter (Bradburd 1998; Geertz 1973; Gupta & Ferguson 1997). Metoden skiljer sig från många andra genom att forskaren går in i en roll som inte skiljer sig så markant från de människor som studeras. Det handlar om att medvetet använda subjektiva berättelser, utsagor och för den delen också individuella synintryck i sina analyser.

Min studie av den svenska mobiliseringen i södra Spanien är visserligen inspirerad av denna antropologiska tradition men jag har inte genomfört något fältarbete i den klassiska meningen. Det hade varit önskvärt att göra åtminstone en längre sammanhållen vistelse, helst en hel vistelsesäsong (september–april), och då kunnat besöka ett större antal aktiviteter än vad jag har gjort. Av bland annat praktiska skäl har detta inte varit möjligt. Jag har delvis kompenserat dessa begränsningar genom ett hyfsat stort antal intervjuer med aktiva i föreningar och organisationer, företagare och "eldsjälar" i de svenska nätverken. Mitt fokus på social praktik i föreningarnas regi gör emellertid att fältarbetet inte uteslutande kräver en personlig närvaro. Min datainsamling har också handlat om att läsa presentationstexter och annan information som bland annat finns i tidningar, informationsblad och på nätet. Här finns en diskurs som jag betraktat som ett slags presentation av föreningen och analysen har handlat om vad denna diskurs "gör" med gemenskapen.

Mina fältvistelser har genomförts under tolv personliga besök i södra Spanien under åren 2010–2015. Jag stannade i genomsnitt ungefär två veckor vid varje besök och vid de tillfällena gjorde jag intervjuer, deltog i aktiviteter, träffade informanter och på andra sätt skaffade mig den information som var av intresse. Vid två tillfällen hyrde jag en lägenhet och förlängde vistelsen till mer än sex veckor. Vid dessa tillfällen fick jag möjlighet att "känna på" vad det innebär att bo som svensk i området och kunde ganska otvunget delta i en del föreningsaktiviteter samt informellt träffa människor som ingår i miljön.

Under studiens gång intervjuade jag 53 personer som på olika sätt hade insikter i ämnet. Ungefär hälften av dem var vid intervjutillfället engagerade i de större sociala föreningarna som "funktionärer" eller

styrelsemedlemmar eller hade nyligen varit det (här kallade "förenings-
aktiva"). Tio av de intervjuade var ordförande eller vice ordförande i
sin förening. Jag intervjuade också fyra präster i den svenska kyrkans
församlingar och träffade ytterligare någon person som var verksam
inom församlingarna. Minst tolv av dem jag intervjuade var företagare
inom något service- eller fastighetsföretag och någon av dessa hade
samtidigt ett engagemang i någon förening eller organisation. Åtta per-
soner intervjuades i egenskap av att de var synliga i något nätverk eller
mindre förening eller för att de av andra skäl ansågs vara eldsjälar.

Det sätt som jag valde de personer som intervjuades var inte särskilt
sofistikerat. Det finns för det mesta en mindre kärna av aktiva i en
förening som går att identifiera och det finns företagare och eldsjälar
som går att hitta via den så kallade "snöbollsprincipen". Jag hade inga
kontakter eller rekommendationer när jag började mitt arbete. Kyr-
kan och därmed prästerna i de två församlingarna var ett givet val.
Jag läste hemsidor och skaffade mig en ytlig bild om föreningarna och
kontaktade sedan de större föreningarna med ett mejl. I de fallen var
det ordförande eller vice ordförande som så småningom svarade och
vi kom överens om att träffas vid en lämplig tidpunkt. Jag vill tillägga
att mottagandet var till övervägande delen hjärtligt och intresset i de
svenska kretsarna stort. Med tanke på den negativa publicitet som Spa-
niensvenskarna har fått genom åren så hade jag förväntat mig ett mer
kyligt mottagande.

Ett exempel på hur jag gick tillväga var i samband med den så kal-
lade återvändarfesten som inleder denna bok. Under denna tillställning
försökte jag under kvällens lopp (och så mycket som min blyghet til-
lät mig) att mingla runt bland gästerna i lokalen. Trots mina farhågor
om att jag skulle ifrågasättas som en person med dunkla avsikter (med
tanke på de skriverier som genom åren utmålat svenskarna i Spanien
som en samling festglada cyniker) fick jag en riktigt trevlig stund där
jag träffade flera intressanta personer. Jag fick tillfälle att kort prata
med Roland och Nisse, som var mina ingångar till denna fest, och träf-
fade så småningom också flera andra som varit engagerade i fören-
ingslivet. Bland dem fanns en forskare från en svensk högskola som
skaffat sig en bostad i samma ort och en kvinna som bott nästan 40
år i Spanien. Båda dessa personer kom att bli viktiga informanter för
mitt fortsatta arbete. Det visade sig också att den senare av dessa två
kvinnor också hade intervjuats av en av mina forskarkolleger. Jag träf-
fade på samma fest också en präst i Svenska kyrkan, en föreningsak-
tiv i den nordiska grannföreningen och en ordförande för en mindre

svensk intresseförening. Alla dessa kunde jag träffa för en intervju vid ett senare tillfälle.

Det fanns också stunder av motgångar då utlovade intervjuer ställdes in och personer nonchalerade mina kontaktförsök. Det hände också att intervjuerna inte blev som jag tänkt mig. Ett exempel på detta är en manlig intervjuperson som jag i ett tidigt skede av studien hittade via en hemsida. Jag skickade ett mejl till honom för att höra mig för om eventuellt socialt liv bland svenskarna i det området. Det visade sig att vederbörande hade bott i Spanien under en lång tid och hade för avsikt att stanna där resten av livet. Mannen verkade dessutom angelägen om att få prata med mig så bestämde vi till slut en tid för att träffas. Det visade sig att denne man var bosatt i en ort med ganska dåliga förbindelser till Torrevieja, där jag mestadels vistades då jag var i Costa Blanca, och hans engagemang i föreningslivet var nog heller inte så omfattande som jag tidigare hade hoppats. Jag tvekade om det skulle vara värt att genomföra en personlig intervju. Efter att ha skjutit upp intervjun någon gång kände jag mig emellertid förpliktad att genomföra intervjun, stämde en träff med honom, hyrde en bil för att resa till den aktuella orten samt övernatta i ett hotell där. Dagen efter träffades vi för en intervju. Det visade sig att det ganska korta samtalet över en lunch i mycket begränsad omfattning kom att handla om hans engagemang i föreningar och i den svenska gemenskapen. I stället tycktes han mest intresserad av att förmedla en korrekt bild av svenskarnas liv i Spanien och prata om tillvaron som svensk i Spanien. Dessutom ville han lyfta fram fördelarna med just den ort han var bosatt i. Under sin långa tid i Spanien hade mannen mestadels varit i fastighetsbranschen. Om jag skulle vara intresserad av att köpa något i Spanien så hade han förslag på väldigt bra områden.

Det var således inte alltid kontakterna med fältet gick så smidigt som i det första exemplet med återvändarfesten. Som regel kontaktade jag föreningarnas representanter genom mejl eller telefonsamtal. I andra fall sökte jag kontakterna genom att besöka föreningens lokaler och aktiviteter. Föreningarnas kärna av aktiva är, som sagt, begränsad. I varje förening är det kanske sex till åtta personer som driver verksamheten. Det är de som bemannar expeditionen och organiserar de allmänna sociala evenemangen, fördelar sysslor, betalar räkningar och ordnar med inköp. Genom min första kontakt fick jag tips om vilka av de övriga som kunde vara lämpliga att intervjua och jag kunde också på egen hand prata med dem under något av besöken. När det gäller de företagare jag valde ut gick det emellertid lite mer slumpartat till-väga. Det finns flera hundra tjänsteföretag som servar nordbor i södra Spanien. Jag valde att kontakta några av dem som var kända inom de svenska nätverken och som själva hade lång erfarenhet av att bo i Spanien. Företagarna var i de flesta fall verksamma inom vardagsnära områden som till exempel bostad, sjukvård och omsorg. Jag tror att samtliga av dem hade god kännedom om de förhållanden jag intresse-rade mig för.

Det bör till sist sägas att de flesta av dem jag intervjuade var i övre medelåldern eller pensionärer, den äldsta av dem var över 80 år. Men åtminstone 17 av dem som jag intervjuade var vid intervjutillfället fort-farande yrkesverksamma. Jag intervjuade fler män än kvinnor, det blev till slut 30 män och således 23 kvinnor. Bland dem som var förenings-aktiva var det emellertid lika många män som kvinnor.

I de flesta fall träffade jag mina informanter för en intervju endast en eller två gånger. Oftast träffades vi då i en föreningslokal, ett kontor eller en restaurang och vid fyra tillfällen i vederbörandes hem. Några av dem jag intervjuade blev sedan förtrogna nyckelinformanter som jag återkommande kunde föra informella samtal med och genom dessa kontakter kunde jag utan några särskilda arrangemang kontinuerligt få rapporter om svenskarnas tillvaro i Spanien. Ingen av de person-liga intervjuer jag gjort har varit strukturerade som frågor och svar utan jag hade enbart förberett mig genom att ställa samman en lista på områden och uppgifter som jag ville ha information om. Intervjun var i stället, när de fungerade som bäst, ett avslappnat samtal om relaterade frågor och under detta försökte jag så gott jag kunde täcka de punkter jag hade på min lista. Sådana intervjuer har den stora fördelen att det kan bli djupdykningar i intressanta teman och samtalet leder hela tiden till nya frågor. Samtidigt bör det erkännas att det som framkom också innehöll lite av varje. Det var inte alltid våra samtal handlade om något som var av specifikt intresse för min forskning – vilket för övrigt är svårt att på förhand veta i den här typen av studier. Jag noterade emel-lertid att många, åtminstone i början av våra samtal, tycktes vara ange-lägna om att korrigera den bild av Spanien som de trodde att jag hade. Det var endast i överförd mening som något semesterparadis speglades; byråkratin och korruptionen i det spanska samhället var enligt många fruktansvärd. Det finns dessutom, enligt mina sagesmän, baksidor med att tillhöra en "svensk koloni" eftersom det förekom mycket festande och folk pratade bakom ryggen på varandra. Å andra sidan ville många framhålla att det inte alls var så mycket alkoholproblem som många

tror och att umgänget med grannar inte var så svenskt utan snarare
"internationellt". Så gott som samtliga var angelägna om att framhålla
de ljusa sidorna i den spanska tillvaron – inte minst den sociala miljön
och det vackra vädret.

Förutom intervjuandet blev min personliga närvaro i den miljö som
många svenskar vistas i en viktig grund. Det handlade om att besöka
föreningslokaler och aktiviteter men också att helt enkelt vistas i stads-
miljöer och då få känna på hur det är att navigera i detta spanska,
men samtidigt väldigt "internationella", landskap. Genom denna etno-
grafiska strategi har jag bland annat kunnat göra egna observationer
om föreningarnas roll och synlighet i detta sammanhang, hur förening-
arna och andra organisationer fungerar när det gäller tillgänglighet och
öppettider och så vidare. Min närvaro har samtidigt öppnat för en rad
oplanerade möten och spontana samtal med en rad personer. En del av
dem har jag sedan träffat i olika sammanhang, till exempel på flygplat-
sen eller vid ett restaurangbesök.

Med en allt större "lokalkännedom" i de svenska nätverkens tillvaro
kunde jag så småningom se olika nyanser i de berättelser som intervju-
erna gav. Genom att lyssna på mina informanter fick jag information
om vad som pågick i olika föreningar, vilka aktiviteter och verksamhets-
grenar som var populära bland svenskarna, vilka personer som hade
inflytande och mycket mera. Tillfällena med mina nyckelinformanter
blev värdefulla när jag sedan började skriva om allt detta eftersom jag
på något sätt kunde se "landskapet" av personer och företag framför
mig. Genom dessa möten fick jag viktiga insikter i hur de förenings-
aktiva kan se på sin förenings betydelse för medlemmarna och hur de
resonerar i frågor som har med utvecklingen av verksamheten att göra.
Bland annat kan jag nämna att jag ganska snabbt blev god vän med
några av mina huvudinformanter och därför också i privat mening fick
stort utbyte av mina fältvistelser.

En föreningsverksamhet som vill ha fler medlemmar måste alltid på
något sätt bjuda in dem som inte redan är medlemmar till sin verksam-
het. Hur föreningar och andra organisationer beskriver sin potentiella
medlemskår säger en hel del om vilka de vill och anser sig representera.
Ett mer konkret sätt att fånga detta är, enligt min mening, att se verk-
samheten som en spegel av dess profil. När en förening tar initiativ
och iscensätter en viss sorts verksamhet är detta till stor del en respons
på vad den uppfattar som de potentiella medlemmarnas behov och
efterfrågan. En närmare granskning av hur verksamheten utformas och

presenteras säger något om vilka föreningen vänder sig till, vilka som har anledning att känna sig välkomna i föreningen och vilka som glöms bort när verksamheten planeras. Min analys grundar sig därför också på den diskurs i form av publicerat material – hemsidor och medlemstidningar – och texter som beskriver och framställer både föreningen och det svenska "publikunderlag" som den ser framför sig. Som jag hävdar i mina teoretiska utgångspunkter har sociala praktiker dubbla riktningar. Analysen av den diskurs som omgärdar föreningsverksamheten gjordes därför utifrån antagandet om att det i denna finns ett argument för att individer ska söka medlemskap. Samtidigt är den profil som diskursen förmedlar också ett sorts anspråk att just denna verksamhet svarar mot det som ligger i en viss kategoris intresse. Föreningsverksamheten är med andra ord inriktad på vissa målgrupper samtidigt som den "gör" en gemenskap av denna målgrupp.

Jag ville tidigt i undersökningen få en bild av hur "allmänheten" bland svenskarna i Spanien intresserar sig för gemenskapen och de organisationer, aktiviteter och annat som bygger upp denna. Jag har därför ställt frågor om varför de befinner sig i Spanien, hur länge de har tänkt sig att stanna där och hur de uppfattar en svensk gemenskap. Vad har de för behov av till exempel service och andra tjänster och hur löser de sådana problem i vardagen? Jag ställde dessa frågor till de individer som jag intervjuade och råkade träffa. För att få en mer representativ bild hade jag en plan som gick ut på att fråga ett större antal svenskar inom de nätverk som förekommer i södra Spanien om olika aspekter av deras tillvaro där. I mitt frågebatteri ingick också information om deras syn och förväntningar på föreningarna. Den här undersökningen var ursprungligen tänkt som en enkät att besvaras av dem som bor eller vistas längre tid i Spanien. Min tanke var att distribuera en enkät med enkla frågor som ett större antal migranter skulle besvara genom att kryssa i olika alternativ. Min förhoppning var att svaren skulle komma in och att de skulle kunna analyseras utifrån en hyfsad representativitet. Från detta kunde jag få ett bra underlag om till exempel behoven av gemenskap, service och omsorg bland svenskarna i nätverken. Föreställde jag mig.

Det visade sig emellertid vara en chansning som inte gick hem. Jag delade ut ett stort antal frågeformulär över populationen i de två kustområdena och så småningom fick jag drygt 300 svar. Svaren var visserligen ganska jämnt fördelade över de båda kustområdena men det fanns för många problem och osäkerheter med denna undersökning för att den ska ha något statistiskt värde. I ärlighetens namn var detta ett ganska misslyckat försök att få in ett större svarsmaterial som kunde bearbetas som en empirisk representation av "svenskarna i södra Spanien". Mitt försök komplicerades, minst sagt, av det faktum att det (vad jag känner till) inte finns några tillgängliga adressregister som baseras på medborgarskap eller liknande. Jag gjorde inga grundligare försök att hitta någon lösning på detta problem. Men jag tror att även om jag skulle ha funnit en bra lösning så var chansen till en hög svarsfrekvens ändå mycket liten. Exempelvis är det många som bor tillfälligt och kortare perioder i sina spanska bostäder och däremellan står bostaden tom eller hyrs ut. Ett annat problem var frågan om hur jag i så fall skulle samla in enkäterna. Jag skulle kanske kunnat sköta insamlingen via reguljär post om jag distribuerat både till den svenska och spanska adressen? Men med tanke på att jag själv oftast befann mig i Sverige och ganska många av de svenska migranterna i vanliga fall knappast använde det spanska postsystemet så skulle förmodligen inte heller detta fungera. Likaså avfärdade jag tanken på att skicka ut en elektronisk enkät eftersom det finns likartade svårigheter att hitta aktiva e-postadresser.

Detta halvhjärtade försök slutade med att jag omformulerade mitt syfte med enkäten och ställde mina frågor enbart till dem som råkade besöka några utvalda föreningar och organisationer. Jag föreställde mig att det frågeformulär som jag distribuerade på detta sätt skulle kunna vara ett alternativ till att jag sökte upp och personligen intervjuade ett större antal individer. Men undersökningen gav magert resultat. Jag hade levererat cirka 1000 frågeformulär till en förening i Costa Blanca som i sin tur skulle hjälpa mig med distributionen. Jag fick vid första försöket cirka 130 svar! Det var givetvis en besvikelse, det hade varit bättre om jag frågat dem som jag träffat om de ville besvara några frågor. Eller jag kunde ha ringt upp dem som jag kunde få fram telefonnummer till. Den låga svarsviljan kunde sedan åtminstone delvis förklaras av att flera hundra formulär hade blivit liggande någonstans i föreningslokalen. Efter ett förnyat försök fick jag till slut bortemot 750 formulär distribuerade och undersökningen i Costa Blanca avslutades efter att 161 respondenter svarat (några av dem hade svarat "som familj"). I de flesta fall fick jag svaren i en särskild box i föreningslokalen, som jag vittjade vid mitt nästa besök, och i något enstaka fall skickades de direkt via epost eller reguljär post. Trots att undersökningen var litet av en motgång ville jag emellertid fullfölja undersökningen och se hur samma frågor besvarades i Costa del Sol. För att inte upprepa misstaget använde jag en annan distributionsmetod där en assistent direkt konfronterade personer som besökte olika "svenska" institutioner och bad dem att om möjligt fylla i formuläret direkt. Svarsfrekvensen blev då betydligt större men jag kunde å andra sidan inte distribuera till ett lika stort antal. Jag avbröt denna del av undersökningen då underlaget från Costa del Sol var ungefär lika stort som det i Costa Blanca (151 respektive 161).

Eftersom det finns tydliga brister och bias i materialet har jag inte sett undersökningen som representativ vare sig från respektive område eller totalt. Det fanns ingen kontroll över vad som hände med de utdelade frågeformulären och de tänkta respondenterna valdes inte enligt vedertagna urvalsprinciper. På sin höjd ger svaren en fingervisning om hur människor i deras situation funderar i frågor som rör den svenska gemenskapen, föreningslivet och den service som de har behov av. Undersökningen ska därför ses som ett blygsamt komplement till mitt övriga material.

Jag vill till sist nämna att jag i texten behandlar samtliga informanter och intervjupersoner – även de som är officiella representanter för sin förening – anonymt. Någon av dem har sagt att han eller hon inte har något emot att framträda med sitt namn. Jag har ändå valt att hålla dem borta från rampljuset genom att fingera den intervjuades namn. Jag har dessutom, när de framträder i texten, undvikit att ange vilken organisation eller förening som vederbörande tillhör eller på andra sätt lämna uppgifter som riskerar att avslöja vem det handlar om. Trots sådana försiktighetsåtgärder finns det förstås en risk att några blir igenkända. En anledning är att föreningarna i allmänhet nämns med sitt riktiga namn och det kanske skulle vara möjligt att spåra en viss person den vägen. Det skulle emellertid knappast ha gett någon skillnad om jag valt att fingera namnen också på föreningar och organisationer. De stora föreningarna är ett fåtal och allmänt kända. Dessutom skulle stora delar av min framställning bli meningslös eftersom en hel del är hänvisningar till exempelvis hemsidor. Jag har således autentiska källhänvisningar när jag refererar till det som föreningarna publicerat.

Och vidare

Efter denna redogörelse för forskningsbakgrund, metod och de teoretiska utgångspunkterna, ska jag nu ta med läsaren in i den diaspora och det sociala landskap som jag så småningom kommer att benämna som Spaniensverige. Det är till en början den sociala praktikens empiriska kontext som kommer i centrum och min framställning är därför i huvudsak beskrivande. De läsare som intresserar sig för mina analytiska slutsatser kommer förhoppningsvis att ha mer utbyte av bokens två avslutande kapitel.

3. Vad lockar svenskarna till Spanien?

Torrevieja ger inte intrycket av att vara en turistort i den klassiska meningen. Staden är långt ifrån stereotypen av en romantisk medelhavsstad med trånga gränder och vitkalkade byggnader. Stadskärnan ger visserligen ett modernt och rent intryck men de charmlösa byggnaderna från sent 1900-tal eller senare motsvarar inte alls denna idyll. I staden Torrevieja är strandlivet dessutom begränsat och för att komma till en riktigt fin strand får man åka en bit. Det offentliga nattlivet är ganska begränsat – åtminstone är utbudet till turister och livsstilsresenärer det. Men Torrevieja kan så sent som i november månad bjuda på sommartemperatur i luften och badtemperatur i havet.

När jag besökte staden i mitten av november 2010 var det dryga tjugo grader i luften och de sydspanska stränderna var fyllda med besökare från många olika länder. Att ett stort antal av dem kom från Sverige var förstås anledningen till att jag själv besökte Torrevieja. Jag hade i förväg bokat tid för att träffa representanter för en förening och prästen i Svenska kyrkans församling. Redan på bussen från Alicante hörde jag ett par som talade svenska. Den norra infarten till Torrevieja går längs en bred aveny och kantas av köpcentra, parkeringar och företagslokaler. Helt plötsligt passerade bussen Svenska kyrkan! Detta avslöjades av en skylt och ett stort kors på fasaden av en anspråkslös byggnad (den liknar mer en verkstadslokal än en religiös institution). Detta var mina första synintryck av en svensk närvaro i staden. Men det skulle komma många fler.

På rekommendation från turistinformationen hade jag valt ett ganska billigt och oansenligt hotell som betecknades som "spanskt". Under den kilometerlånga promenaden från bussterminalen till hotellet blev den svenska närvaron påtaglig. Många butiksnamn och reklamskyltar

Hur du refererar till det här kapitlet:
Olsson, Erik. 2018. Vad lockar svenskarna till Spanien? I Olsson, E. *Guiden till Spaniensverige. Diaspora, integration och transnationalitet bland svenska föreningar i södra Spanien.* Stockholm: Stockholm University Press, 34–52. DOI: https://doi.org/10.16993/bao.c. License: CC-BY

var skrivna på svenska och en hel del fönster pryddes dessutom med en svensk flagga för att tala om att det gick bra att tala svenska med butikspersonalen. Flera av mäklarna var uppenbart svenska eller hade en svensk anknytning ("Din svenska mäklare i Spanien"), liksom många advokatfirmor, butiker och restauranger där menyn också fanns på svenska. I centrum gick jag förbi en restaurang vid namn Café Hudik som gjorde reklam för en svensk matsedel. På menyn var för dagen "panerad rödspätta", "köttbullar med potatismos" och "stekt ägg med falukorv". Intill Rådhustorget – Plaza de la Constitución – vajade de nordiska flaggorna från balkongen på Club Nórdico. Inte ens hotellet visade sig vara så "spanskt" som jag föreställt mig. Redan i foajén hörde jag samtal på svenska (och sedan bland annat också finska och engelska). På receptionsdisken låg visitkorten för mäklare, biluthyrningar och andra företag som riktade sig till den svenska och övriga nordiska marknaden.

****

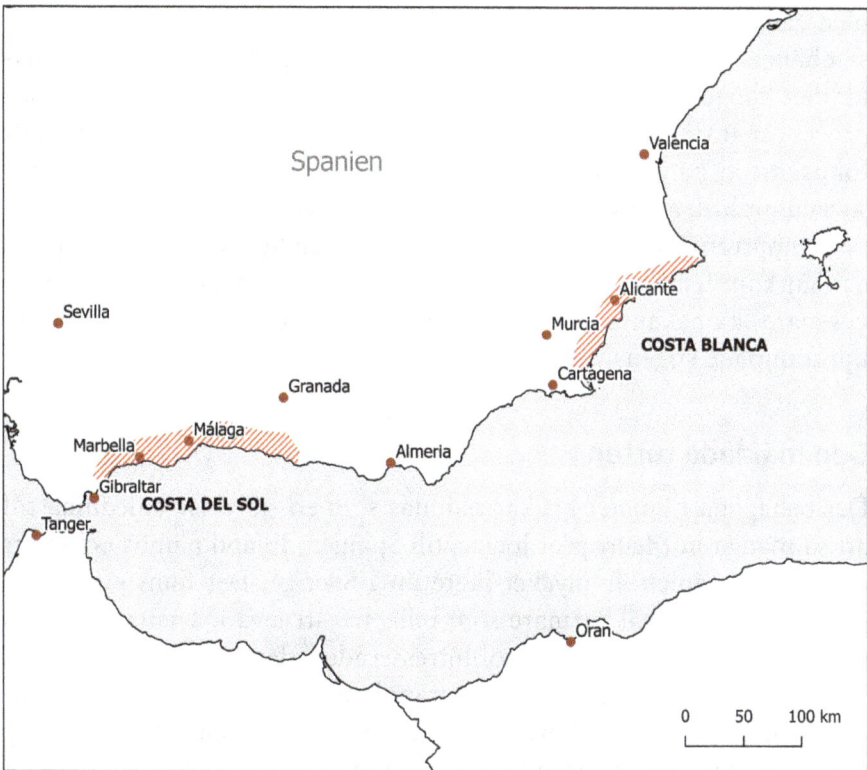

Figur 1. Karta: ESRI World Countries, modifierad av Stefan Ene, Kulturgeografiska institutionen, Stockholms universitet.

De två områden i södra Spanien som figurerar i den här boken är internationellt kända turistområden med långa kuststräckor mot Medelhavet. Svenskarnas bosättningar här är en del av en "migrationsindustri" (Sørensen & Gammeltoft-Hansen 2013) med enorma proportioner. Förmodligen rör det sig om mer än en miljon människor med ursprung i ett stort antal länder som vistas i landet som turister eller livsstilsmigranter. Den största nationaliteten bland livsstilsmigranterna torde vara britter men det är många från andra delar av Nordeuropa och dessutom Ryssland. Bland de tiotusentals svenskar som bor i dessa kustområden finns många pensionärer och bland dem finns ett betydande antal som skaffat sig en bostad långt före pensionen, så småningom hittat förutsättningarna för att bosätta sig där och sedan bosatt sig permanent. Det relativt omfattande svenska företagandet i Spanien har också det bidragit till att bosättningarna består av människor i alla åldrar. Det finns bland annat ett relativt stort antal individer som är födda i Spanien och som levt hela sitt liv där som svenska medborgare.

På samma sätt som när det gäller de brittiska migranterna i Spanien går det att se tydliga spår av den svenska närvaron i det spanska samhället (Olsson & O'Reilly 2017).[4] En viktig grund för denna självklarhet hänger emellertid samman med att migration yttrar sig som en process snarare än en händelse med tydliga slutpunkter. Eftersom mitt fokus inte är på individuella beslut kring mobilitet utan snarare på den sociala praktik som succesivt formar migranternas rutter, är det spåren av de upptrampade stigarna mellan Sverige och Spanien som jag följer i det här kapitlet. Ett sätt att framställa bakgrunden till den mobilisering vi senare ska bekanta oss med går genom den "diskurs" som utgör den upptrampade stigens vägmärken.

Den mäklade rutten

Det behagliga klimatet brukar nämnas som en självklar anledning till att så många nordeuropéer lockas till Spanien. Ibland nämns också att priserna i Spanien är mycket lägre än i Sverige. Det finns emellertid platser som är såväl varmare som billigare att leva i. Thailand nämns ofta som ett alternativ för (sol)intresserade utlandssvenskar. För den som inte vill resa så långt borde grannländer som Marocko och Portugal kunna vara ett alternativ. Tvärtemot vad många förväntat sig är dock Spanien fortfarande den ledande destinationen för svenska

---

4 Karen O'Reilly (2017) benämner sådana avtryck "sediments", dvs. avlagringar, se även Olsson 2017.

livsstilsmigranter. Vad beror detta på? Jakten på bra väder och billiga priser kan knappast vara de enda förklaringarna till varför så många svenskar och andra nationaliteter väljer att bosätta sig i södra Spanien. Handlar det om framgångsrik marknadsföring?

En viktig bakgrund till svenskarnas bosättning i Spanien och dessa delar av landet är den svenska turismen från slutet av 1950-talet. På det spanska fastlandet är orter som Benidorm (Costa Blanca) och Torremolinos (Costa del Sol) välkända från den tidens turistbroschyrer och de charterresor som kom igång under 1960-talet. Dessa orter tycks inte vara så betydelsefulla för svenskarnas senare etableringar men turismen dit var startskottet för den migration som jag talar om här. Dessutom har en hel del av de senare årens turism drivits på basis av att det har utvecklats "svenskkolonier".

Det tycks som om svenskarna etablerade bosättningar i Costa del Sol några år innan detta skedde i Costa Blanca. Redan tidigt öppnades konsulat och annan service för de svenskar som skaffade sig en bostad i Costa del Sol. De första sociala föreningarna bildades under 1960-talet och en av dem, AHN, är fortfarande en stor aktiv förening i området. Med bosättningarna följde också kyrklig verksamhet. Skandinaviska turistkyrkan (ekumenisk evangelisk) har en historia från år 1977. Svenska kyrkan bildade sin första församling och kyrka år 1979 men flera år innan dess fanns en präst stationerad i området. Svenska skolan i Costa del Sol öppnades för svenska elever redan 1969 och är numera (2018) belägen i Los Boliches i Fuengirola med ungefär 160 elever inskrivna i F-9 och ytterligare 130 i gymnasiet (se Svenska skolan Costa del Sol 2018). I Costa del Sol finns dessutom en svensk skola i Marbella och tillsammans är skolorna naturligtvis viktiga för de svenska familjer som bor och arbetar i Spanien. Bland gymnasieeleverna finns också en del svenska gymnasister om vill utnyttja möjligheten att läsa ett år i Spanien. En viktig institution har varit Centro Forestral Sueca (CFS) i Marbella. CFS startades 1968 av Centralfonden som rehabiliterings-verksamhet för anställda inom svensk skogsnäring. Med tanke på att denna etablering ägde rum under Francoregimens dagar kan det inte ha varit okontroversiellt för en offentligt ägd svensk stiftelse att verka i Spanien. CFS har med tiden ändrat inriktning, ombildats och bytt ägare innan den helt lades ner 2015. När jag besökte CFS i mars 2013 var det en privatägd rekreations- och semesteranläggning som också hyrde ut lokaler till olika evenemang. En del av anläggningens lokaler hyrdes av den skandinaviska skolan i Marbella.

Storleksmässigt är Torrevieja, söder om Alicante i Costa Blanca, för-modligen den största svenskorten i Spanien. I den lilla parken vid Torre del Moro i Torrevieja finns ett minnesmärke över den svenske affärsmannen Nils Gäbel som också visar att den svenska migrationen satt sin prägel på dessa orter:

Figur 2. Foto: Erik Olsson

Texten på monumentet är skriven på svenska och lyder som följer:

"Nils Gäbel var den första utländska invånaren i Torrevieja. 1963 lade han tillsammans med sin familj till i Torreviejas hamn. De hade seglat från Sverige och förälskade sig genast i den spanska hamnstaden. Torrevieja vill hedra Nils Gäbels minne och tillägnar honom och hans familj detta monument. Stadshuset visar sin uppskattning för hans outtröttliga arbete med att grunda det första skandinaviska samhället på Costa Blanca.

Aitos international har genom sitt bidrag möjliggjort uppförandet av monumentet.

Torrevieja September 2003.
Pedro Hernández Mateo
Borgmästare i Torrevieja

I en intervju med Nils Gäbels efterlevande familj som föreningstidningen Bulletinen publicerade, framkom att Nils Gäbel besökte Torrevieja för första gången år 1958. År 1963 återvände han tillsammans med sin familj till staden och bosatte sig där (Ronander 2014). Det bör tilläggas att familjen Gäbel var företagare. Deras bidrag till den svenska närvaron i Costa Blanca – i synnerhet Torrevieja med omnejd – har med detta att göra. De närmsta åren kom relativt många svenskar att skaffa sig bostäder i området. Jag hade vid ett besök tillfälle att personligen samtala med en av de första svenskarna i området. Han berättade att i mitten av 1960-talet fanns en koloniliknande bosättning av svenskar i staden och flera av dem var kända personer i Sverige (se även Colling 2013).

I kölvattnet av sådana bosättningar har också svenska företag sökt sig till dessa områden. Fastighetsmäklarna var tidigt på plats och det finns mycket som talar för att fastighetsbranschen har haft en nyckelroll i etableringen av den svenska migrationen. För de människor som söker ett bättre liv i en passande miljö är en god tillgång på bostäder av största vikt. Hus- och lägenhetspriserna har under många år varit relativt låga i Spanien och det har funnits många objekt till försäljning. Trots de prisökningar som skett under de senaste årtiondena är en bostad i södra Spanien fortfarande inte dyrare än ett fritidshus i ett attraktivt område på den svenska landsbygden. Lite förenklat framstår köpet av en bostad i Spanien som ett alternativ till fritidshuset i Sverige men med mer sol och värme. För många är det dessutom, åtminstone med tiden, en mer permanent flytt som samtidigt går ut på skaffa sig en annan livsstil. För att möta den konsumtion som följde med migrationen till Spanien och det behov av service som automatiskt följer, har många svenska företagare öppnat butiker, hotell, restauranger och andra serviceföretag. Detta märktes redan under 1960-talet och numera finns på båda kusterna ett stort utbud av mäklarfirmor, restauranger, konsulter, tandläkare och butiker som marknadsför sig på svenska gentemot nordiska konsumenter i Spanien (Börestam 2011). Dessutom finns det olika slags institutioner – till exempel skolor, kyrkor och pensionärsorganisationer – som etablerat sig i dessa områden.

Vare sig man köper en sommarstuga i Sverige eller en bostad i Spanien innebär emellertid ett köp inte enbart avkoppling och nöje till ett bra pris. Det finns ett antal andra förutsättningar som måste uppfyllas. De spanska kustområden och "turistmetropoler" som figurerar här har inte varit möjliga att bosätta sig i såvida det inte funnits mark att exploatera för bostadsbyggen och bostäder att köpa eller hyra. Det betyder att lagstiftning och regelverk också måste släppa in utländska medborgare på marknaden samt att det finns ett slags system för att göra sådana transaktioner. För att marknadsintresset ska bestå från köparnas sida måste investeringen bli något mer än en enda lång korrespondens med myndigheter och vistelserna måste leda till något mer lustfyllt än att försöka få bostaden i acceptabelt skick. För att en exploatering av detta slag ska vara möjlig krävs dessutom en grundläggande fysisk och social infrastruktur. Det måste bland annat finnas transportmedel, vägar, vatten- och avloppsanläggningar, affärer, hotell och mycket annat som tillåter och medger etablering och utveckling av nya bosättningar. Det måste också finnas tillgång på andra sorters service som migranter efterfrågar när de flyttar till ett nytt land, som sjukvård, skola och hantverkare, men också kunskaper om juridiska spörsmål och byråkrati. Jämfört med många andra soldestinationer har de spanska "turistorterna" fortfarande en fördel av sitt geografiska läge och, för att använda stigmetaforen, det är därför relativt raka och lättföljda stigar som leder till Spanien. Södra Spanien lockar därför att det finns goda kommunikationer dit och en social och fysisk infrastruktur som gör att migrationen (inkluderat bosättningen) inte blir ett vådligt äventyr.

Det soliga landet

Solen, klimatet och miljön tycks vara trumfkorten i fastighetsbranschens marknadsföring av södra Spanien. Mäklarföretaget Spanienhem är ett exempel på hur Costa Blanca framställs i reklamen:

> "Costa Blanca är kuststräckan från **Denia** i norr till **Pilar de la Horadada** i söder. Costa Blanca har ett av Europas mest vänliga klimat. Det är heller inte för inte som området kallas för "Spaniens trädgård", här odlas det apelsiner, citroner och en hel massa annat som du finner i grönsaksdiskarna i norra Europa. På Costa Blanca, som tillhör Valenciaregionen, är **paella** en maträtt som är viktig för området och som tillagas och serveras i många olika varianter.
>
> Världshälsoorganisationen WHO har klassat Costa Blanca som en av världens mest hälsosamma platser att vistas på. Det är medicinskt bevisat att personer med hudproblem, som till exempel psoriasis, blir avsevärt bättre redan efter en kort vistelse på Costa Blanca och att även reumatiker och andra med värk- muskel- eller ledbesvär mår bättre. Mikroklimatet är också gynnsamt för personer med allergier och astma." (Spanienhem 2015)

Enligt denna reklam finns alla förutsättningar för att leva ett hälsosamt, avkopplande och intressant liv i södra Spanien. Spanien marknadsförs stenhårt och framgångsrikt på flera jättelika husmässor varje år (se till exempel Mäklarmässan 2018). På många håll hänvisas till "fakta" som antalet soldagar och till en medeltemperatur som sägs ligga i topp i Europa. Jag ifrågasätter inte att Spanien tillhör Europas varmaste och soligaste platser men poängen är att mäklarna, och för den delen andra som har anledning att höja intresset för området, alltid tycks kunna lyfta fram fakta som kan styrka att just den aktuella kusten (och ibland specifika orter längs denna) har de bästa kvaliteterna. Många företag och organisationer tillhandahåller exempelvis uppgifter som att solen skiner 320 dagar om året (denna uppgift förekommer för båda kusterna) och att WHO har rankat Costa Blanca som en av världens mest hälsosamma platser. I en artikel om Nerja i östra delen av Costa del Sol, skrev exempelvis hemsidan Nyttigt.EU (2015) om att orten är en av de mest hälsosamma platserna att leva på och att den har det europeiska fastlandets bästa klimat. Förutom klimatet framhålls dessa orter och kuster också med hjälp av mat, vin och förvisso också den lokala kulturen. Detta är ett vanligt sätt att göra reklam för dessa områden (givetvis också för den produkt eller tjänst som företaget vill sälja) som förekommer också i till exempel engelskspråkig marknadsföring.

I dessa kustområden finns en uppseendeväckande mängd företag som säljer hälsoresor, ger kurser och erbjuder behandlingar och kurer av olika slag inom frisk- och hälsovårdsområdet. Flertalet av dem använder sig av liknande marknadsföring som jag exemplifierat med ovan. En hel del av företagen är tydligt inriktad på en svensk eller skandinavisk marknad. CFS Marbella, en tidig svensk aktör i Costa del Sol, har ända sedan slutet av 1960-talet haft rehabilitering och friskvård som sin viktigaste verksamhet. Det numera nedlagda företag som tog över verksamheten marknadsförde sig med barnvänliga och handikappanpassade anläggningar som har "stora, inbjudande *subtropiska trädgårdar*" och "perfekta förutsättningar för att komma i form" (CFS 2014). Hemsidan ger sannerligen en idyllisk beskrivning av omgivningen som "erbjuder mycket mer än långa, sköna sandstränder och lata dagar i solen" bland annat därför att det finns gott om tillfällen att spela golf och en natur som ger "fina vandringsmöjligheter och många spännande äventyr".

För en frusen nordbo kan allt detta låta lockande. De svenskspråkiga "lokaltidningarna", magasinen och föreningsutskicken – källor som svenskarna i nätverken ofta använder sig av för att orientera sig i det spanska samhället – stämmer in i kören av entusiasm. Några exempel är Svenska Magasinet och En Sueco – två reklamfinansierade tidningsjättar – som båda varvar notiser och artiklar med bilder som återger fantastiska platser i det spanska samhället. Tidningarna är uppenbart delaktiga i marknadsförandet av dessa attraktiva kustområden och finns att tillgå gratis på olika företag, organisationer och föreningar i Costa del Sol. Webbplatsen Megafon.net är ett annat exempel. Här ges information och vägledning på engelska, norska och svenska. På hemsidan görs tydlig reklam för ett boende i Spanien:

> "Många svenskar har valt att bo i Spanien på grund av det goda klimatet. Att **bo i Spanien** betyder inte på något sätt reducerad levnadsstandard, tvärt om. Till exempel är den spanska sjukvården minst lika bra som i Sverige och dessutom helt gratis. Prisnivån i Spanien är lägre än i Sverige, det samma gäller skatterna." (Megafon.net 2015a)

Under fliken "Costa del Sol" manar samma hemsida fram en förförande bild av ett "subtropiskt klimat" där det går att se "papegojor i träden och sköldpaddor i floderna".

Det är givetvis inget som förvånar att företag och kommersiella organisationer lyfter fram dessa bilder av Spanien och livet där. Men det finns andra icke-affärsdrivande aktörer som i stort sett förmedlar samma bild. Skandinaviska skolan i Costa Blanca, som ägs av en stiftelse men drivs av en föräldraförening, ger på sin hemsida en bild av kustområdet som tycks tagen direkt ur en reklambroschyr. Områdets många soldagar, höga medeltemperatur och härliga badstränder dyker också upp som om det handlade om att göra reklam för att familjer ska flytta dit. Som en grädde på moset lanserar skolan de hälsomässiga fördelarna med kustområdet:

> "WHO har klassat kustremsan som en av världens mest hälsosamma platser. Det beror inte enbart på de många soldagarna och att det under ett år är hundratals fler timmar med dagsljus än i norra Europa. Det beror också på det mikroklimat som råder här, där de många saltsjöarna i området har stor inverkan. Medicinskt bevisat är att personer med hudproblem som till exempel psoriasis blir avsevärt bättre redan efter en kort vistelse på Costa Blanca och att reumatiker och andra med värk- muskel- eller ledbesvär mår bättre här. Mikroklimatet anses även vara gynnsamt för personer med allergier och astma." (Skandinaviska Skolan 2015)

Med dessa exempel ges ett smakprov på ett dominerande sätt att framställa den del av Spanien som svenskarna tycks vara allra mest förtjust

i. Men det är naturligtvis inte alltid soligt och varmt i södra Spanien. Svenska livsstilsmigranter och andra besökare är självklart inte blinda för att det finns en grå och trist vardag bakom strandlivet på den spanska solkusten. Men de framställningar som används inom reklam och marknadsföring återkommer i såväl icke-kommersiella organisationers information som i individuella samtal. Det går exempelvis att konstatera att annonser, hemsidor och ibland också reportage i föreningarnas medlemstidningar är fyllda med den typ av information som bland annat fastighetsmäklare använder i sin reklam. Dessutom finns gott om exempel på hur föreningarnas information ibland länkar till företag.

Vi vet inte vilken betydelse dessa bilder har för den svenska migrationen till Spanien. Det finns många sätt att skaffa sig information om en plats och det är troligt att de migranter som tagit steget att köpa sig en fastighet har lyssnat på vad grannar, vänner och bekanta har sagt. Samtidigt är reklammagasin och hemsidor viktiga komponenter i svenskarnas spanska tillvaro. Reklamutbudet och informationsförmedlingen måste ses mot bakgrund av ett sammanhang där de svenska livsstilsmigranterna söker information och försöker orientera sig i omgivningarna utan att kunna det lokala språket. Samtidigt har myndighetsinformationen (som i en del fall faktiskt förekommer även på svenska) svårt att nå ut och det blir inte enkelt att särskilja marknadsföring från sådan information som är marknadsmässigt neutral (vilket jag återkommer till i senare kapitel). När kompetensen att söka och värdera information saknas bland migranterna kommer företag och organisationer att spela en betydande roll för individens samhällsorientering.

Under den skinande solen

Trots att vädret är så bra tycks det vara ett hett samtalsämne bland de svenska migranterna i södra Spanien. Åtminstone har jag själv träffat många migranter som tycks vilja övertyga mig om att de har ett bra liv i Spanien och att klimatet är en viktig källa till det. De trista höstarna och de vidrigt kalla och halkiga vintrarna i Sverige utgör naturligtvis tacksamma kontraster till de långa somrar och milda vintrar som kännetecknar klimatet i Spanien. Det pratas väder och samma typ av jämförelse mellan olika bostadsorter som ofta görs i Sverige är vanliga också i svenskarnas Spanien. Det finns något av en lokalpatriotisk retorik här som gör att de som bor i Costa del Sol kan säga att "deras" kust är betydligt varmare och soligare än andra delar av Spanien (inklusive

Costa Blanca). I Costa Blanca tycks många vara övertygade om att det bästa vädret i Europa finns i deras trakter. "Närheten till Atlanten gör att Solkusten har ett lite kallare klimat än vad vi har [på Costa Blanca]"; "Vi i Denia [i norra Costa Blanca] har ett mikroklimat som gör att det är mycket varmare här än bara i Benidorm!"; "Nerja [i östra delen av Costa del Sol] har ett mikroklimat som gör orten så mycket behagligare än andra orter på kusten!" Det är vanligt att dessa argument styrks med en blandning av olika fakta och egna spekulationer där till exempel statistik, WHO:s ranking av hälsosamma platser och reklambroschyrer är en del av inslagen.

Min frågeformulärsundersökning stöder bilden av klimatet som en viktig orsak bakom flytt eller vistelse i Spanien. Totalt sett var det drygt 85 procent av respondenterna i denna undersökning som kryssade för alternativet "bättre klimat" på frågan vad som var den främsta orsaken till Spanienvistelsen. Av dem som uppgav att de var säsongsboende kryssade nästan samtliga för detta alternativ. I jämförelse med klimatalternativet så är de övriga alternativen på denna fråga ganska obetydliga. Femton procent av det totala antalet respondenter har emellertid också kryssat för alternativen "social gemenskap" och "fritid och nöjen". Möjligen kan det vara värt att notera att "fritid och nöjen" är något större i kategorin "säsongsboende" i Costa Blanca. Troligtvis har detta att göra med golfintresset och ett stort utbud av golfanläggningar i området. I övrigt ser jag endast små skillnader beroende på om respondenterna bor i Costa Blanca eller Costa del Sol eller om de är korttidsbesökare, säsongsboende eller permanent boende i Spanien. Det kan också nämnas att några också skrivit in hälsoskäl i det öppna svarsalternativet.

Det är enkelt att totalt acceptera sol och värme som den grundläggande orsaken till varför svenskarna flyttar till Spanien. Samtidigt vill jag understryka att det är uttrycket för ett slags motiv som ger avtryck i min undersökning. När respondenten står inför en rad standardiserade svarsalternativ på en fråga så är i detta fall klimatet det alternativ som ligger närmast till hands. Svaren knyter an till en diskurs om att Spaniens milda och soliga klimat är en viktig anledning att flytta dit men också det sociala livet som finns där. I många av mina intervjuer och samtal tycks turistbroschyrens soliga tillvaro också förverkligas. Ett exempel är Fredrik som jag träffade på en föreningsfest i Fuengirola (Costa del Sol) i slutet av september 2011. Fredrik och hans fru var sedan flera år bosatta i staden. De hade så nyligen kommit tillbaka efter ett längre besök i Sverige under sommaren. Han var uppenbart entusiastisk över detta:

> "Det är så skönt att vara här igen. Du förstår när vi går ut på stranden träffar vi ofta folk vi känner. Vi stannar och pratar med dem över en kaffe eller en öl eller kanske en drink. Sedan går vi vidare och så råkar vi på andra. Det har hänt att vi gått ut en fredag eftermiddag och sedan träffat folk och till slut hamnat hos någon och fortsatt att festa med dem. Det händer att vi inte kommer hem förrän på eftermiddagen dagen efter. Det är verkligen skönt att kunna leva ett sådant liv utan bekymmer och krav."

Givetvis är inte alla lika entusiastiska över just strandlivet och barrundorna. Andra nämner istället den intressanta spanska kulturhistorien, den lokala matkulturen eller vinbodegorna i området. Dessutom finns det gott om intressanta byggnader, stadsmiljöer och natur som många uppskattar. På liknande (om än inte identiska) sätt som Fredrik är det många som lyfter fram den öppenhet mellan människor som de upplever och även den kravlöshet som deras tillvaro som svensk i Spanien kan innebära. Men det sociala liv som nämns i dessa framställningar syftar sällan på den spanska lokalbefolkningen. Spanjorerna utgör ofta en minoritet i bostadsområdet eller på de restauranger som man besöker. Jag tror att informanterna här i stället tänker på sitt sociala umgänge inom de svenska nätverken och de kontakter som de har med grannar och bekanta från andra länder.

I södra Spanien pågår ett utomhusliv året runt. Under vintern är vädret idealiskt för promenader i den tillgängliga spanska naturen och det går att bada i havet (i stort sett) året runt. Många vittnar därför också om hur stela leder mjukas upp och att deras artros mildras eller försvinner när de är i Spanien ("medicinskt bevisat", säger en del). Flera personer har uttryckt sin tacksamhet för att de fått möjligheten att tillbringa vintrarna i Spanien eftersom det besparat dem mycket lidande. I åtminstone ett fall påstod vederbörande att det räddat honom från att bli rullstolsbunden. På pluskontot nämns också de färska råvarorna i maten, färska grönsaker och frukt. Miljön i Costa Blanca har en särskilt hälsobringande effekt på människorna, tycks många hävda. Den WHO-rapport som enligt uppgift har rankat området som världens tredje mest hälsosamma plats dyker upp igen. Det spekuleras ibland om att 50 procent av alla svenskar som flyttar till Costa Blanca har hälsoskäl för detta. Det är naturligtvis omöjligt att veta om detta verkligen är fallet men i samtalen med informanter och andra finns hälsan med som en viktig orsak.

Bortom solskenet

Den positiva bilden av södra Spanien byggs upp med sol och värme. Men runt hörnet är det också skugga. Ju längre samtalen om livet i Spanien sträcker sig, desto längre bort från solen och värmen kommer de. Exempelvis uppgav några av de jag talade med att de egentligen flyttat till Spanien för jobbets skull – han eller hon ville pröva på något nytt eller hade förverkligat en affärsidé i Spanien. Andra kom in på sin hälsa och det var ledbesvär eller artros som fick dem att söka sig till Spanien. Det var helt enkelt det bästa alternativet om man fortsatt ville ha täta kontakter med Sverige. Ytterligare andra uppgav att de hade vänner som bosatt sig i Spanien och att de efter att ha besökt dem själva blev lockade av det milda klimatet men också av det sociala livet där.

Det som till en början verkade vara solskenshistorier kunde ibland öppna dörren för andra dimensioner i flytten. En företagare som jag här kallar Carina berättade i en intervju att hon flyttat till Spanien som ensamstående mor med barn. Under intervjun talade Carina om sin fascination för Spanien och alla de fördelar som landet har jämfört med Sverige. Det blev till slut en mustig berättelse om det liv hon genomgått under 15 år i Spanien. I denna fanns inslag som bland annat handlade om hennes försörjning för familjen och att försäkra sig om en bra skolgång och uppväxt för barnet. Så småningom hade det mesta utvecklat sig i rätt riktning. Carina hade kommit på fötter genom ett starta ett företag som hjälper andra att "fixa" saker och ting. Detta fixande kunde exempelvis röra sig om att översätta ett dokument från spanska till engelska eller svenska, att bistå en klient vid ett sjukhusbesök eller förmedla kontakter med en lokal hantverkare. Företaget sysslade således med ett slags mäklande av service och tjänster till den relativt välbärgade internationella krets som bor eller vistas i det område av Costa del Sol som hon var bosatt i. Företagets kundkrets var de livsstilsmigranter som har bristfälliga språkkunskaper och/eller saknar kontakter i det spanska samhället. Carina hade som många andra mindre företag hittat en nisch i det internationella sammanhanget i Spanien (som jag återkommer till senare). Det är en nisch som kräver mycket kontakter och engagemang och där konkurrensen är mycket stor på en säsongsbetonad marknad. Jag fick intrycket av att Carina var beredd att försaka en hel del för att få bo kvar i Spanien.

Det fanns emellertid flera lager i Carinas berättelse som inte avslöjades vid intervjutillfället. Ett par veckor senare skickade jag ett mejl med tack för senast. Jag förklarade artigt att hennes berättelse var mycket fascinerande. Carina svarade snabbt att hon var glad över att ha kunnat bidra med något och tyckte att det var roligt att träffa en forskare som lyssnade på hennes berättelse. "Kunde det verkligen vara till nytta?" Men mejlet var långt och Carina förklarade att det hon hade berättat inte var hela sanningen. I själva verket hade hon hållit tyst om den sorgliga bakgrunden till sin flytt till Spanien. Egentligen var hon en flykting. I mejlet målas en familjetragedi upp. En skilsmässa i Sverige, vårdnadstvist, hot och (som det verkade) övergrepp. Det var snarare denna tragedi som låg bakom flytten till Spanien än en längtan till solen. Carina upplevde att det svenska samhället inte kunde ge ett tillräckligt skydd från den (som hon framställde det) aggressive mannen. Det var med hjälp av sin far och hans kontakter som hon sedan kunde flytta till Spanien och bli fri från de omedelbara problemen i sin situation.

Komplexiteten ökar ju mer jag talat med migranterna om frågor som har med tillvaron i Spanien att göra. Jag tror inte att ens nyanseringarna med hälsoskäl, socialt liv och bra miljö ger en särskilt djup bild av denna migration. Det går kanske inte att på ett individuellt sätt riktigt förklara varför man flyttat till Spanien och väljer att stanna kvar där. Kanske frågorna aktualiserar känslor och förhållanden på ett sådant privat plan att man, som i fallet med Carina ovan, inte vill eller kan tala om dem i ett kort möte? Vad vi ser i alla dessa hyllningar till det soliga och avspända livet är, menar jag, snarare diskursens framställan om det goda och bekväma livet. Det spanska klimatet symboliserar själva målet för detta. Diskursen pekar ut alternativet till kylan, mörkret och tristessen därhemma. Om man drar ihop detta så kan man enkelt uttrycka det som att med sol och värme året runt följer associationer till ett liv där det går att vistas utomhus med rekreation på stranden, vandringar i bergen och på restaurangernas uteserveringar med ett glas vin. Men trots denna distans till det vardagsstråkiga i Sverige lever de flesta ett liv där det svenska samhället i högsta grad är närvarande.

Vardagens bestyr

För de svenska migranter som boken handlar om finns naturligtvis ett vardagsliv med små och stora bekymmer. Med detta följer de rutiner och förpliktelser som hör livet till. Räkningarna för el och vatten ska betalas, deklarationen och andra skatteuppgifter måste skickas in och bostaden behöver underhållas. På det personliga planet måste de flesta förr eller senare ordna med sjuk- och tandvård. Det finns tusen olika saker som måste fixas. Mycket av den omsorg och service som får vardagslivet att fungera innebär extra krångel för dem som lever utomlands. Det krävs information och kunskap om hur man gör och var man kan hitta den tjänst man behöver. Förutom att språket kan vara ett bekymmer är det dessutom förenat med olika kostnader att få denna service. Hur mycket det kostar kan i vissa fall skilja sig beroende på om vederbörande är registrerad som permanent boende eller är mantalsskriven i Sverige. Till vardagen hör förstås också ett socialt umgänge med grannar och vänner. Det finns de som lever ett lyckligt liv i Spanien och andra som är olyckliga. Förr eller senare drabbas alla av sorger och bekymmer. En skilsmässa eller ett dödsfall kan drastiskt förändra livsvillkoren och dra med sig såväl sociala som ekonomiska problem.

Vad jag vill komma fram till här är att utlandsboendet och språket ställer saker och ting på sin spets. Hur löser migranter den typ av vardagliga problem och krissituationer som jag målar upp ovan? Trots en omvittnat god och framförallt kostnadsfri sjukvård i Spanien så finns det en rad områden där välfärden inte når fram till svenskarna. Hemtjänsten och socialtjänsten är några tydliga exempel där det spanska samhället endast i undantagsfall kan erbjuda service och bistånd som motsvarar det som svenskar har rätt till i det svenska samhället. För de svenskar som vistas längre tider i Spanien är service av detta slag en viktig fråga. För många svenska migranter handlar det också om att få boendet att fungera i båda länderna. Att äga en bostad innebär förpliktelser, kostnader, tillsyn och korrespondens. Många svenskar i nätverken lever med en fot i Sverige och den andra i Spanien. Detta innebär en del krångligheter – inte minst när det är dags att deklarera och när det ska göras transaktioner av olika slag. Det är svårt för en lekman att göra detta utan hjälp av någon som har kunskaper om sådana frågor. Det krävs också möjligheter till att sköta bank- och myndighetskontakter på distans och att i övrigt kunna bevaka sina intressen i två länder. På det sociala planet behöver svenskarna i Spanien dessutom tillgång till billiga och tillförlitliga telefoni- och IT-tjänster.

Men det saknas sannerligen inte information och tips på hur man som utlänning bör manövrera i det spanska samhället. Bland informationskällorna för detta märks ett antal icke-kommersiella hemsidor och Facebookgrupper. Hemsidan (finns även som Facebookgrupp) Svenskar i Spanien (Svenskar i Spanien 2011) är en välbesökt och innehållsrik källa till information om Spaniensverige. Ägaren till hemsidan definierar adressen som "En sida för oss som bor i Spanien, men också för dom som vill veta mer innan dom kanske flyttar ner hit, eller funderar på att semestra härnere eller bara åker runt med Bil och Husvagn eller Husbil". Hemsidan tillhandahåller en rad konkreta tips, råd och länkar till olika företag och även myndigheter. Under fliken "Tips och trix" finns bland annat en hänvisning till en webbadress (Rad 2015) där de vanligaste frågorna ställs och besvaras. Svenskar i Spanien har dessutom ett forum där tips och knep om livet i Spanien diskuteras. Det är relativt vanligt att svenskar som bor i södra Spanien eller har intresse av att flytta dit byter erfarenheter, ger tips och råd till varandra i olika nätforum. Det tycks finnas ett utbrett behov av att få hjälp och en rad serviceföretag har uppmärksammat detta. Hemsidan Megafon.net – "en webbplats om att leva och arbeta i Spanien" – är ett exempel på detta:

> "Här hittar du lediga jobb på Costa del Sol, Gran Canaria, Alicante, Torrevieja, Barcelona och många andra populära semesterorter för svenskar som vill komma bort från snö och kyla.
> Du hittar också praktisk information om att flytta till Spanien, och vilken typ av tjänster som du kan hitta på ditt eget språk i Spanien.
> Om du letar efter ett jobb i Spanien är det en fördel att tala spanska. Kan du inte spanska ännu så hittar du spanskakurser på dessa sidor. Ett av de arbeten där det finns många lediga platser för svenskar i Spanien är telemarketing." (Megafon.net 2015b).

Megafon.net ger läsaren praktisk information om var svenskarna i Spanien bor och hur det går att hitta tjänster på det egna språket. På hemsidan finns en länk till "svenska tjänster i Spanien". Avsikten är givetvis att läsaren ska klicka på denna länk och sedan forslas vidare till hemsidan för de aktuella företag som också sponsrar Megafon.net.

Det finns dessutom de reklamfinansierade månadstidningarna och informationsbladen från olika företag och organisationer. Sydkusten, En Sueco och Svenska Magasinet är exempel på "livsstilsmagasin" med vackra omslag och snygg design. Här blandas artiklar om det spanska samhället (i allmänhet sett ur svenskarnas synvinkel) med råd och tips om hur man kan undvika och lösa olika sorters frågor. Dessa gratismagasin finansieras med hjälp av företagsannonser. Tidningarnas artiklar, notiser och spalter trängs därför med påkostade annonser från bland annat mäklare, inredningsfirmor, revisionsbyråer, tandläkare och sjukvårdsmottagningar. Flera av dessa företag är stora nordiska företag som Nordea och Skandiamäklarna men de flesta är lokala entreprenörer med nordisk anknytning. Svenska Magasinet har dessutom reklamfinansierade FM-radiosändningar på svenska i Kustradion. Radio är för övrigt ett etablerat medium bland nordborna i södra Spanien med flera FM-sändningar på svenska (förutom Kustradion också Skandinavisk Radio Nova) och flera poddradiosändningar riktade till svenskspråkiga lyssnare.

Det finns som jag tidigare nämnt en uppsjö av livsstilsinriktade företag, nätverk, organisationer och föreningar. Det är inte bara bilderna av det goda livet som tillhandahålls i diskursen utan också information om hur man uppnår det och samtidigt slipper baksidorna med att leva som migrant i Spanien. I ett sammanhang där många har svårt att orientera sig i samhället blir också dessa annonser användbara. Här finns enkel och snabb information på det egna språket och ofta var det går att köpa "nordiska" produkter och tjänster. Det är ingen neutral samhällsinformation och ska naturligtvis inte värderas som sådan med allt det innebär i form av ansvar och tillförlitlighet. Likväl ger reklamen viss användbar information i det sammanhang som många av svenskarna i Spanien befinner sig i.

Om Spanien och det goda livet

I kapitlet har jag främst uppmärksammat den starka diskurs inom de svenska nätverken som lyfter fram klimatet och livsmiljön i Spanien. Livsstilsmigration, som den svenska migrationen till Spanien i allmänhet handlar om, karaktäriseras i grova drag som en strävan efter självförverkligande och ett slags nystart på livet som går bortom tristess och vardagsrutin (O'Reilly & Benson 2009). Ett boende i det nya landet handlar i den meningen om att "fly" till nya möjligheter och till en plats där individen kan uppleva något nytt och på sätt och vis omskapa sig själv. Sett i detta ljus så framstår diskursen om Spanien och lockelserna där också som en diskurs om det goda livet.

Företagen, fastighetsmäklarna och researrangörerna har definitivt ett intresse av att bilden av ett attraktivt land i alla dess bemärkelser sprids bland deras potentiella kunder och är därför drivande i diskursen. Detta är idyllen av livet i Spanien som de kan tjäna pengar på. Men även olika svenska organisationer (och för den delen även spanska turistorganisationer) sprider denna information till svenskarna i områdena. Föreningarna är inne på samma linje och delvis använder de modellen av detta liv för sin verksamhet (vilket jag återkommer till i senare kapitel). Det finns flera skäl till detta som jag också återkommer till i de kommande kapitlen.

Den diskurs som syns i olika media, föreningar och hemsidor har sin tyngdpunkt på den väg som *leder till* Spanien snarare än de ibland kurviga och gropiga vägar som migranter måste använda när de väl bosatt sig i landet. För det första är (stora) föreningar, företag och organisationer beroende av ett stort medlemsantal eller köpare och därför är de angelägna om att intresset upprätthålls. För föreningarnas del handlar det om att kunna erbjuda något som de tror kan locka medlemmar till föreningen. Det goda livet förverkligas inte bara genom att sprida en förskönad bild av Spanien utan också om att kunna ge ett socialt liv, information och service som underlättar tillvaron. Detta betyder att föreningar åtminstone indirekt är en del av den industri som underhåller den svenska migrationen till södra Spanien. Detta betyder självfallet inte att föreningarna och företagen nödvändigtvis för svenskarna bakom ljuset. Men genom att göra reklam för, och förmedla ett utbud av, tjänster och varor som efterfrågas för ett bekvämt liv i solen, är föreningar och företag också medskapare av detta goda liv.

Det är viktigt att inte reducera förståelsen av migration till en fråga om individuella och rationellt grundade beslut (jämför de Haas 2014:8). Min tolkning av livsstilsprojektet bland de svenska migranterna är att ”det goda livet” – liksom drömmen om att detta förverkligas – utgör en fond och en förutsättning för de organiserade formerna för gemenskap som bland annat föreningarna tillhandahåller. I den diskurs som jag skildrat här finns många incitament för gemenskap bland svenskar (och svenskspråkiga) i den spanska tillvaron och föreningar, organisationer och företag har ofta ett tydligt engagemang i detta. Detta betyder att (livsstils-)migranternas förverkligande av sina drömmar ofta kan ta en riktning som hänger samman med framförallt föreningarnas och företagens olika initiativ för att ”exploatera” dessa drömmar.

Jag tror att de migrationsrutter som går till södra Spanien hänger samman med en diskurs som inte bara kan lova bra väder utan också en trovärdig bild av att livsstilsprojektet går att förverkliga. Individer eller grupper av individer som vill förverkliga sina livsprojekt söker sig till sammanhang som kan erbjuda bra förutsättningar för detta. För majoriteten betyder det en plats där de kan klara sig utan alltför mycket krångel. Rutterna till södra Spanien handlar om bra klimat, rikt kulturliv och andra nöjen men också om socialt liv och bekvämligheter i form av bostad, service med mera. Den tillgängliga servicestrukturen i södra Spanien blir en viktig komponent i detta. I detta avseende finns här ett slags interaktion mellan individuella (men även sociala) önskemål/

efterfrågan/livsprojekt och ett utbud av tjänster inom "migrationsindustrin". Detta är en parallell (i varje fall om vi bortser från alla skillnader i övrigt) till Tekalign Ayalews (2017) observationer som visar hur migranter från östra Afrika hamnar på rutter som förbinder Etiopien med Sverige. På sätt och vis framträder här en infrastruktur som i de flesta fall leder de svenska livsstilsmigranterna till just södra Spanien och inte till Marocko eller ens till närliggande orter i Spanien.

Som avslutning på kapitlet återvänder jag till exemplet med Carina ovan. Med kompletteringen av sin berättelse pekar hon på den komplexitet som migration rymmer och som är mycket större än att det går att enkelt förklara med hänvisning till enskilda faktorer som till exempel självförverkligande och längtan till solen. I intervjun aktualiserar Carina dessutom att en migranternas vardagstillvaro också består i språkproblem, sökande efter kontakter och service. Carina är en av de många företagare som siktat in sig på denna vardagsproblematik och skaffat sig tillräcklig kompetens för att sälja tjänster till de livsstilsmigranter som bor eller vistas i södra Spanien. Fortsättningen av boken kommer att handla om hur denna "vardag" ligger till grund för föreningars och andra organisationers sociala praktik och hur den är relaterad till dessa svenska migranters olika nätverk. Samarbetet med de företag som tillhandahåller relevanta tjänster blir här av central betydelse.

4. Förenande intressen i Spaniensverige

Det finns uppenbara skillnader i villkor och förutsättningar mellan de svenska familjer som bosatte sig i södra Spanien i början av 1960-talet och dem som flyttat dit på senare år. En skillnad är informationsflödet. I den mån det fanns tillgång till fungerande internationella telefonlinjer på 1960-talet så var samtalen till Sverige dyra. Detta var långt före persondatorerna, flera årtionden innan någon hört talas om internet och sociala media var ett okänt begrepp. Den korrespondens som förekom mellan människor i olika länder skedde för det mesta genom brev, endast i undantagsfall genom telefonsamtal. Södra Spanien var dessutom på efterkälken när det gäller infrastruktur och moderna faciliteter. Ofta beskrivs södra Spaniens högmoderna turistorter lite nedlåtande som "fiskebyar" där tiden tycks ha stått still ända till dess "utvecklingen" tog fart under 1980-talet. Sådana framställningar lider förmodligen av nostalgi och en hel del "etnocentrism" – det egna samhället blir en måttstock för vad som är utvecklat eller inte – men helt klart såg dessa orter annorlunda ut på den tiden.

Under 1960-talet var emellertid varken det spanska eller svenska samhället "globaliserade" på det sätt som de är nu med internet och omfattande handel över gränserna. De svenska matvaror, tidningar och konsumtionsprodukter som de svenska migranterna i dag har fri tillgång till, var då en bristvara och fick i allmänhet importeras av individerna själva. Rimligtvis kände sig många av svenskarna ibland avskilda från sitt sociala sammanhang i Sverige och den trygghet som det svenska välfärdssamhället (då) kunde erbjuda. Detta kan förklara varför efterfrågan på ett socialt liv och gemenskap i nationella föreningar har varit stor. Jag ska i detta kapitel ge en kort bakgrund till föreningarnas historia och inriktning i de två kustområdena.

Anita, Kristina och Gustav

Jag har träffat och intervjuat flera personer som flyttade till Spanien i ett tidigt skede av den svenska historien där. Några kom till Spanien som familj med barn och stannade sedan under barnens uppväxt. Anita är en av dem. Anita berättade att hennes make drabbats av en sjukdom och så småningom blivit förtidspensionerad i Sverige. Själv var hon under den tiden hemmafru och tog hand om barnen. De hade redan kontakter med några svenskar som flyttat till Spanien och besökte landet några gånger under 1960-talet. I början av 1970-talet flyttade familjen till Costa del Sol på grund av makens hälsa och deras önskan om att få ett annat liv. Anita och barnen bodde kvar i samma ort i Spanien även efter makens död. När barnen blev vuxna så flyttade de från Spanien till andra delar av världen men Anita stannade trots det kvar. Hon berättade om ett liv i Spanien där hon hade många vänner både bland svenskarna och den spanska befolkningen. Hon talade också flytande spanska.

Anita berättade att familjen till att börja med bodde i "svenskhotellet där alla svenskar bodde" som enligt henne ägdes av "två svenska systrar och en danska". Hotellet blev träffpunkten för många svenskar som tillbringade en längre semestervistelse i Costa del Sol eller var där en tid för att söka efter en bostad. De svenskar som vid den tiden flyttade till Costa del Sol bildade snart sociala föreningar. Enligt Anita blev föreningen under denna period en samlingspunkt främst för de mer välbeställda svenskarna och hon var själv inte så intresserad av det umgänget. Så småningom blev emellertid Anita engagerad i en frivillig hjälpverksamhet och även i kyrkoförsamlingen.

När vi träffades för första gången hösten 2011 hade Anita nyligen sålt det gamla huset och flyttat in i en vacker lägenhet i centrala staden. Fördelen med detta, menade hon, var ett större utbud av socialt liv och hon behövde inte använda bilen varje gång hon skulle göra ett ärende. Men krämporna började göra sig påminda och Anita uttryckte viss oro för ensamhet och otrygghet. Hennes barn var bosatta i andra delar av världen och hon saknade dem och barnbarnen. Vi hade telefonkontakt vintern 2012 då hon var i Sverige för att träffa sin familj. Det var en sträng vinter i Sverige och halkrisken hade tvingat henne att stanna inne under nästan en hel vecka. Men det skulle vara skönt och tryggt att bo närmare familjen, sade hon. Under en fältvistelse våren 2012 träffade jag åter Anita. Innan hon lämnade Sverige hade hon tagit med sig information om trygghetsboende och vi satt gemensamt vid hennes dator och studerade några lediga alternativ. När jag året efter återigen träffade Anita var hon sysselsatt med packningsbestyr inför flytten till Sverige. Lägenheten var fylld med flyttkartonger och prylar som skulle sorteras, skänkas bort eller packas ner. På soffbordet låg mängder av fotografier och papper som skulle gås igenom. Hela lägenheten och situationen andades ett sorgligt avsked. En augustikväll samma år ringde Anita mig. Flytten var genomförd och hon hade fått en bra lägenhet. Men det låg en ton av sorg i rösten. Hon saknade sitt spanska hem något ofantligt. Det var ju ett annat liv där. Jag kunde se henne framför mig när hon sent på eftermiddagen gick ned till det lokala kaféet för att i skuggan njuta av den värmande vinden tillsammans med ett glas vin. Alltid passerade någon hon kände och som hon kunde byta några ord med. Förmodligen hade Anita en förnimmelse om vad som väntade då hösten var i antågande – den årstid då skillnaden mellan Costa del Sol och Sverige är som mest kännbar – för hon uttryckte viss oro över hur vintern skulle bli i Sverige. Hur ska man klara det svenska vintermörkret när man på grund av halkan knappt kan gå ut ur lägenheten?

Vid ungefär samma tid flyttade också Kristina till Costa del Sol. Anita och Kristina tillhörde under dessa år samma bekantskapskrets och umgicks en del inom olika föreningar. Kristinas anknytning till Spanien har emellertid med hennes egen yrkesbana att göra. Hon fick ett jobb på en svensk organisation detta år och var sedan yrkesverksam i Costa del Sol i mer än 25 år. Hon arbetade vid en svensk organisation och var under en tid också chef. Efter sin pensionering stannade Kristina kvar i Spanien och har under tiden bott ensam i samma stad med sina husdjur. Kristina talar även hon utmärkt spanska och har gott om vänner bland såväl svenskar som spanjorer, säger hon. Men engagemanget har framförallt varit inom de svenska nätverken. Hennes arbete i den svenska organisationen ledde henne automatiskt in i de svenska nätverken och deras olika sammankomster.

Under 1970-talet umgicks "svenskarna i Spanien som i en svensk enklav", sade Kristina. Här arrangerades såväl gudstjänster som festligheter. Svenska flaggans dag (6 juni) firades "med nån flaggparad och talare och alltihop och hurrade för Hans Majestät Konungen". Midsommarfirandet var traditionellt och svenskt. Efter en ganska kort tid i Spanien blev Kristina också medlem i församlingen och sedermera aktiv med flera styrelseposter. Hon har också genom sin kyrkliga och professionella verksamhet ofta kommit i kontakt med behövande svenskar i området. Kristina berättar att hon på olika sätt deltagit i den frivilliga hjälpverksamhet som funnits som stöd för de svenska migranterna. När jag träffade Kristina i mars 2013 berättade hon om att det då och då kom personer som hon känner eller som blivit tipsad om henne för att få hjälp med en tolkning eller ett myndighetsbesök. Några dagar innan hade en dam kontaktat henne för att få hjälp med att söka parkerings-tillstånd för handikappade till sin bil: "Om man följer med dem för att göra något sådant en gång så ser de också att 'det här var ju inte så farligt', och så kanske de försöker själva nästa gång något ska göras".

Av Anitas och Kristinas och många andras berättelser framgår att de svenska gemenskaperna i olika orter och områden handlar om nätverk som bundits samman kring "det svenska" och att detta pågått i flera årtionden. Det är människor i liknande situation och med gemensamt ursprung och språk som träffats på hotellet, på vissa restauranger, vid fester som arrangerats och i kyrkan. Det är lätt att föreställa sig att det ur dessa aktiviteter och samkväm också bildades sociala föreningar. Föreningarna blev svenskarnas sätt att organisera det sociala livet och där kunde också de gemensamma ansträngningarna ge möjlighet till viss service. I Anitas berättelse finns samtidigt tecken på skiktningar i sällskapen redan under den tidiga svenska historien i Costa del Sol. De fester som ordnades kände sig alla inte självklart välkomna till. Enligt Anita var de "vanliga" svenskarna hänvisade till de restauranger som serverade svensk mat och så småningom till de föreningar som började organisera svenskar på ett bredare plan.

Jag ska utveckla resonemanget om relationen mellan nätverk och gemenskap senare i boken. I förra kapitlet beskrev jag kort hur en liten koloni av svenskar etablerades i Torrevieja under 1960-talet. Efter Francos död och demokratins återintåg stod den spanska marknaden öppen och intresset för bostadsköp i Spanien fick en nystart i slutet av 1970-talet. Enligt uppgift fullkomligt exploderade detta intresse under 1980-talet. Gustav är en av de svenskar som sedan den tiden gjort fas-tighetsaffärer i Costa Blanca:

"Jag flyttade [själv] hit i princip för 25 år sedan. Jag såg ju då uppväxten av första familjen som flyttade in till dess att det var 10 000 familjer här. Vi sålde den första fastigheten till en svensk 1981. Vi hade 30-årsjubileum för ett par månader sedan. ... Från Sverige kom ju olika grupper men vi körde ganska snabbt med nationell reklam. Vi sålde resor och hus. Och sen blev det ju att det spred sig i cirklar, en köpare övertalade sina vänner att flytta. När vi började så var gränsen på 150 000 kronor som man fick föra med sig från Sverige legalt. ... Det var medelklasshus, det var ju billigare att köpa ett hus här än i Sverige. Här har det aldrig varit lyxägande. 50 kvadrat var genomsnittet vi sålde på. Radhusmodellen var storsäljaren. Och sen så växte det fram, det gick från väldigt få till väldigt många snabbt."

I den här intervjun (som genomfördes 2011) berättade han bland annat om karaktären på husförsäljningen och att marknaden i allt högre grad riktades mot lägre medelklass och arbetare. Utbudet av lämpliga och ekonomiskt attraktiva bostäder är givetvis en viktig orsak till denna spridning. Gustav berättade också att försäljningen till stora delar har varit personligt förmedlade. De som köpt en bostad kan ofta rekommendera sina bekanta att köpa. Det är därför inte en slump att nätverk av svenskar har etablerat sig i vissa orter men att det helt saknas svenskar i andra. Den etablering av en "koloni" av svenskar i Torrevieja som berördes i förra kapitlet, bekräftar på sätt och vis Gustavs berättelse. Exploateringen av mark och försäljning av bostäder (till ett bra pris) sker till stor del genom olika nätverk. Flyttlassen har i många fall gått till samma orter och boendet i Spanien har kopplat samman dem som inte redan kände varandra.

Från nätverkande till förening

De nätverk av svenska migranter som figurerar i bakgrunden av denna bok består av individer, familjer och sociala liv som har kopplats samman. Många av de tidigt inflyttade svenskarna lärde känna varandra i olika sammanhang och det föll sig förmodligen naturligt att de hjälpte varandra i vardagsfrågor som de mötte i Spanien.

Ett exempel på hur detta kan utvecklas till ett civilt engagemang är Kontaktkedjan. Enligt vad som berättats bestod denna kedja till en början av ett antal individer som slog sig samman för att erbjuda hjälp till de svenskar (och andra nordbor) som behövde en tillfällig hjälpande hand. Det var särskilt de som blev sjuka eller som var rörelsehindrade som kunde efterfråga sådan hjälp. Eftersom många av de svenska migranterna inte behärskade spanska fanns konkreta behov av att kunna kalla på någon som kunde översätta och tolka. Genom att slå samman sina olika färdigheter och kontakter kunde eldsjälarna i detta nätverk med tiden bygga upp ett slags minimal organisation för olika problemlösningar. Kontaktkedjan blev under 1980-talet en del av det sociala engagemanget inom Svenska kyrkan. Genom kyrkan blev det möjligt att köpa in och förvara rullstolar, rullatorer, kryckor och andra hjälpmedel som man sedan kunde hyra ut till behövande. De frivilliga som engagerade sig i detta behärskade det spanska språket och många av dem hade god kännedom om hur man kunde ta sig fram i det spanska samhället. Enligt min informant kunde de frivilliga ibland få kontant ersättning för tjänsterna – kontanter som de i allmänhet lade i den gemensamma kassan i Kontaktkedjan eller kompenserade den frivilliges utlägg för att kunna utföra tjänsterna. På sin hemsida beskriver Svenska kyrkan Kontaktkedjans verksamhet på följande sätt:

> "Kontaktkedjan har funnits i Fuengirola på Solkusten i nära 30 år, hjälpt skandinaver med bl.a. som tolk hos läkare och hyrt ut hjälpmedel
> Kontaktkedjan hjälper till som tolkar vid läkarbesök, gör hembesök hos sjuka och ensamma, hjälper till med det organisatoriska vid dödsfall etc.
> Vi hyr också ut hjälpmedel: Rullstolar, gåstolar, rullatorer, kryckor och käppar av olika slag, toalettsitsförhöjare och barntillbehör: barnsängar, -vagnar, -stolar och resebarnsängar. (Svenska Kyrkan 2015)

Var kommer detta engagemang ifrån? Det är enkelt att föreställa sig att ett engagemang i en sådan verksamhet kräver mycket uppoffringar på det personliga planet. Jag frågade en av tidigare eldsjälarna i Kontaktkedjan, Astrid, om varför hon engagerade sig i detta. Astrid kunde inte svara på vad det egentligen var som drev henne till detta. "Jag tyckte det var kul att skjutsa folk och tolka och så när jag kunde hjälpa någon", svarade hon. Så småningom tycks hon helt enkelt ha snubblat in i Kontaktkedjan med andra som hade liknande kompetens:

> "Jag vet inte exakt när jag blev invald i Kedjan för jag jobbade ganska mycket och det var först efter att jag gjort saker som Kedjan gör, som de också sa 'Du som gör så mycket, och kan så mycket, du ska va med, du ska va med'. Och det tog många år alltså. ... Det var jättemånga, femton till tjugo människor. Och de kunde jättemycket och ställde upp jättemycket. De hade listor där det stod saker som: 'Kör natt' eller 'Har bil'. För de tog tag i det som behövdes. ... Jag gick med för att folk visste att jag hjälpte till, och löste bekymmer som folk faktiskt haft här nere."

Det initiativ som beskrivs här kommer så att säga underifrån och tycks från början också ha varit en spontan organisering av tjänster. Det var något som kom ur de svenska nätverken därför att det fanns en rad vardagsproblem att brottas med.

När det svenska välfärdssamhället inte finns på plats och språkkunskaperna är alltför bristfälliga för att fungera i det spanska samhället, krävs individuell initiativförmåga och uppfinningsrikedom för att lösa situationen. Men möjligheten att finna stöd hos grannar och vänner finns också. Anna Gavanas (2016) skildrar detta i sin bok

Pensionärsplaneten. Det tycks finnas ett slags solidaritet mellan svens-karna i nätverken där det frivilliga sociala ansvaret blivit till något av en "moralisk ekonomi". Ett annat ord för detta är civilt engagemang och tanken leder till socialt arbete utfört av frivilliga krafter.

Det civila engagemanget inom nätverken är *en* sida av förenings-verksamheten. Föreningar har bildats ur de behov av social gemenskap med andra svenskar som många tycks uppleva. Men till bakgrunden hör också att det alltid funnits en rad praktiska problem som det civila engagemanget kan bistå med lösningar på. Dessa problem byter skep-nad över åren. 1960- och 70-talets svenskar i södra Spanien behövde i allmänhet både språklig och praktisk hjälp när de flyttade till Spanien. De som köpte ett hus behövde ansöka om tillstånd av olika slag och behövde dessutom sätta sig in i juridiska frågor. Dagens svenska mig-ranter har liknande problem att lösa eftersom få behärskar riktigt bra spanska och juridiken kring till exempel avtal är svår att förstå även för dem som har språkkunskaperna. Tolkar och översättare har alltid behövts bland de svenska migranterna i Spanien.

"Spanienpensionärerna sitter i samma båt", skriver Gavanas (2016:127) och noterar att svenskarna – förmodligen inte enbart pensionärerna – tycks inse att det finns fördelar med att delta i denna ekonomi där tjänster och gentjänster, solidaritet och frivillighet, är nyckelorden. Parallellt med denna moraliska ekonomi har emellertid en tjänstesektor utvecklats. Det finns liknande behov av praktisk hjälp som för 40 år sedan men skillna-den är att det numera finns etablerade sätt att hitta denna hjälp. En hel del samhällsinformation är tillgänglig både på engelska och svenska. Dess-utom har massor av andra informationskällor etablerats som individen kan ta del av. Svenskarnas problem med att få sjukvård och framförallt med tolkning i samband med sjukvårdskontakter, är inte en så påfallande stor fråga som för 40 år sedan. Med EU:s sjukförsäkringsavtal täcks kost-nader för sjukvårdsbesök för dem som har svensk mantalsskrivning. Den allmänna sjukvården är kostnadsfri för de som är mantalsskrivna i Spa-nien och vårdköerna är, enligt uppgift, obefintliga.

Men trots att den spanska sjukvården anses vara en av de bästa i Europa är det fortfarande ingen självklarhet att svenskar söker vård vid spanska sjukvårdsinrättningar. Med knapphändig spanska och ibland otillräcklig engelska samt osäkerhet om det går att få en tolk, föredrar en del att anlita en institution där de kan kommunicera direkt med personalen och där de känner igen sig. Då är inte kostnaderna alltid det viktigaste. Det finns något av ett strukturellt glapp mellan utbud och efterfrågan här och förmodligen saknas ibland modet att söka upp de spanska institutionerna samt i en del fall också förtroende för dess kunnande.

Flera sjukvårdsföretag med svensspråkiga läkare och sjuksköterskor har upptäckt en nisch i detta och startat sjukvård som riktar sig till en skandinavisk marknad i Spanien. Och det är givetvis inte bara inom sjukvården vi finner denna marknadsmöjlighet. Ulla Börestam (2011) visar på ett tillgängligt sätt hur företagen på sätt och vis exploaterar sin skandinaviska anknytning för att sälja sina produkter och tjänster – också sådana tjänster som annars ofta har lösts genom det civila engagemanget. Jag ska återkomma till hur detta går till i samband med föreningarnas verksamhet men innan dess ska jag avsluta resonemanget med några reflektioner kring svenskarnas vardagssituation i södra Spanien.

Spiralformade behov

Vardagsproblemen hänger samman med vilka "behov" individen vill tillfredsställa. Jag avser här inte behov i den mening där psykologin brukar tala om mänskliga drifter. Här avser jag sådana behov som är relaterade till det liv individen vant sig vid och framförallt det liv som denne söker. I samband med livsstilsmigration blir innebörden ofta en efterfrågan på den typ av service som på ett bekvämt sätt kan genomföra sina livsstilsprojekt. Onekligen har möjligheterna att få hjälp och stöd i vardagen förbättrats. Även de som inte kan språket och som inte är "inne" i det spanska samhället kan med hjälp av ett omfattande serviceutbud och en mer tillgänglig samhällsservice sköta sina vardagssysslor på ett relativt bekvämt sätt. Detta betyder emellertid inte att de som flyttat till Spanien under senare år självklart upplever sin vardagssituation som okomplicerad.

Behoven förändras i relation till vederbörandes situation och hälsa men också i relation till de vanor som utvecklas över tid. Detta betyder att behoven också är kopplade till den samhälleliga omgivningen och till vilka resurser som finns tillgängliga. Ett exempel är internetuppkoppling. Så länge internet inte existerade i människors medvetande fanns givetvis inga behov som handlade om att få en sådan. Det var först när internet introducerades på marknaden som detta blev möjligt och efterhand som tekniken medgav att många skaffade sig internetuppkoppling har också det blivit ett behov. På ganska kort tid har efterfrågan blivit stor och för åtminstone företag och föreningar är det näst intill oumbärligt. I takt med att kommunikationen via internet blivit allt mer omfattande och avancerad har behoven också kommit att innefatta allt snabbare internetuppkoppling som bredband och sedan fiber. På liknande sätt uppstår och utvecklas således ett behov som också blir avgörande för hur ett stort antal människor ska klara av sina arbeten eller sina liv i övrigt.

Behov och efterfrågan är i mångt och mycket kopplat till det som existerar och de lösningar som finns till hands. Därför blir vi också orienterade av dessa lösningar. Behoven är dessutom i ständig förändring med tanke på att tekniken utvecklas och regler förändras. Ett exempel är rut- och rotavdrag som med säkerhet har stimulerat viljan att köpa tjänster också bland svenska medborgare i Spanien. Ett annat är tillgången till billig telefoni som, i och med tillgänglighet och prissänkningar, i grunden ändrat kommunikationsvanorna. Som berördes i kapitel tre har många företag inom bland annat hälsa och rehabilitering dessutom utvecklat affärsidéer som tar många till landet.

Olika slags service som för några årtionden sedan inte ens fanns på marknaden är numera vardagsmat. Det kan därför tyckas enklare att som svensk bo i Spanien i dag jämfört med för fyrtio år sedan. Men detta förutsätter också att det ska finnas bra förbindelser, telefoni, internet och annan service. Detta ingår i förutsättningarna för boendet i Spanien. Troligtvis skulle relativt få flytta från Sverige till Spanien om det helt plötsligt *inte* vore möjligt att enkelt fritt resa mellan de två länderna eller om affärstransaktioner via internet skulle förbjudas. På liknande sätt som den materiella utvecklingen kan ses som sprungen ur en efterfrågan kan de materiella förutsättningarna i detta avseende orientera migranterna i deras livsstil. Det finns aktörer som utvecklar tjänster som svarar mot ett slags efterfrågan men samma aktörer kommer ofta också att exploatera denna efterfrågan och därför omskapa denna till ett behov.

Med detta i bakhuvudet så kan vi också tänka oss en utveckling där den tidiga moraliska ekonomin bland svenskarna handlade om sådant som *då* uppfattades som behov. Kontaktkedjan är ett exempel på hur till exempel transporter och hjälpmedel för handikappade blev viktiga frågor att lösa. Det är de givetvis fortfarande men det spanska samhället har utvecklats på det området och det går att leva ett rörligt liv även om man besväras av ett svårt handikapp. Det finns nu dessutom en mängd företag som säljer tjänsterna för detta och andra som förmedlar information och annat så att tjänsterna blir tillgängliga för individen. Serviceföretagen har etablerat sig i takt med att svenskarna i Spanien efterfrågat hjälp i vardagslivet. Det är inte bara de traditionella konsumtionsvarorna – till exempel "etniska" livsmedel och tidningar – som har en marknad bland svenskarna i södra Spanien. Serviceleverantörerna på det egna språket finns nu inom så gott som alla områden. Det finns en uppsjö av mindre företag som reparerar och sköter om bostaden, säljer tjänster inom datateknik och it samt olika typer av hemservice. Det finns dessutom några mindre företag som erbjuder service i hemtjänstliknande former.

Denna utvikning tecknar förekomsten av ett slags konsumtionsspiral som följer förändringarna i det moderna samhället. Innovationer förs in i vårt liv och i takt med att det utvecklas konsumtionsmönster som införlivar dessa ger detta upphov till en ny efterfrågan. I backspegeln kan vi se att det går ganska snabbt från exklusivitet till stor efterfrågan på produkter och tjänster. När tjänsteföretagen, för en "mindre ersättning", erbjuder den service som tidigare sköttes på basis av civilt engagemang inom nätverken kommer förmodligen också något att hända med nätverken och den gemenskap som de baseras i.

Företagsföreningar

De svenska föreningarna i södra Spanien har i en del fall utvecklats ur ett civilt engagemang. Att helt och hållet tillskriva föreningarna sådant ursprung är dock en idealisering av frivillighet. Det civila engagemanget bland svenskarna förefaller fortfarande vara betydande men företagen och dessutom olika organisationer och föreningar har tagit sig in i migranternas vardagsliv. I en del fall tar de, som påtalats, över den sociala funktion som till exempel grannarna tidigare kunnat fylla. Det finns emellertid ingen given motsättning mellan det underifrån kommande civila engagemanget och de engagemang som kommer ur andra typer av relationer. Såväl företag som organisationer med svensk anknytning har i många fall intresse av att det finns en sammanhållning bland svenskarna. Gemenskap sätts ofta samman med stabilitet i ett socialt sammanhang och det finns dessutom pengar att tjäna så länge svenskarna håller ihop, handlar och beställer tjänster som gynnar den svenska kopplingen.

Fastighetsmarknaden har varit nyckeln till etableringen av svensktäta nätverk i södra Spanien. Ofta har försäljningen skett genom personliga nätverk. Men försäljningen av fastigheter handlade emellertid inte bara om att säljaren skulle hitta en köpare utan i och med nätverken etablerades blir ansvaret påtagligare från företagens sida. De företag som sysslar med fastigheter och annan verksamhet riskerar att förlora kunder om det visar sig att det finns en obehaglig baksida med köpet och boendet överhuvudtaget. Sådana företag lever på att kunder är nöjda, annars tar det stopp i försäljningen.

Jag återvänder här till en intervju med Gustav, den företagare jag exemplifierade med i ett tidigare avsnitt, som själv gjorde goda affärer i fastighetsbranschen under 1980-talet. I en intervju pekade han på det självklara långsiktiga sambandet mellan nöjda kunder och försäljningsvolymer. Bostadsförsäljning är, i denna berättelse, inte bara en fråga om att sälja så mycket som möjligt. En rad praktiska och byråkratiska frågor uppstår i samband med ett utlandsköp som säljaren inte bara kan vifta bort. För att inte bli översvämmade av de praktiska frågorna som köparna kom med i samband med inflyttningen bildade Gustavs fastighetsbolag en förening:

> "… vi blev mer av ett socialt kontor istället för en mäklarbyrå. Vi tog hand om för mycket vardagssaker för att kunna fungera. Och då så fick jag idén om att starta [föreningen]. Jag läste en bok om pensionärer, om hur mycket kunskap de har som inte används. Och så var det användbart att sälja genom [föreningen] då husägare också var med på säljmässor. Men här så hjälpte [föreningen] till att ta hand om nyinflyttade, mot en liten handpenning. Så vi skapade en struktur mellan de befintliga husägarna och de nyinflyttade ägarna."

I intervjun med Gustav framgår också att husförsäljningen för med sig ett ansvar bortom själva affären. De flesta köpare var oförberedda på att ett husköp och ett vardagsliv i Spanien också medför krångel med att ordna lagfart, att det måste tecknas leveransavtal för el, vatten och avlopp och mycket annat. Föreningen blev, enligt Gustav, den instans som servade de nyinflyttade genom att hjälpa dem att komma igång med sitt boende och få en bättre start i det nya samhället. "Den bästa marknadsföringen man kan ha är nöjda kunder som berättar för grannar, vänner och släkt", sade Gustav. Företagen har ofta något att tjäna på att hitta lösningar på dessa praktiska problem, menade han. Genom att starta denna förening kunde företaget agera bland nätverken och dessutom agera till fördel för både dem och företaget. Bland annat försökte föreningen ordna möjligheter till sjukvård för svenskar och andra nordbor. Gustav berättade att föreningen hjälpte till med att rekrytera en läkare från Norge och annan svenskspråkig vårdpersonal till ortens sjukhus och vårdinrättningar. En annan av de svenska företagarna i området, Anders, vittnade om ungefär samma sak. Det företag han tidigare var anställd i låg bakom starten av en skandinavisk skola i området. Skälet till detta var att företaget enklare skulle kunna rekrytera svenska familjer till Spanien. För egen del hade han sedan flera år lämnat föreningslivet bakom sig men "av nostalgiska skäl" hade han i alla fall startat en stiftelse, uppgav Anders. Genom denna stiftelse hade han behållit vissa ägarintressen i en av de mer framträdande organisationerna bland svenskarna.

Anders och Gustav har som många andra företagare sina affärsintressen kopplade till de svenska och nordiska nätverken i Spanien. Samtidigt har de också ett långvarigt föreningsengagemang och tycks vara intresserade av att underlätta tillvaron för svenskarna i Spanien. Mot bakgrund av att det saknas en tillgänglig välfärdsstruktur och samtidigt finns en betydande efterfrågan på servicerelaterade tjänster, tar företagen plats i svenskarnas vardag och gemenskap. Företagen blir en aktör i deras situation i en tid då konsumtionsspiralen slår knut på sig själv och utbudet av service på det svenska språket har ökat med lavinartad hastighet. Men som jag nämnde ovan betyder inte det ökade utbudet av tjänster och service att svenskarnas vardagsproblem i Spanien har lösts eller att deras behov minskat. Snarare tvärtom. Det stora utbudet av företag som erbjuder servicetjänster skapar i sig efterfrågan på ytterligare information och service. Exemplet med sjukvården är belysande. Många väljer de skandinaviskspråkiga klinikerna istället för att gå till de allmänna lokala vårdinrättningarna trots att de senare är kostnadsfria. Andra väljer emellertid trots allt de lokala inrättningarna men gör det eftersom de har någon i sitt nätverk som kan hjälpa till med tolkning och översättning (jämför Gavanas 2016). Ytterligare en lösning är att anlita en privat tolk genom något av de mindre serviceföretagen.

Etableringen av företagsverksamhet har på sätt och vis eldat på intresset för att leva i Spanien och dessutom bidragit med produkter och tjänster som kan göra livet bekvämare. De företagare som flyttat till Spanien har tagit med sig företagsidéer och affärsprojekt som exploaterar behovet av ett bekvämt liv. Det har med denna utveckling för många blivit en självklarhet att få en hel del information och service på svenska och att få tillgång till välkända konsumtionsprodukter. Ofta framstår det svenska som en affärsidé. Företagen har spelat på anseende och "nationellt förtroende" (Börestam 2011) genom att marknadsföra nordisk eller svensk kvalitet. Detta märks också bland de företag som (med tanke på språkkunskap och förtroende) föredrar att ha svenskar som anställda och till och med väljer att rekrytera från Sverige. Eftersom servicen blir mer tillgänglig leder detta inte till att efterfrågan och behov minskar utan tvärtom blir sådana tjänster en del av det som migranterna tar för givet.

Det tycks med denna bakgrund uppstå allt större möjligheter att leva ett "svenskt" liv i Spanien eller åtminstone ha ett vardagsliv på svenska. Tack vare att tjänstesektorn hittat en nisch bland svenskar och andra nordbor kan migranterna leva ett förhållandevis bekvämt liv även under omständigheter då man behöver omfattande hjälp och stöd och inte kan det lokala språket. Företag/serviceleverantör och individ/konsument måste emellertid "hitta" varandra för att det ska uppstå en "ekonomi" som driver fram en diasporisk gemenskap kring detta. Här kommer föreningar in som ett slags förmedlande länk. I föreningarnas verksamhet märks rollen som mäklare i all den reklam som förekommer i till exempel medlemstidningar och på hemsidor. På olika sätt förmedlar föreningar information som leder direkt till företagens utbud av tjänster och service. De företagare som vill marknadsföra sig i de svenska nätverken kan i gengäld sponsra aktiviteter och, som exemplen ovan visat, stödja föreningsverksamheten. Som exemplet ovan säger har företag i något fall också startat en förening och låtit denna ta hand om

Figur 3. På bilden ses entrén till den skandinaviska gallerian i Torrevieja. Foto: Erik Olsson

viss service och förmedling. Det finns med andra ord en stark praktisk och funktionell bas för samverkan mellan olika företag och föreningar. Individer efterfrågar (eller förväntas efterfråga) viss service som företagen fångar upp genom att tillhandahålla tjänster samt saluföra dessa med föreningars hjälp. Men det visar sig också att föreningarna – inte bara de som är företagsbaserade utan också de sociala föreningarna – många gånger drar nytta av företagen. Jag ska i ett senare kapitel mer specifikt diskutera samspelet mellan föreningar och företag i kampen för att vinna de svenska migranternas gunst.

Sociala föreningar

Det har med tiden vuxit upp ett relativt stort antal svenska och nordiska föreningar i södra Spanien. Flera av dem är etablerade sedan många år och har många medlemmar. De är numera institutionaliserade mötesplatser för socialt liv och aktiviteter. Föreningar blir i de flesta fall beroende av intäkter från medlemsavgifter och särskilt gäller detta de föreningar som har anspråk på att bli stora. En stor förening måste synas och engagera sig i viktiga aktiviteter för att väcka intresse och bli framgångsrik i sin rekrytering. Samtidigt kräver detta ett förtroende i de svenska nätverken. Ett gott rykte är ryggraden i en stor förening. Med detta kommer ett ökat medlemsantal och ekonomiska resurser. Det handlar om att få intäkter som kan omvandlas till makt och handlingsutrymme. Av den anledningen finns det ett slags strukturell konkurrens mellan föreningarna (även om denna sällan uttrycks i termer av intressemotsättningar). Samtidigt finns det naturligtvis en rad områden där föreningarna har gemensamma intressen och kan utveckla samarbeten, vilket också är relativt vanligt förekommande (åtminstone är detta fallet i Costa Blanca). Ett flertal föreningar riktar sig brett till nordiska migranter i södra Spanien och detta kräver ett relativt omfattande register av aktiviteter. Dessa föreningar beskriver sig i allmänhet som "sociala" men den sociala inriktningen omfattar också service och information till svenska och andra nordiska migranter.

I boken förekommer ett antal större föreningar som jag menar representerar en bred mobilisering av gemenskap. Några exempel är Más Amigos och Club Nórdico i Costa Blanca samt AHN (Asociación Hispano Nórdica) i Costa del Sol (Fuengirola Mijas). Dessa tre stora föreningar har en tydlig inriktning mot nordbor och framförallt svenskar. De är också till antalet medlemmar de största sociala föreningarna för svenskar i södra Spanien. Tillsammans organiserar dessa föreningar

tusentals medlemmar varav majoriteten är svenska medborgare. Det är
som sagt viktigt med antalet medlemmar och det är viktigt för en sty-
relse att inför årsstämman kunna visa upp höga medlemssiffror. Efter-
som det finns olika sätt att bestämma medlemssiffrorna blir det ofta en
diskussion på årsmötet huruvida de presenterade siffrorna är korrekt
tolkade och vad siffrorna betyder.

Club Nórdico (Costa Blanca) bildades år 1980 och är en av de äldre
sociala föreningarna i Costa Blanca.[5] Föreningen liknar ett förbund
med sitt organisatoriska centrum i Torrevieja och två lokalavdelningar
i orterna La Marina (beläget mellan Alicante och Torrevieja) och i Már
Menor (i regionen Murcia). Föreningen uppger (sedan flera år) på sin
hemsida att den har cirka 850 medlemmar (Club Nórdico 2018a).
Föreningens verksamhet drivs med hjälp av frivilliga insatser och för-
eningen finansierar sina utgifter för klubblokaler och utgivningen av
medlemstidningen Nórdico Nytt med medlemsavgifter, sponsoravtal
och annonser. Enligt hemsidan är föreningens ändamål

> "Att främja förståelse och vänskap mellan medborgarna i Spanien och de
> nordiska länderna samt att underlätta för medlemmarna att förvärva kän-
> nedom om respektive länders kulturer, att orientera sina medlemmar om
> lagar och sociala förhållanden i Spanien, samt att underlätta kontakter med
> myndigheter och institutioner att verka för goda kontakter mellan medlem-
> marna." (Club Nordico 2018a)

Syftet med föreningen är således att vara ett socialt forum och en klubb
för nordbor i området, vilket väl överensstämmer med ursprungsidén
bakom föreningen. Med sin betoning på fester, sammankomster och
utflykter, är det uppenbart att Club Nórdico har ett starkt socialt
anspråk. Föreningen har sitt huvudkontor beläget i centrala Torrevieja
och är därmed lätt tillgängligt för många svenskar och andra nord-
bor i området. I verksamheten märks också en hel del aktiviteter som
är avsedda att ge stöd och service till medlemmarna. Exempelvis gör
föreningen överenskommelser med företag för att kunna lämna med-
lemsrabatter på biluthyrning, aktiviteter och annat. Ett annat exempel
är föreningens regelbundna informationsträffar där man bjuder in före-
läsare i olika angelägna frågor.

---

[5] Det finns en förening med samma namn i Costa del Sol men det finns inga organi-
satoriska band mellan dessa.

AHN (Asociación Hispano-Nórdica – Spansk-nordiska sällskapet) i Costa del Sol[6] har stora likheter med Club Nórdico. AHN bildades redan under 1960-talet ur de svenska nätverken som flyttade in i området på den tiden. En av föreningens många ordföranden genom historien, Hertha Sjöö, skriver i tidskriften Svenska Magasinet att:

> "Asociación Hispano Nórdica, spansk-nordiska sällskapet bildades, den 4 oktober 1968 av prins Carl Bernadotte, Einar Ekholm, Erik Feltström och Henrik Falkman. AHNs förste ordförande var Feltström.
>
> **AHN växte och frodades,** föreningen tog form och stämningen var god. Det första kontoret var en liten tvårumslägenhet, men den blev ganska snart för trång. Det bildades lokalavdelningar runt om på kusten. Det första julflyget till Malmö avgick den 23 december 1969 med 65 passagerare. Idag finns AHN på följande orter; Almuñecar, Fuengirola/Mijas, Nerja, Nueva Andalucía, Marbella och Torremolinos/Benálmadena.
>
> Vid årsmötet 1970 mötte 630 medlemmar upp! Information lämnades om skatteregler, planering av olika resmål samt om det nybildade biblioteket. Vid årsmötet 1977 avgick Erik Feltström efter 9 år som ordförande. Carl Holmgren övertog ordförandeposten. I årsberättelsen redovisades en mångfald av aktiviteter, till exempel språkkurser, golf, boule, bridge, schack och promenader. Antalet medlemmar uppgick 1977 till 3 474." (Sjöö 2015)

AHN har en förbundsliknande organisationsstruktur med en central styrelse och enhet samt sex lokalavdelningar: Almuñecar, Nueva Andalucia, Marbella, Nerja, Fuengirola-Mijas och Torremolinos.[7] Den största lokalavdelningen av dessa är Fuengirola-Mijas som uppger att de har cirka 1100 medlemmar. De övriga lokalavdelningarna är betydligt mindre men både Nerja och Marbella organiserar hundratals medlemmar. Även AHN:s verksamhet drivs av frivilliga. Föreningen fick under tiden för min forskningsvistelse sina huvudsakliga intäkter från medlemsavgifter. År 2012 uppgick dessa till cirka 45 procent av intäkterna (cirka 25 000 av totalt 55 000 euro). AHN redovisade då heller ingen intäkt för reklam och gav inte heller ut någon medlemstidning. Föreningens (gamla) hemsida var fri från reklam och företagssponsring men viss information på den kunde ändå hänvisa till samarbetande företag. Sedermera tycks föreningen också ha orienterat sig närmare

---

[6] Även i detta fall används föreningsnamnet av en liknande förening som är aktiv i Costa Blanca. Det finns inga organisatoriska kopplingar mellan de två föreningarnas verksamhet.

[7] Vid förbundsstämman 2014 beslutades att AHN skulle upphöra som förbundsförening. AHNs lokalavdelningar är från och med 2015 självständiga föreningar men ingår i ett gemensamt förbund med styrelse.

ett företagssamarbete och deras "nya" hemsida är tydligt företags-
sponsrad. AHN i Mijas Fuengirola har en centralt belägen klubblo-
kal i Fuengirola. Lokalen ligger i en galleria tillsammans med butiker,
andra föreningar och hotell. Föreningen har anpassat klubblokalens
och expeditionens öppettider till besökssäsongen och håller helt stängt
från juni till i augusti samt under jul och nyår. Liksom Club Nórdico
är föreningen socialt inriktad och programmet har en tyngdpunkt på
sociala tillställningar, sport, utflykter och annan rekreation. Påfallande
stor del av aktiviteterna är inriktad på golf, hälsa och motion.

Den största "nordiska" föreningen i Spanien – Más Amigos (svenska:
"mer", alternativt "fler", "vänner") – har bedrivit verksamhet i Costa
Blanca-området sedan 1986. Föreningen uppger att den har cirka 7 500
betalande medlemmar (medlemskapet omfattar familjer/hushåll) där
majoriteten har svenskt medborgarskap. Huvudkontoret är i Torrevieja
och det finns lokalföreningar i Alfaz del Pí och Már Menor. Föreningen
liknar åtminstone vid en första anblick andra sociala föreningar som
Club Nórdico och AHN. Syftet med föreningens verksamhet är "att
främja kulturella och sportsliga aktiviteter samt socialt liv mellan med-
lemmarna" och dessutom att "organisera möten, kurser, konferenser
samt främja kulturella och språkliga utbyten mellan de nordiska län-
derna och Spanien" (Mas Amigos 2018a). Más Amigos har visserligen
sociala aktiviteter som sin ledstjärna men det är också en förening som
är starkt inriktad på tjänster och service. Även om föreningen ska verka
socialt och för medlemmarnas bästa finns det ett kommersiellt intresse
med i bilden. Eftersom föreningens stadgar tillåter en vinstdrivande
verksamhet skiljer den sig gentemot de två tidigare nämnda förening-
arna. Más Amigos kan således ses som en kombination av medlemsför-
ening och ett vinstdrivande företag.

Att förmedla tjänster och sluta avtal med företag för att ge medlems-
rabatter (föreningen får en viss provision på detta) och samtidigt gå
med vinst ger Más Amigos en särställning bland föreningarna. Bland
annat säljer Más Amigos spelavgifter till golfbanor i området mot pro-
vision, förmedlar andrahandsuthyrningar på bostäder (framförallt ägda
av svenskar) och tar en viss avgift för att sköta om procedurerna kring
uthyrningen. En stor kassako under mitt fältarbete var ett inkomst-
bringande avtal med ett stort biluthyrningsföretag och med hjälp av
kraftiga medlemsrabatter var det många medlemmar som utnyttjade
detta erbjudande. Dessutom ger annonser och sponsring föreningen
relativt stora inkomster. Exempelvis visar verksamhetsberättelsen för

2013 en intäktspost för annonser på 79 620 euro. Affärsverksamheten ger föreningen möjlighet att ha ett tiotal personer anställda som är sysselsatta med olika grenar av verksamheten. En av tjänsterna har som särskilt ansvar att sälja annonser. Más Amigos påminner därför ibland om ett serviceföretag eller en resebyrå med mottagning och trivselutrymmen. Dessutom är styrelseledamöterna arvoderade och det finns en avlönad chefredaktör. Redaktören ansvarar för medlemstidningen Bulletinen[8] och föreningens hemsida och det finns en redaktion som granskar innehållet. Även skribenter kan få visst arvode för publicerat material. Jämfört med de övriga medlemsföreningarna i Spanien har Más Amigos således ett betydligt större handlingsutrymme och fler möjligheter att erbjuda en mångsidig verksamhet. Åtminstone så länge föreningen går med vinst.

Förutom dessa tre stora föreningar så finns det ytterligare några föreningar med likartade "breda" anspråk (men med färre medlemmar). Club Nórdico i Costa del Sol är ett exempel. Föreningen uppstod som resultatet av en utbrytning från AHN i början av 2000-talet. På sin hemsida uppger Club Nórdico att de har cirka 200 medlemmar. Föreningen är mest känd för sina sociala arrangemang med fester och andra tillställningar men arrangerar också hälsofrämjande aktiviteter och kurser, beroende på vad medlemmarna efterfrågar.

En förening som kan nämnas här är SWEA (Swedish Women's Educational Association). SWEA är en global ideell förening och nätverk med lokala avdelningar i Costa Blanca och Costa del Sol. Som namnet anger är SWEA:s främsta målgrupp svenska kvinnor som bor utomlands. Dess syfte är att verka i kvinnornas intresse inom framförallt kulturområdet. Avdelningen i Marbella (Costa del Sol) har engagerat ett relativt stort antal kvinnor – hemsidan anger 170 medlemmar – och de har också varit aktiva på en rad andra områden än det rent kulturella.

Som påtalats har AHN lokala föreningar. I Nerja har föreningen vuxit snabbt och etablerat en vital verksamhet med stort deltagande. Club Nórdico Cultural i Nueva Andalucia bildades 1981 och har en klubblokal och en liknande social verksamhet som AHN. En annan social förening med samma typ av verksamhet är Club Sueco som har huvudort i Quesada, Costa Blanca. Föreningen bildades 1990 och på hemsidan uppges att föreningen numera har 420 medlemmar. De som

---

[8] Från och med 2016 under namnet Amigos.

jag nämnt här är sådana nordiska föreningar som, enligt egna uppgifter och presentation på hemsidan, har en svensk majoritet i medlemskåren. Det finns andra nordiska föreningar där norska, danska och finska medborgare utgör respektive majoritet. Detta beror till en del på att föreningarna haft svårt (eller inte valt) att härbärgera samtliga nordiska språk i sin verksamhet. I andra fall tycks det som om de svenska, norska och danska nätverken har olika geografisk spridning.

Intresseföreningar

Många föreningar och sällskap har bildats utifrån migranternas intresseområden. Det finns exempelvis gastronomiska sällskap, sport- och kulturföreningar som i huvudsak är till för svenska migranter. Andra har sin förankring i en viss typ av verksamhet eller hör till en organisation. Exempelvis har det bildats skolföreningar, kyrkoförsamlingar och pensionärsföreningar som bygger på att en annan organisation tagit initiativ till det. Det betyder inte att deras verksamhet för den skull är avgränsad till ett specifikt intresseområde. Den skandinaviska skolan i Costa Blanca ägs av en stiftelse, Svenska skolan i Fuengirola av ett föräldrakooperativ och Svenska skolan i Marbella av en skolförening. Dessa föreningars verksamhet sträcker sig längre än skolans undervisning och omsorgen om skolans elever. Medlemmarna är föräldrar till skolans elever och således bosatta och verksamma i området. Ibland tar de initiativ till aktiviteter som kan främja en bra sammanhållning och en bra miljö för familjerna i området. Till listan på intresseföreningar kan dessutom läggas en företagarförening i Costa Blanca (Scandringen), Svenska Pensionärsföreningen har en avdelning i Costa del Sol – enligt uppgift är drygt 200 svenskar medlemmar i den – och flera specialföreningar som har till exempel golf, fotboll och företagande som huvudinriktning.

Förutom dessa mer eller mindre institutionaliserade sociala arenor har det också bildats en rad sociala och digitala mötesplatser bland svenskarna i södra Spanien. Det handlar bland annat om ett antal informella sällskap kring olika intressen och nätbaserade sociala forum, chattar och nätverk. Ett exempel är hemsidan Svenskar i Spanien (Svenskar i Spanien 2011). Nätverket förmedlar information mellan intresserade svenskar och presenteras som en "en hemsida för oss som bor i Spanien, men också för dom som vill veta mer innan dom kanske flyttar ner hit, eller funderar på att semestra härnere". Ett annat stort forum är Aktiv i Torrevieja (Aktiv i Torrevieja 2018) som bildades 2009 som "ett nordiskt nätverk för inspiration, kunskaper, gemenskapens glädje". Nätverket är en nätbaserad plattform för svenska migranter i området där information och tips av olika slag cirkulerar. På hemsidan finner man också tips till olika aktiviteter och sammankomster. Klubb Torrevieja kan sägas vara det fysiska uttrycket för samma nätverk. De individer som är engagerade i klubben träffas på regelbundna tider året runt och kommer i klubbmöten överens om vilka sociala aktiviteter som ska genomföras. Ett antal individer och mindre sällskap gör på liknande sätt anspråk på att informera och tipsa svenskar i olika praktiska frågor om livet i Spanien. I andra fall har medieföretag eller reklamföretag startat föreningsliknande grupper som publicerar hemsidor, magasin och tidningar med ett relativt stort utbud av information (och reklam) och dessutom artiklar och frågespalter. Facebookgrupper och e-postlistor är andra liknande nätverk.

Kyrkoförsamlingar

En viktig social institution för utlandssvenskar är kyrkan och dess församling (Jeppson Grassman & Taghizadeh Larsson 2012). Församlingarna i Spanien drivs som föreningar med kyrkoråd och en styrelse som tillsammans med kyrkoherden och diakonin utformar verksamheten. Som nämnts tidigare har åtminstone tre svenska kyrkoförsamlingar etablerat sig i södra Spanien: Svenska kyrkan på Costa del Sol, Svenska kyrkan på Costa Blanca och Skandinaviska turistkyrkan (i Benidorm och Costa del Sol). Kyrkoförsamlingen i Costa del Sol har sin kyrka och administration i Fuengirola och församlingen i Costa Blanca har motsvarande i Torrevieja. Båda dessa församlingar tillhör Svenska kyrkan i utlandet (tidigare SKUT) och har officiell representation med präst och diakon samt kyrka och lokaler finansierade av Svenska kyrkan i utlandet (den centrala administrationen). Kostnaderna för driften av den kyrkliga verksamheten – till exempel driften av kyrkan, prästgården, transporter, telefonkostnader, kontorsmaterial och arvoden till personal – ligger emellertid på den lokala församlingen. Församlingarna är därför beroende av olika slags intäkter som drivs in i form av medlemsavgifter och genom lotterier, gåvor, donationer och annat. Församlingens övriga verksamhet bedrivs till stor del genom frivilligt arbete.

Församlingen i Costa del Sol bildades 1974 (då som nordisk kyrkoförsamling) och trots nedläggningshot har den fortfarande en aktiv församling med huvudsäte i Fuengirola. I Costa Blanca har Svenska kyrkan bedrivit kyrklig verksamhet sedan i början av 1980-talet men församlingen och kyrkan inrättades först år 2009. Det är nu en aktiv församling med stort engagemang och med många evenemang och aktiviteter. Skandinaviska Turistkyrkan som finns i Benidorm (Costa Blanca) och Fuengirola (Costa del Sol) tillhör den skandinaviska ekumeniska evangeliska församlingen (lutheraner). Denna församling har i spåren av turismen bedrivit verksamhet bland nordbor i Spanien sedan år 1973. Kyrkan (som lokal) invigdes i Fuengirola 1977 och i Benidorm år 1988.

Det är uppskattningsvis över tusen svenskar i södra Spanien som är medlem i någon församling. Det är utöver detta också många som besöker kyrkorna under sina semestervistelser. I verksamhetsberättelsen för församlingen i Fuengirola finns exempelvis en uppgift om att 12 041 personer besökt någon av kyrkans aktiviteter under 2013 (Svenska kyrkan 2014b)! Kyrkan är en institution för den andliga stunden och de traditionella kristna ceremonierna som dop, konfirmation, vigsel och begravning men församlingarna har också kursverksamhet och olika evenemang i anslutning till kyrkans lokaler. Kyrkan är i den meningen i hög grad en social arena dit människor går för att besöka kaffeserveringen eller delta i till exempel olika hantverksaktiviteter och körsång. Kyrkan i Costa del Sol i Fuengirola är ett bra exempel på kyrkans centrala "plats i byn". Själva byggnaden ligger centralt i staden och har en ljus fin lokal med en underbar terrass.

Församlingarna har en omfattande diakoni som är efterfrågad i de svenska nätverken. Mina samtal med präster och diakoner vittnar också om att många anhöriga i Sverige utnyttjar kyrkan och diakonin när de är oroliga för sina föräldrar eller släktingar i Spanien. Vid plötsliga dödsfall eller akuta sjukdomar är det ofta diakonen som tar kontakt med den avlidnes eller svårt sjukes anhöriga och släktingar och som ser till att ordna med hemtransporter och andra praktiska bestyr. I församlingen i Costa del Sol har, som nämndes tidigare i kapitlet, frivilliginsatserna i Kontaktkedjan gjort mycket för att stödja svenskarna i deras livssituation. Kyrkans och församlingarnas agerande på dessa orter visar att kyrkan ofta får en gemenskapsbildande roll i utlandssammanhang som också ger socialt stöd till de svenska migranterna.

En illustration av vad kyrkan kan betyda är den mobilisering som följde Svenska kyrkans planerade nedläggning av församlingen i Costa del Sol. Beslutet fattades av Svenska kyrkan i utlandet år 2010 och innebar att Costa Blanca fortsättningsvis skulle vara den enda organisatoriska församlingen för svenskar i södra Spanien. Beskedet togs emot med chock och protester. Det tycktes vara svårt att förstå att den förhållandevis anrika och vitala församlingen i Costa del Sol helt skulle läggas ner! Det lanserades så småningom en kompromiss som handlade om att under en övergångsperiod stationera en präst i Fuengirola. Församlingens verksamhet pågick som vanligt men protesterna mot beslutet kom att organiseras. Namnlistor cirkulerades i olika butiker och föreningar för att skapa stöd till kyrkan och det skrevs inlagor i olika medier. Jag deltog personligen (i mars 2013) i ett möte i kyrkan där ordförande i församlingen manade till handling och fördelade insatser till olika frivilliga. Under denna upprorstid skruvades engagemanget i kyrkans verksamhet upp och så småningom lyckades också församlingen få Svenska kyrkan att riva upp sitt beslut.

Mobiliseringen kring kyrkan i Costa del Sol sätter fingret på församlingarnas och kyrkans viktiga roll bland svenskarna i södra Spanien. Detta beror nog inte i första hand på ett starkare religiöst intresse jämfört med i Sverige utan troligtvis har det med utlandskyrkans betydelse som social institution att göra (Jeppson Grassman & Taghizadeh Larsson 2012). Här finns av tradition en central plats för gemenskap och församlingen tycks fylla ett samhälleligt tomrum. Kyrkan och församlingen tycks kunna erbjuda många utlandssvenskar ett "andra hem" och utgör genom detta själva symbolen för trygghet och gemenskap i förskingringen (Jeppson Grassman & Taghizadeh Larsson 2012:73). Tillsammans med en del centrala organisationer som till exempel de stora sociala föreningarna och SWEA får kyrkan axla en del av det ansvar som i Sverige är en fråga för de offentliga institutionerna.

Förenade intressen

Sammanfattningsvis har jag i kapitlet framförallt fäst uppmärksamheten mot den roll som framförallt föreningar har bland svenskarna i södra Spanien. Dessa föreningar har lite olika uppkomsthistorier och grund för sin verksamhet. Onekligen tycks det tidigt i den svenska historien ha funnits en stor efterfrågan på social samvaro och samverkan bland svenskarna och flera av de sociala föreningarna har under långa perioder haft över tusen medlemmar. Civilt engagemang och vilja att göra insatser för vänner och bekanta är några självklara inslag i detta föreningsliv och det finns ett stort antal frivilliga och eldsjälar som är engagerade. Parallellt med detta civila engagemang finns dessutom "svenska" organisationer, exempelvis kyrkan och skolan, men också företag som på delvis andra grunder ställt sig bakom bildandet av föreningar.

En grundläggande förutsättning för föreningarnas verksamhet är att ett ökat medlemsantal innebär större inkomster. Vanligtvis ger god ekonomi också ett större handlingsutrymme och möjligheter till ett inflytande bland de svenska nätverken. Utan att reducera frågan till enbart detta så är pengar, makt och utrymme också vad åtminstone stora föreningar försöker skaffa sig. Därmed är styrelsearbetet förenat med stort ansvar och kan för den enskilde individen både vara stimulerande och påfrestande. Med tanke på att det rör sig om tusentals potentiella medlemmar så kan en framgångsrik styrelse också bidra till föreningens popularitet i de svenska nätverken. Det finns också en annan sida av detta, nämligen att stabilitet i utbudet är viktigt för att skapa förtroende bland dem som är tänkta medlemmar.

En konsekvens av att detta slags rationalitet (ökningen av medlemsintäkterna) har etablerats i föreningarna är att verksamheten måste göras attraktiv och så att säga följa med i tiden. Jag ska gå in mer på detta i nästa kapitel men det bör här nämnas att en ensidigt "social" inriktning på verksamheten inte längre räcker (om den någonsin gjort det). Efter att en gång i tiden haft flera tusen medlemmar har AHN i Fuengirola/ Mijas, som exempel, tappat medlemmar (bland annat genom att föreningen splittrats) och fått anledning att förnya sin verksamhet.[9] Det handlar om att efterfrågan och krav från de potentiella medlemmarna förändras bland annat beroende på att de materiella förutsättningarna för att leva ett bekvämt liv i södra Spanien också förändrats. Det ställs med andra ord andra krav på verksamheten idag än vad det gjorde för 20 år sedan. En vinstdrivande social förening som Más Amigos som kan tjäna pengar på sin verksamhet har där möjligen ett försprång som också visar sig i att föreningen ökat sitt medlemsantal.

Behov/efterfrågan och verksamhet utvecklas således i ett slags spiral. Samtidigt måste föreningarna ha en profil på sin verksamhet. Verksamheten måste vara inriktad på något och i någon riktning samtidigt som den också måste vara förutsägbar så att de potentiella medlemmarna känner igen sig och kan förhålla sig till den. Här lutar sig de etablerade föreningarna på välkänd föreningspraxis med regler, stadgar och representation. Genom detta blir både det civila engagemanget och en

---

[9] År 2018 uppger AHN på sin hemsida att medlemsantalet ökat och återigen överskrider 2000 personer.

allmän önskan om att finna utrymmen för social samvaro frikopplade gentemot individerna i nätverken. Ju större förening desto viktigare att sådan praxis fungerar. Samtidigt blir detta i mindre grad en underifrån-rörelse – åtminstone om denna karaktäriseras av informella, flexibla och dessutom snabba beslutsvägar.

I kapitlet har jag gett en bild av hur föreningslivet i Spanien ser ut och hur detta är ett slags plattform för en svensk gemenskap i södra Spanien. Samtidigt har jag fäst uppmärksamheten på det faktum att föreningar och företag ofta har sammanfallande och överlappande intressen. Företagen har olika intressen av att hålla en gemenskap av svenskar och andra nordbor under armarna. Ett skäl är givetvis de svenska/skandinaviska produkter och tjänster som de vill sälja och därför lyfter fram en svensk, skandinavisk eller nordisk profil (Börestam 2011). Det är enkelt att finna "svenska" produkter i södra Spanien och det är lika enkelt att hitta till exempel tjänsteföretag och hantverkare som är svenskspråkiga. Företagen marknadsför ofta sådana produkter och tjänster med benägen hjälp av föreningarna. Föreningar med stora ambitioner har, å andra sidan, också en rad utgifter i samband med arrangemang, drift, lokalunderhåll med mera. Företagens reklam och sponsring kan därför bidra till att inkomster och utgifter går ihop. För den enskilde migranten förenklas på sätt och vis tillvaron eftersom det finns lättillgänglig information i tidningarna som talar om hur man gör och var man får tag i olika tjänster och produkter. Detta inkluderar också hyra och köp av bostäder. Samverkan mellan förening och företag gör emellertid att hel del av denna information utgörs av annonser och reklam.

Denna bild av samspelet mellan föreningar och företag är i sig inget som överraskar med tanke på den kommersialisering vi är vana från i vår vardag. Reklamen dyker upp i såväl medierna som i det offentliga rummet i övrigt. Som jag tidigare nämnt har sammanhanget stor betydelse här. I den internationella kontext av livsstilsmigranter som tar stor plats i dessa delar av södra Spanien, har officiella medier och informationskanaler ingen självklar särställning. Det finns en mängd källor för information – inte minst via nätet – och företagens marknadsföring är i många fall uppblandad med journalistik och förmedlad samhällsinformation. Många av de svenska livsstilsmigranterna i Spanien kan inte i någon större utsträckning förstå information på spanska. Samtidigt (och delvis därför) efterfrågar de service som gör deras livsstilsprojekt genomförbart. Detta bäddar för en situation där föreningar samverkar med serviceleverantörer av olika slag för att locka medlemmar till föreningen och sedan företräda deras intressen genom att vara serviceinriktade. Detta skapar i en del fall ett ömsesidigt beroendeförhållande mellan företag och förening och ett speciellt samverkansklimat. Detta skulle kunna uttryckas som att de sociala föreningarna mobiliserar med hjälp av serviceföretagen och serviceföretagen säljer genom föreningarna.

5. Den värdefulle medlemmen

"Mina visioner är att medlemmarna ska trivas och att vi ska bli ännu större.
... Det åstadkommer man genom att vara välkomnande, att ha aktiviteter
som passar nästan alla medlemmar. Man kan kanske inte fylla allt precis,
men de flesta ska kunna känna sig hemma, genom kurser, eller sport, eller
fester. ... Det gäller att vara lyhörd mot medlemmarna. Och vi går ju också
ut och frågar vad de vill ha för föredrag och så. Och de får komma med
idéer själva. Och vi har ju också ett företagarnätverk och de har ju möjlig-
het att komma hit en gång per år och presentera sina nätverk."

I vinjetten reflekterar Hanna över sin roll som ordförande i en av de
stora föreningarna. De senaste åren hade varit en ganska orolig period
i föreningens historia. Medlemssiffrorna hade dalat och det fanns viss
oenighet kring föreningens inriktning. Hanna föreföll vara en ordfö-
rande som skulle kunna vända på detta. Hon tycktes ha de yrkesmässiga
erfarenheterna för den här typen av uppdrag med gedigna erfarenheter
av ekonomi och personalansvar. Dessutom en lång erfarenhet av för-
eningsarbete. Det hade gått ungefär ett år sedan Hanna blev vald till
ordförande när jag träffade henne på terrassen utanför klubblokalen
där hon vanligtvis brukade ta sin rökpaus. Genom cigarettröken ger
Hanna uttryck för en vision som tycks vara vanlig bland förenings-
aktiva i södra Spanien (och troligtvis även i andra sammanhang). En
förening måste representera intresset för så många medlemmar som
möjligt. Därför gäller att ha en bred och välkomnande verksamhet.
Men det går heller inte att sitta med armarna i kors och vänta på att
medlemmarna ska anmäla sig, menar Hanna och tillägger:

"För en månad sen var vi xxx betalande hittills i år och det ökar ju varje
dag. Så vi hoppas vara upp i tusen till slut och då kan man ju kanske ... Du

---

kanske undrar hur vi värvar nya medlemmar? Ja då är det så att jag och klubbmästaren skrev just ett brev till alla medlemmar som var med 2010 och 2011 men inte skrev in sig 2012. Vi har skickat ut 393 brev nu. Idag har i alla fall fem svarat. Vi har fått lite mixade svar men en del har skickat in sina anmälningsansökan direkt."

* * * * *

Efter att i det föregående kapitlet ha riktat strålkastaren mot det som kan ses som grunden för mobiliseringen av svenskarna i södra Spanien, ska jag i detta kapitel främst belysa föreningarnas engagemang och position i mobiliseringen. Det handlar om hur föreningar utvecklar sin verksamhet gentemot olika slags behov och efterfrågan bland migranterna. Jag ska i detta kapitel också gå djupare in i frågan hur framförallt de stora föreningarna försöker utveckla verksamheten och möta de krav som omgivningen ställer. Jag ska inleda med en sammanfattning av de förväntningar och krav som nätverken tycks ställa på föreningar. Därefter kommer jag att mer i detalj beskriva hur detta präglar och formar föreningarnas verksamhet men också på vilket sätt detta leder föreningarna till att ta ställning i relation till alla de intressen som figurerar inom nätverken.

Efterfrågan

Att det finns behov av och efterfrågan på social gemenskap och tjänster bland svenska migranterna är en sak. Att få en klar och representativ bild av hur denna ser ut är en annan. Jag fick själv erfara detta när jag gjorde det halvhjärtade försöket att skaffa mig representativ information om hur de svenska migranterna ser på frågor om servicebehov och förening (se kapitel två). Detta ger på sin höjd en indikation om hur de svenska migranterna ser på en gemenskap bland svenskarna, vad de förväntar sig av föreningarna och vilken service de efterfrågar i sin tillvaro i Spanien. Några intressanta "tendenser" kan delstudien dock bidra med.

En tendens är att så gott som samtliga respondenter anser att det *finns* en svensk eller åtminstone nordisk gemenskap i Spanien. Över 50 procent av respondenterna svarar samtidigt "nej" på följdfrågan "Är det i så fall en fördel och bidragande anledning till att Du/Ni valt att bo/vistas i Spanien?". Detta kan tolkas som att det råder en allmän likgiltighet inför den gemenskap som svenskarna uppenbarligen anser finnas i Spanien. Eller handlar det om att gemenskap bland *svenskar* inte är någon viktig fråga för respondenterna? Med tanke på att respondenterna i allmänhet själva var föreningsbesökare finns det en motsägelse i svaret. I runda tal var det ungefär hälften av respondenterna som uppgav att de var aktiva i en svensk förening (något fler än hälften i Costa del Sol). Urvalet är som sagt inte representativt men pekar åtminstone på att de svenska migranterna i södra Spanien (numera) är ganska svårflörtade.

Under många år har de svenska föreningarna i Spanien haft relativt höga medlemstal med ett omvittnat livligt föreningsliv. Samtidigt säger de som har erfarenhet av dessa frågor att det finns en tydligt vikande trend i medlemsengagemanget. Jag har dessutom i flera sammanhang lagt märke till kritik mot föreningarnas inriktning och hur verksamheten sköts. Detta trots att det imponerande engagemang och de oerhörda individuella uppoffringar som många föreningsaktiva lägger ner i sin förening. Det finns enligt min uppfattning mycket höga förväntningar på föreningarna och deras verksamhet. Dessutom är förväntningarna på vad föreningarna bör göra för svenskarna i nätverken under snabb förändring. De föreningar som har ambitioner att öka sitt medlemsantal måste så att säga hänga med i utvecklingen. Föreningarna kan inte längre konkurrera om medlemmarnas gunst genom att enbart vara sociala klubbar utan de måste i allt högre grad också förmedla olika slags praktisk service till sina medlemmar.

En fråga som direkt anknyter till de förväntningar och behov som de svenska migranterna tycks ha, var följande: "Vilka typer av tjänster/service är viktigast för dig/er i Spanien?". De svarsalternativ som fått flest antal kryss i formuläret är "Sociala och kulturella aktiviteter". Ett svarsalternativ som genererade nästan lika många svar var "Fritidsaktiviteter, nöjen, sport med mera". Det är framförallt de respondenter som uppger sig vara "säsongsboende" (över hälften av alla svar) som väljer detta alternativ. Det är inte direkt förvånande att den sortens service efterfrågas med tanke på att respondenterna i allmänhet ingår i den livsstilsmigration som jag talar om här. Eftersom de flesta (men inte alla) respondenterna är födda under 1940-talet eller tidigt 1950-tal är det därför också i allmänhet pensionärer som svarat. Det handlar således om en kategori vars vistelse i Spanien bygger på en önskan om att berika livet med sociala och kulturella aktiviteter. Helt säkert speglar detta svar det stora golfintresse som finns bland svenskarna i södra Spanien. Det är noterbart att alternativen "Sjukvård och personlig omvårdnad" samt "Information och kommunikation" är viktiga för ungefär en tredjedel av respondenterna. Här kan det konstateras att alternativet sjukvård har kryssats för av en förhållandevis stor andel av de permanent boende medan de säsongsboende har valt informations-alternativet. Alternativen "Tolkhjälp" och "Hushållsnära sysslor (till exempel städning, hantverk och fastighetsskötsel)" har något överraskande fått ganska få kryss (38 av 312 för respektive alternativ).

Undersökningen pekar inte ut några uppseendeväckande skillnader mellan svenskarna i Costa Blanca och Costa del Sol. Det enda svarsalternativ som visar några skillnader är alternativet "Sjukvård och omvårdnad". Det är ungefär 62 procent av de permanentboende i Costa Blanca som tycker att det är viktigt att få tillgång till sådan service medan det är endast 43 procent av dem som bor i Costa del Sol som har kryssat för samma alternativ. Detta är skillnader som kan förklaras genom populationen då andelen permanentboende i Costa del Sol är något högre och att de dessutom är yngre. I Costa del Sol är 20 av de 62 respondenter som uppgett att de är permanentboende födda 1963 eller senare (vid svarstillfället 50 år eller yngre) medan det i Costa Blanca finns endast två respondenter (båda födda i slutet av 1980-talet) som är yngre än 55 år. Mycket tyder på att dessa skillnader slår igenom i svaren. Vårdfrågorna blir förmodligen viktigare med åldern – särskilt om språkkunskaperna är bristfälliga – medan möjligheterna till barnomsorg och skola i högre grad engagerar barnfamiljerna.

Även om materialet inte håller för en jämförelse så kan det spegla reella skillnader mellan de två områdena. Costa del Sol har en något lägre medelålder än vad Costa Blanca har eftersom det är ett område mer utbyggt för turism och därför att företagandet i området har lockat en hel del yngre arbetskraft. Med tanke på det skulle man också kunna förvänta sig att det finns socioekonomiska skillnader i materialet. Som destinationsland för svenska livsstilsmigranter tillhör visserligen inte Spanien de länder som lockar höginkomsttagare men de södra delarna av Costa del Sol kan vara ett undantag. Priserna på bostäder är betydligt högre än i närliggande områden. Svaren på frågeformuläret ger dock ingen tydlig indikation om detta och jag ser heller ingen tendens till att "klasskillnader" slår igenom i svaren. I båda områdena är det relativt få som efterfrågar "Hjälp med hushållsnära tjänster" eller "Tolkhjälp". Detta tyder på att de flesta klarar sig relativt bra i det spanska samhället. Det finns kanske fler svenskar än väntat i södra Spanien som talar tillräckligt bra spanska för att inte behöva anlita tolk i sina vardagskontakter? Möjligen finns förklaringen i den internationella miljö som de flesta befinner sig i. Kontakterna med den spanska majoritetsbefolkningen och serviceleverantörer utanför denna miljö är begränsad. I allmänhet är kunskaper i engelska tillräckligt i den mån det inte går att kommunicera på svenska. Dessutom finns det ofta tillgång till språkkunniga vänner, grannar eller andra i omgivningen som kan rycka in som "tolkar" när det är dags för ett sjukhusbesök eller att förhandla med den lokala snickaren.

Stora förväntningar

Det finns ytterligare indikationer på vad de svenska migranterna i södra Spanien förväntar sig av de sociala föreningarna. Svaren på den fråga som lyder "Hur tycker Du/Ni att de svenska/nordiska föreningar/organisationer/företag som finns lokalt i Spanien ska agera i frågor som rör Ditt/Ert vardagsliv?", är en indikation. Här fick respondenten möjlighet att kryssa i flera av svarsalternativen "Förmedla information"; "Ha ett socialt engagemang"; "Förmedla vissa tjänster"; "Vara en social samlingspunkt"; "Vara en länk till det spanska samhället" och "Inte alls ha något engagemang". Jag borde ha funderat igenom svarsalternativen ytterligare för det visade sig att nästan *samtliga* svarsalternativ fick många kryss (minst en tredjedel av totalt antal svar). Det enda undantaget var det alternativ som säger att föreningarna inte ska ha något engagemang överhuvudtaget (12 av 311 valde detta alternativ).

Sammanställningen visar tydligt att respondenterna förväntar sig att föreningarna ska agera både vad avser de sociala sidorna och med service av olika slag. Här tycks det dock skilja sig inbördes. De säsongsboende håller i hög grad med i det påstående som säger att föreningarnas uppgift är att förmedla information medan det är en ganska liten andel av dem som angivit att de är "besökare" som tycker samma sak. Många respondenter tycks också anse att föreningarna bör utgöra en länk till det spanska samhället. Framförallt gäller detta respondenterna i Costa Blanca där 56 procent av de säsongsboende och 66 av de permanent boende kryssat detta alternativ. Respondenterna från Costa del Sol tycks i högre grad prioritera alternativen "Ha ett socialt engagemang" och "Vara en social samlingspunkt".

Återigen kan det tänkas att de skillnader som materialet antyder är en konsekvens av åldersskillnader. Respondenterna (liksom populationen i sin helhet) i Costa Blanca är i genomsnitt något äldre och (om fördomen tillåts) möjligtvis är inte festerna så viktiga som till exempel den trygghet som det ger att ha någon att vända sig till om något skulle inträffa. Även svarsalternativet "Förmedla vissa tjänster", som fick många svar (123 av 311), kan spegla intressanta skillnader. Detta alternativ valdes i högre grad av respondenter från Costa Blanca. De socioekonomiska skillnader som jag nämnde ovan kan eventuellt förklara att det tycks finnas något mindre förväntningar på föreningarna i Costa del Sol just när det gäller service. De flesta som bor i Costa del Sol kan utan problem köpa de tjänster de behöver och de har dessutom ett stort utbud av service tillgänglig på engelska och svenska. Mina intryck är också att föreningarna i området inte är lika engagerade i information och service frågor som föreningarna i Costa Blanca är.

Svaren i frågeformuläret stämmer väl överens med de övriga intryck jag fått från mina besök i södra Spanien. De svenska migranterna ställer relativt omfattande krav på föreningarna. De förväntar sig att föreningarna ska ta ett stort ansvar för gemensamma frågor – oavsett inriktningen på verksamheten – men föreningarna själva har som tradition i huvudsak intresserat sig för sociala aktiviteter. Under senare tid har kraven förändrats. Bland annat tycks det finnas ett allmänt krav på att föreningarna ska ha en expedition där besökare kan få service av olika slag. Den som betalar en medlemsavgift förväntar sig i allmänhet att få tillgång till rabatter och ett aktivitetsutbud men också information och service av olika slag som gör livet mer bekvämt att leva.

I de samtal jag hade med Spaniensvenskar noterade jag ganska ofta en kritisk ståndpunkt gentemot föreningarna. Det hände att det framfördes klagomål på föreningarna om att de till exempel var alltför passiva eller att de sysslade med ovidkommande saker. Jag hörde ibland kritiska röster som tyckte att föreningarna kunde strunta i att ha kurser och andra sociala aktiviteter men i stället borde satsa mer på att skaffa rabatter på till exempel golf eller biluthyrning. Andra tyckte att just festerna och de sociala aktiviteterna var den stora behållningen med föreningarna och att medlemsrabatter var värdelösa eftersom man ändå aldrig kom ihåg att använda dem. Det hände att någon uttryckte sitt förakt över föreningarnas "skandaler" och styrelsernas (som det framställdes) "maktkamper". Troligtvis finns i sådana uttalanden också en vilja till att positionera sig i förhållande till de lite nedlåtande bilder av "enklaver" och "ankdammar" som ofta figurerar i den gängse framställningen av svenskarna i Spanien (underförstått: "jag är inte alls sådan, tvärtom försöker jag hålla mig borta från sådant liv"). Flera av dem jag talade med sade sig ha observerat en tendens om att svenskar hellre väljer att umgås i "internationella" sällskap än de helsvenska, vilket är en tendens som också mina forskarkollegor noterat i sina studier (Gavanas 2016; Lundström 2017; Woube 2014).

Men även bland dem som själva var föreningsaktiva eller hade täta kontakter med föreningarna mumlades det i leden. Jag vet inte om detta kan ha att göra med att de tre stora föreningar som jag här diskuterar alla har sin historia tyngd av "affärer" och konkurrens om inflytande. I några fall har styrelsemedlemmar anklagats för ekonomisk förskingring och/eller maktmissbruk. I åtminstone ett fall har en sådan blivit föremål för en rättslig tvist. Styrelser har splittrats beroende på att personer haft olika ideologiska och personliga ståndpunkter, konflikter mellan styrelsemedlemmar och mellan kansli och styrelse har förgiftat arbetsklimatet. Detta är orosmoln på föreningshimlen som riskerar att skada föreningens rykte långt efter att dessa problem är överspelade.

Jag vill undvika att ge en orättvis och felaktig bild av föreningarnas och framförallt de föreningsaktivas engagemang. De föreningar och föreningsaktiva som jag studerat förtjänar enligt min mening stor respekt med tanke på den tid och det uppoffrande arbete de lägger ner. Men behoven är omfattande och det finns en stor variation i efterfrågan. Inte ens de stora föreningarna har tillräckligt med resurser för att passa alla nordiska, eller ens svenska, som har anknytning till södra Spanien. När förväntningarna är så pass omfattande och splittrade blir självfallet trycket stort på föreningarna att skaffa sig en bred aktivitetsrepertoar.

Ett stort medlemsantal betyder också att det är relativt mycket pengar att omsätta och de som engagerar sig i detta har ett omfattande ansvar både vad avser ekonomin och föreningens rykte. Det faller ett starkt strålkastarljus på det sätt som styrelser sköter verksamheten och förvaltar ekonomin på – inte minst under den årliga föreningsstämman då räkenskaperna visas upp för medlemmarna. Samtidigt har självfallet en stark ordförande eller annan styrelsemedlem stora möjligheter att sätta sin prägel på föreningens verksamhet. Av detta skäl kan det konstateras att sambandet mellan medlemsantal, ekonomi och makt är mycket tydligt i föreningarnas verksamhet.

Respons och profil

Hur gör då föreningarna för att leva upp till förväntningarna från de svenska nätverken i södra Spanien? De stora föreningar som står i centrum i denna bok har som påtalats utökat repertoaren. Förutom att tidigare ha satt sociala aktiviteter i centrum är de numera också föreningar som ger information och service till sina medlemmar. För dessa föreningar handlar det om att verka för tusentals medlemmar. Ett dilemma för föreningen är att veta vad medlemmarna önskar sig samtidigt som det säger sig självt att alla intressen och önskemål inte får plats i en förening. Det som hamnar i föreningarnas repertoar av aktiviteter kan inte obetingat vara det som alla de potentiella medlemmarna önskar sig utan föreningen måste, enkelt uttryckt, bestämma sig för vad den ska syssla med. Det handlar om att sortera och rikta in verksamheten på aktiviteter som föreningens styrelse och aktiva anser vara lämpliga – inte minst mot bakgrund av betalande medlemmar och sponsorer. Valet av aktiviteter som får bära upp verksamheten och kategorisera föreningen kommer i sin tur och av samma skäl ha något slags centrum när det gäller publik. Det vill säga att aktiviteterna kommer att passa vissa kategorier bättre än andra med tanke på till exempel klass, kön eller ålder men också etnicitet (vilket jag återkommer till).

Att överleva som framgångsrik förening kräver en styrelse som verkar för att ge en tydlig bild av vad föreningen och verksamheten står för. Styrelsen måste samtidigt få en trovärdighet i vad den gör. Detta är att ge föreningen en *profil* som är både attraktiv och legitim. Aktivitetsrepertoaren och det sociala intresse som finns kring den är ett ansikte utåt samtidigt som det är den motor som driver föreningen framåt. Den profil som visas upp av en förening är således ett lockbete för potentiella medlemmar. För kyrkoförsamlingarna och skolföreningarna är det tydligt vad det handlar om men de sociala föreningarna måste så att säga ständigt skapa och omskapa sig själva.

Valet av verksamhet har dock på ett eller annat sätt konsekvenser i sammansättningen av medlemskåren. Om en förening lägger sina resurser på att arrangera aktiviteter som (historiskt sett) lockar en manlig publik, till exempel tv-sändningar från boxningsmatcher eller kurser om hur motorcyklar ska skötas, kommer föreningen troligtvis att domineras av män och tappa intresse från majoriteten av de kvinnliga (potentiella) medlemmarna. Den förening som kan erbjuda bra rabatter på golfanläggningar och havskryssningar vänder sig automatiskt till de sociala skikt där dessa aktiviteter är populära och kommer därför att locka medlemmar med god ekonomi. Här kan man således tänka sig både könsmässiga och klassmässiga aspekter men självfallet också åldersrelaterade och etniska/nationella profileringar. Det är till exempel självklart att kvinnoorganisationen SWEA:s engagemang ligger i frågor som har relevans för svenska kvinnors situation och det som föreningens stadgar i övrigt föreskriver. Det är, som jag kommer att visa, nästan ofrånkomligt i de aktuella sammanhangen att de sociala föreningarna bedriver verksamhet som i högre grad riktar sig till pensionärer än till ungdomar. Det är slutligen också uppenbart att vissa av de aktiviteter som föreningen anordnar ställer krav på medlemmarnas kulturella eller språkliga kompetens och därför får ett större gensvar bland, i detta fall, svenskar.

Jag menar inte att denna typ av verksamhetsval nödvändigtvis utesluter att andra kategorier deltar i föreningarna än de som passar bäst in i verksamheten. Det är givet att såväl män (i SWEA:s fall) som ungdomar och personer från andra länder får delta i föreningarnas aktiviteter. Min poäng är att verksamhetens sökarljus är inställd på en viss kategori. Det handlar just om att vissa kategorier känner sig mer hemmastadda än andra i föreningens verksamhet. På sätt och vis finns det en given profilering i de stora föreningar som är aktuella här eftersom de per definition är "nordiska" eller "svenska" föreningar i Spanien. Det finns dock olika sätt att tillämpa detta kriterium och senare i boken kommer jag att beskriva de explicita eller implicita praxis som föreningarna iscensätter beträffande bland annat etnicitet.

Jag frågade några föreningsordföranden om hur deras respektive förening kommit fram till respektive repertoar i sina föreningsverksamheter. Hans var en av dem. Vid tiden för intervjun hade han varit ordförande i ungefär två år. På min fråga gav han en lång lista på aktiviteter som hans förening sysslade med. Jag frågade då hur de olika aktiviteterna och evenemangen kommit upp på föreningsrepertoaren:

> "Ja det är styrelsen. Vi har försökt engagera medlemmarna och vi har haft enkätundersökningar. Vi har förslagslådor och allt sånt men folk är inte värst aktiva. De förväntar sig att nån annan ska komma och fixa. De krävs en central rörelse, för att driva det här och tolka vad de vill."

Här förklarar således Hans att styrelsens inställning är viktig för föreningens profil. Men varför är det styrelsen som ska driva på en verksamhet och inte medlemmarna som tar initiativen?

> "Så att de får den lyx som medlemmarna efterfrågar. ... [Ja, men varför då?] Tja, för att annars söker de upp en annan förening. När jag blev ordförande uppgav jag att vi skulle kombinera det nyttiga med det nöjerika. Det nyttiga är saker som vad vi gör med sjukvård, hur vi skaffar vi lägenheter, hur vi gör med bostäder och så vidare. Vi förmedlar kontakter och hjälper med tolkhjälp. Och så har vi det nöjsamma. Vi ger ett trevligt samtal och låter folk uppleva mer kultur. Det är vad jag tycker att vi ska syssla med."

Hans uttalande är i linje med vad Hanna säger i vinjetten. Överhuvud-
taget representerar detta väl hur de föreningsaktiva i mitt material ser
på sin förening. En stark förening måste ha en styrelse som agerar för
att locka och behålla medlemmar. Om inte så är det andra föreningar
som lurar i vassen. Föreningarna måste ta initiativ men i allmänhet är
de drivande personerna i föreningarna hänvisade till att sträcka ut ett
vått finger i luften för att känna från vilket håll vinden blåser. Detta
sker givetvis mot bakgrund av att de aktiva själva har erfarenhet av
livet i södra Spanien och också har en rad kontakter med svenskar och
andra nordbor där. Den styrelse som utses får, som Hans säger, "tolka"
medlemmarnas önskemål till aktiviteter i föreningsverksamheten. Helt
enkelt får styrelsen och andra aktiva i föreningen resonera sig fram till
vilka aktiviteter och evenemang som föreningen ska erbjuda.

Det finns emellertid mer systematiskt underbyggda försök att ta reda
på vad medlemmarna önskar sig. Verksamhetsrapporter och årsredo-
visningar är dokument där föreningen informerar sina medlemmar om
verksamheten och hur föreningen disponerar sina resurser. Genom att
reagera på denna kan medlemmarna åtminstone i princip ge en signal
om föreningen är på rätt väg eller inte. Föreningarna är också föremål
för revision av olika slag och i internrevisionens uppgift, åtminstone för
Más Amigos, ingår att göra ett slags bedömning av hur verksamheten
överensstämmer med medlemmarnas vilja (uttryckt i årsstämma och
stadgar). Det finns flera exempel på hur föreningar tillsatt kommittéer
som haft uppdraget att se över verksamheten och att utveckla den i
relation till medlemmarnas efterfrågan. '
   De två stora föreningarna i Costa Blanca – Más Amigos och Club
Nórdico – har vid några tillfällen genomfört ganska ambitiösa enkätun-
dersökningar för att ta reda på vad medlemmarna efterfrågar. Exempel-
vis skickade Más Amigos år 2009 ut enkäter till (enligt vad föreningen
själv uppgav) samtliga sina 7 300 medlemmar och fick 1 168 svar som
sedan bearbetades och analyserades av en tidigare verksam utredare.
Trots relativt låg svarsfrekvens gav undersökningen föreningens styrelse
ett underlag för att bland annat diskutera förbättrad medlemsservice
och utvecklingsmöjligheter. Ett annat exempel är "Framtidsgruppen" i
Más Amigos. I gruppens rapport (april 2014) nämndes bland annat de
samhälleliga och sociala "tendenser" som föreningslivet ställs inför och
de utmaningar som detta leder till. Här nämns bland annat att krisen i
spansk ekonomi sänkt bostadspriserna och stimulerat köpmarknaden i
Norden, att det finns en markant dominans av svenska medlemmar, att

det är allt yngre personer köper eller hyr bostäder i Costa Blanca och att den ökade internetanvändningen stimulerat framväxten av nya slags grupperingar. Utifrån detta drar gruppen slutsatser att Más Amigos till exempel särskilt bör satsa på att värva medlemmar bland norska medborgare, att rikta intresset mot yngre, att föreningen bör skaffa sig större kompetens på IT-området och att föreningen bör utveckla sin verksamhet angående förmedling av hyrbostäder.

Med hjälp av dessa olika indikationer och sina egna erfarenheter bygger de föreningsaktiva upp ett slags repertoar av aktiviteter som således visar upp föreningen. De aktiviteter som är populära och uppfattas som angelägna blir med tiden ordinarie aktiviteter i föreningens återkommande utbud. Dessa tar alltså plats i föreningen som ett slags rutin med fasta tider så att medlemmarna kan planera in sitt deltagande. Dessutom kan föreningarna inrätta vissa aktivitetsområden eller sektioner med ansvariga verksamhetsledare. Att kunna erbjuda sina medlemmar information och service, till exempel genom att satsa på en informationsrik medlemstidning eller förhandla fram en förmånlig rabatt på en viss aktivitet eller tjänst, är ett typexempel på hur verksamheten och därmed profilen kan förändras. Flera föreningar tycks försöka förstärka sin i huvudsak socialt inriktade profil med verksamhet som är mer anpassad till den efterfrågan på service som finns bland de potentiella medlemmarna i nätverken.

Club Nórdico är en icke-kommersiell ideell förening som länge uppträtt som en renodlad social klubb. Jämfört med Más Amigos har föreningens verksamhet en större tyngdpunkt på sociala samkväm som fester, sällskapsresor och andra aktiviteter som främjar det sociala livet. Tiderna förändras emellertid och, som Hans säger i ett av citaten ovan, har föreningen ställt om mot att "kombinera det nyttiga med det nöjerika". Allt mer i Club Nórdicos verksamhet har kommit att handla om service och information. AHN i Costa del Sol liknar till stor del Club Nórdico. Devisen "Din nordiska förening på Solkusten" med tillägget "Aktiv. Hemtrevlig. Nordisk", säger något om hur föreningen ser sig själv. Det är sociala sammankomster, kulturella evenemang, nöjen av olika slag samt golf, som har varit föreningens kännemärken. Föreningen har länge varit i stort sett befriad från reklam och sponsring men inte heller denna förening har kunnat stå emot kraven på service. De senaste åren har det kommersiella inslaget slagit igenom i verksamheten och på hemsidan finns instruktioner för dem som vill sponsra.

Service kräver information, tillhandahållande av medlemsrabatter och förmedling av tjänster. Sett till den rationalitet som driver föreningarna så är därför skillnaderna mellan de rent ideella föreningarna och de som är intressedrivna inte längre så stora. Båda typerna av föreningar har en stor medlemskår som mål och för att kunna erbjuda konkurrenskraftiga aktiviteter och service så blir samarbetet med framförallt de skandinaviskt profilerade företagen i området viktigt. För att föreningen ska ha råd med en medlemstidning krävs annonsörer och intresserade företag och i ambitionen att förse medlemmarna med bra information i till exempel skattejuridik eller om hälsofrämjande aktiviteter, blir dessa företag en resurs för föreningen. Å andra sidan är de företagare som vill sälja tjänster och produkter till svenskar och andra nordbor intresserade av att ha goda relationer med föreningarna. Det handlar om annonser om produkter och tjänster i föreningarnas tidningar och på hemsidor och om att på andra sätt synas i föreningsverksamheten. Detta utesluter inte att företagare själva, eftersom de i allmänhet också är migranter i Spanien, har ett intresse av att en sådan gemenskap kring det svenska/skandinaviska/nordiska fungerar. Med andra ord kan det sägas att föreningarnas intressen inte sällan flätas samman med företagens och gränsen mellan vad som är affärsmässig och ideell verksamhet blir därför ibland otydlig.

Att förvalta ett förtroende

Medlemsavgifterna är viktiga inkomstkällor för de föreningar som diskuteras här. Till exempel kostar det 42 euro per kalenderår (2018) och familj att vara medlem i Más Amigos, 30 euro per person i AHN Fuengirola/Mijas och 20 euro per person i Club Nórdico (Costa Blanca). Medlemskapet kan innefatta en hemsänd medlemstidning (Más Amigos och Club Nórdico), tillgång till klubblokal och service samt olika sorters rabatter. Föreningar med många aktiviteter, lokalhyra och hög omsättning måste ständigt hålla uppe antalet betalande medlemmar. Den enkla ekvationen för dessa föreningar är att de har en konstant press på att rekrytera nya medlemmar eftersom det varje år också finns ett antal som faller bort (till exempel beroende på dödsfall eller flytt).

En förening är i princip medlemsägd och styrelsen har som uppgift att förvalta ett ansvar gentemot föreningens medlemmar. Det går här att föreställa sig en utveckling där föreningen hittat rätt utbud och lockat ett stort intresse bland många medlemmar. Medlemmarna förväntar sig att föreningen fortsatt ska ansvara för en viss verksamhet och att det ska finnas kvalitet i verksamheten. Det kan handla om att erbjuda bra rabatter på golfanläggningar – vilket kräver förhandlingar med ägarna till dessa anläggningar – eller om att arrangera fester eller utflykter. Om medlemmarna upplever att föreningen inte motsvarar förväntningarna eller om den får kritik för kvaliteten på sina aktiviteter, riskerar föreningen att förlora medlemmar. En bra, välskött och tillgänglig klubblokal med intressanta arrangemang är ett sätt att tillmötesgå medlemmarna, skaffa sig ett bra rykte och därmed stärka föreningens position. När till exempel en social sammankomst eller utflyktsresa blivit inställd mumlas det i leden. Klubblokalerna visar sig ibland vara olämpliga som samlingslokaler, efter en tid kanske föreningen växer ur den gamla lokalen, och styrelsen måste ta ett beslut i frågan. Är det möjligtvis dags att bygga om lokalen eller skaffa sig en ny? Vid upprepade missöden börjar nervositeten infinna sig bland de ansvariga. Givetvis är inte alla delar av föreningens verksamhet (om ens några av dem) mitt i prick för det som samtliga medlemmar söker.

Samtidigt har en aktiv styrelse tillsammans med övriga föreningsaktiva möjligheter att förnya och styra utvecklingen. De disponerar ekonomiska resurser och ett mandat som gör att de kan ta initiativ till vissa aktiviteter och lansera dem på sätt som gör dem eftertraktade. Detta ger föreningen både makt och ansvar. I och med att föreningarna engagerar sig i den efterfrågan på service och de sociala behov som finns bland de potentiella medlemmarna i nätverken stärks föreningens position. Behov och efterfrågan kretsar som ett solsystem kring föreningens verksamhet men samtidigt förändras omloppsbanan vartefter föreningen initierar nya aktiviteter. Detta sätter en ordförande i en stor förening inte bara i en position där det gäller att svara mot omgivningens krav utan också i en sits där det finns spelrum och inflytande. Ordförandeposten i en stor förening har ett ansvar som jag föreställer mig kan påminna om det som en vd i ett mindre företag har. Åtminstone stundtals. Om han eller hon kan manövrera skickligt går det att genomföra visioner som tar föreningen framåt samtidigt som personen ifråga givetvis själv kan åtnjuta uppskattning.

Ett exempel på hur ordförandeposten kan förvaltas ger Lennart. Under mina fältbesök träffades vi ganska ofta i hans kontor i klubblokalen. Sedan Lennart blivit ordförande i föreningen hade han i stort sett varje dag i veckan haft möten i någon föreningsfråga (åtminstone under perioden oktober-april). På skrivbordet låg alltid en stor bunt med papper som han skulle gå igenom och ta ställning till. Han klagade på att mejlboxen ständigt fylldes med oräkneliga frågor som han skulle besvara. Lennart hade erfarenhet av liknande sysslor från sitt yrkesliv. Innan han av hälsoskäl tvingades pensionera sig innehade han ett flertal höga poster i stora företag. Under en tidig intervju, efter att han varit ordförande i ungefär åtta månader, berättar Lennart om sin syn på ordförandeuppdraget:

> "Ja, nu är det så att jag fick det här uppdraget i xxx och då trodde jag att det här sköter jag med vänsterarmen. Men jag kan inte göra så då, min bakgrund är att jag tar i tu med något så blir det ordentligt. … Och jag är sådan att när jag började med det här så blev det en heltidssysselsättning. Men när jag åker hem nu den nionde december så har jag fått igång en organisation, jag har fått i ordning frivillighetsresurser, jag lagt en ny en helt ny organisationsplan, jag vet ungefär var vi kommer att hamna så småningom."

Jag träffade Lennart många gånger under de år han var ordförande och av hans engagemang att döma var detta ett slags förlängning av hans hektiska arbetsliv. I backspegeln märker jag att han i denna första intervju uttryckte en vision om hur det borde bli om hans planer sattes i verket. Samtidigt var Lennart klar över att detta var en vision som ganska säkert skulle omprövas. Det var ständigt mycket att göra och ordförandesysslorna krävde i hans fall nästan ett heltidsengagemang. Jag vet inte om Lennart kan sägas representera en typisk ordförande för dessa stora föreningar men också de övriga jag träffade hade åtminstone periodvis hög arbetsbelastning. Jag skulle gissa att valberedningen granskat Lennarts och andra ordförandens kvalifikationer och tillgänglighet noggrant innan nomineringen. Så här sade han när jag träffade honom just efter att han meddelat valberedningen att han inte skulle stå till förfogande för ytterligare en mandatperiod:

> "Det som jag kommer att sakna förutom kamratskapet är just makten. Är man ordförande i en stor förening med många och höga kontakter i omvärlden är du faktiskt någon att räkna med."

Jag tror att Lennart här uttrycker själva kärnan i att vara representant för en förening med många medlemmar. Styrelsen får ett mandat att bestämma över föreningens verksamhet och genom detta blir det tydligt att det skapas ett inflytande över medlemmarnas "behov". Föreningarna utvecklar visserligen sin verksamhet utifrån de krav och den efterfrågan som når styrelsen och övriga föreningsaktiva men det finns också visioner om vad föreningen ska stå för. Det är inte exakt alla aktiviteter eller all service som föreningarna för upp på sin repertoar som är explicit efterfrågade. Det är snarare ett samspel mellan visioner och outtalade behov som försiggår här. En ordförande kan ta initiativ till en verksamhet som han eller hon tror är bra för medlemmarna och för föreningen, kan tala i namnet av sina medlemmar och har dessutom ett mandat att tala om för omvärlden vad som är gemensamt för föreningens medlemmar. Med detta följer ett ansvar och ett slags strategiskt sinne för att få ekvationen att gå ihop. Å andra sidan får den ordförande som under ett år inte lyckas med föreningens ambitioner och åtaganden det ofta hett om öronen på följande årsmöte.

Föreningarnas makt och inflytande bland de svenska nätverken i södra Spanien har ett uppenbart samband med anseende, popularitet och medlemsantal. Vad denna makt och detta inflytande handlar om blir emellertid förståeligt först när det går att beskriva vad det handlar om. Några insikter antyddes ovan i detta att en förening inte bara är en förlängning av medlemmarnas intressen utan föreningarna gör också sina medlemmar genom dess verksamhet. En förening kan inte vara hur flexibel som helst. Den kan inte anpassa öppettiderna i klubblokalen i all oändlighet, den kan inte välja vilket utflyktsmål som helst och den kan (hinner inte med) att skriva rabattavtal med alla de företag som erbjuder tjänster och produkter som medlemmar kan tänkas vara intresserade av. En förening måste på något sätt bestämma sig och lansera sitt utbud till de potentiella medlemmarna. Den verksamhet som tecknar de stora sociala föreningarnas profiler kan därför inte ses som summan av intressen från den stora mångfalden av medlemmarna utan måste också vara sammansatt på så sätt att den skapar intressen och får ett förtroende bland alla dem som kan tänkas vara intresserade.

På samma sätt som kyrkan utgör en ram för församlingsmedlemmarnas gemenskap och aktiviteter och skolan för skolföreningens motsvarande, är den skapade profilen också en ram för gemenskap och aktiviteter inom de sociala föreningarna. Genom att bestämma inriktning på verksamheten är föreningen också drivande för att initiera och utveckla behov bland sina potentiella medlemmar. En förening av detta format fungerar därför ungefär som ett politiskt parti: den får helt enkelt tala om för de potentiella medlemmarna vad den står för (i fråga om aktiviteter och utbud) och locka dem att delta. Inflytandet består här i att föreningen bestämmer agendan för en gemenskap. Verksamhetens inriktning och föreningens profil är emellertid, som nästa avsnitt visar, inget som de föreningsaktiva godtyckligt bestämmer sig för.

Alla är gamla?

Det är med tanke på den makt och det inflytande som följer med en styrelsepost i de stora föreningarna också förväntat att styrelser domineras av män. Under tiden för mina fältvistelser fanns dock inget sådant direkt urskiljbart mönster. Jag tycker att det är viktigt att föra fram att det under min fältperiod var lika många kvinnor som män som hade valts till ordförande i dessa föreningar. Posterna tycktes också vara ungefär jämnt fördelade mellan könen. Det finns givetvis utskott och sidor av föreningen som mer än andra kan påverka föreningens inriktning. Vad jag vet så förekom både män och kvinnor i dessa. Mitt intryck är det fanns en liten tendens till kvinnlig dominans bland övriga föreningsaktiva och att de också hade ett påtagligt inflytande över verksamheten. Könsfördelningen i absoluta tal är emellertid endast ett mått på dominans. Vi kan vara förvissade om att det finns mer informella sätt att utöva makt och styra verksamheten på. Det finns inget skäl att tro att dessa föreningar är mer jämställda än andra och en mer detaljerad studie av hur makten utövas i föreningarna kan komma till ett annat resultat. Å andra sidan tror jag att nomineringar till en styrelse i en stor förening måste ta hänsyn till att det finns ett stort antal aktiva kvinnor i föreningarna. Brister man i detta så skulle nomineringarna knappast få bifall i årsstämman. Ett undantag är givetvis SWEA vars inriktning är just att verka för kvinnor. I och med att föreningarna drivs framåt av den ständiga rekryteringen av medlemmar så tror jag att det också på denna punkt finns en pragmatisk hållning. Det är troligtvis ett litet överskott på kvinnor i de svenska nätverken och den främsta rekryteringsbasen finns därför bland dem.

På ett desto tydligare sätt profileras föreningarna i relation till ålder. Det är ingen hemlighet att de stora svenska föreningarna i södra Spanien domineras av en äldre och pensionerad medlemskår. Samtidigt gör dessa sociala föreningar anspråk på att vara till för "alla". Jag frågade några föreningsaktiva om hur de tänker kring intresset för föreningen och hur de kan anpassa verksamheten till detta. Vilka är föreningen egentligen till för och hur speglas detta i verksamheten? Mina frågor handlade endast indirekt om vilka dessa "alla" är och hur detta kan färga av sig på verksamheten.

De flesta jag talade med om dessa frågor tycktes ha pensionärerna i bakhuvudet när de berättade om den efterfrågan på aktiviteter som finns bland svenskarna i Spanien. Sinnebilden för medlemmen var helt enkelt en pensionär. En av de föreningsaktiva uppgav att hon kontrollerat i registret och nämnde en siffra på 80 procent pensionärer bland medlemmarna! Utan att detta tycktes förvåna flertalet så anpassades verksamheten därefter. Exempelvis talades det ibland om att det inte går att ha för höga förväntningar på de kurser som föreningarna ger i spanska med tanke på kursdeltagarnas ålder. Det tycktes vara en självklarhet att gymnastikpassen på stranden skulle vara ganska lätta och anpassade efter deltagarnas höga ålder. Men några nämnde också att pensionärer har blivit allt aktivare och därför var det helt på sin plats att ha aktiviteter som är både fysiskt och mentalt krävande. Här tycktes de föreningsaktiva knappt reflektera över att en stor andel i de svenska nätverken *inte* är pensionärer. I ett samtal med Hanna, som då var ordförande i en av de större nordiska föreningarna i södra Spanien, noterade jag att hon var stolt över sin förening. Hon menade att det är en förening med en bred repertoar där det inte minst handlade om att fånga upp medlemmarnas nyfikenhet:

> "Vi har till exempel vår mest snabbväxande verksamhet idag, vet du vad det är? Det är en diskussionsklubb och de är så många nu att de inte har plats att sitta. De började som ett par tre stycken. Det är min man som är ordförande och de diskuterar olika ämnen, förra veckan var det feminism. Det träffas klockan tio på torsdagar".

Jag hade vid ett förmiddagsbesök redan lagt märke till att det strömmade ut ett större antal (främst) äldre män från ett möte. Jag ställde därför följdfrågan om varför denna populära aktivitet bedrivs på en förmiddag? Vilka är det som har möjlighet att delta vid denna tid på dagen? Hanna tycktes först inte förstå den underliggande meningen i frågan:

> "Ja, det är pensionärer. Det är de flesta. Så ... Det får man väl säga. Det är inte många aktiva, som har arbete, som kommer. Men med i gruppen var till och med professor [namnet på en känd svensk akademiker] ... De bor här nere."

Hanna ger i detta samtal uttryck för en vanlig uppfattning. I planeringen av föreningarnas verksamhet tar man sällan hänsyn att det finns förvärvsarbetande, studerande och andra som i allmänhet är upptagna under dagtid. När jag talat med föreningsaktiva om dessa frågor så betraktas "de yngre" visserligen som en minoritet men det hindrar inte att de är viktiga eftersom föreningen borde förnyas med yngre förmågor. Därför diskuterades det ofta hur "yngre" kan rekryteras till styrelseposter och till föreningen i övrigt. Behovet av en "generations-växling" inom föreningarna var tydligt och samfällt. "De som nu är aktiva i föreningarna har i allmänhet varit med i många år", sades det. När det i dessa sammanhang talades om de "yngre" och den nya generationen så handlade det i allmänhet om det som i andra sammanhang ofta benämns "medelålders". Föreningarna har också tagit en del initiativ till att engagera medelålders förvärvsarbetande i föreningarnas styrelse och verksamhet. Más Amigos anställda personal är i de flesta fallen "yngre" i denna mening och ett flertal av de frivilliga i kyrko-församlingarna är också det. Några av dem ingår i styrelserna för sina respektive föreningar men i övrigt tycks den så kallade generationsväx-lingen gå långsamt.

Jag hade under en tid nära kontakter med ett par i 50-årsåldern som startade en ny sektion i en av de större föreningarna. I denna sektion valde man att ha möten och aktiviteter under kvällstid så att även de som arbetar dagtid skulle kunna delta. Karaktären på aktiviteterna hade inget åldersspecifikt i sig – förutom festligheter handlade det ofta om föredrag och aktiviteter som kunde intressera alla. De aktiviteter som sektionen arrangerade rubricerades som "den nya generationen" och gavs en ganska fri "After work"-form. Det var till exempel ingen kontroll på att alla skulle vara medlemmar utan puben var öppen för alla. Men i huvudsak var det just de som var "medelålders" som besökte dessa tillställningar. Inget hindrade att de äldre föreningsmedlemmarna skulle besöka dessa tillställningar men så skedde inte. Precis som med föreningens ordinarie aktiviteter så var det snarare inramningen av aktiviteterna som åstadkom ett visst åldersurval, till exempel valet av namn ("Nya generationen") och tidpunkten för aktiviteten (ofta efter klockan 20 på kvällen) samt också en mer otvungen form som inte krävde att deltagarna skulle ha betalt medlemsavgift (vilket också blev ett tvistemål i föreningen).

Föreningarna domineras således av de som är pensionerade eller är i den åldern. Detta är enligt min uppfattning delvis en konsekvens av det sätt varpå föreningarna profilerar sig och därmed vilka sorters medlem-mar de drar till sig. Más Amigos egen enkätundersökning (2009) om föreningens medlemsunderlag och efterfrågan visar att 85 procent av de 1168 medlemmar na är över 55 år. Jämfört med den officiella spanska statistiken som bygger på mantalsskrivningen är det således en mycket hög siffra.[10] Den andel av Spaniensvenskarna som är förvärvsarbetande eller studerande är inte i huvudfåran för de stora föreningarnas aktiviteter. Det är uppenbart att föreningarna i första hand riktar sig till äldre personer som fritt kan disponera sin tid och att förvärvsarbetande småbarnsfamiljer inte är någon prioriterad målgrupp för föreningarna. För säkerhets skull vill jag tillägga att det är de stora föreningarna som gör anspråk på bred rekrytering som jag här diskuterar. Det finns föreningar bland svenskarna i södra Spanien där pensionärerna *inte* dominerar eller är främsta målgrupp – skolornas föräldraföreningar, kyrkoförsamlingarna och kvinnoorganisationen SWEA är exempel på sådana – men åldersfrågor och förnyelse utgör ett dilemma för flera stora föreningar. Samtidigt som det finns en ambition till förnyelse i föreningarnas styrelser så har de sina starkaste mandat bland de äldre och vill givetvis inte förlora dem som medlemmar. Det är helt enkelt för mycket som står på spel för att obetingat välkomna en åldersförnyelse.

I samma klass?

Förutom ur kategorin "pensionärer" sker rekryteringen till styrelserna i de stora svenska föreningarna i huvudsak ur medelklassen. Föreningarna har för den skull inte en utpräglad medelklassprofil. Eller rättare så kanske föreningarna *inte* vill ha en sådan. Föreningarna tycks vilja tona ned eventuella skillnader som kan kopplas till politisk färg, klass och ekonomiska skillnader. För de föreningar som sätter ett högt medlemsantal i centrum är det viktigt att framstå som en socialt sett öppen förening. Detta märks i det sätt som de stora föreningarna framställer sig själva. Ofta nämns att det finns alla samhällsskikt och tillhörigheter representerade i föreningarna (vilket troligtvis också är sant) och att alla är välkomna till föreningens aktiviteter.

Jag frågade Hanna om hur en stor förening kan klara av ett brett anspråk där så mycket människor med olika erfarenheter ska samsas? Hanna svarade att detta hade med öppenheten att göra:

"Det åstadkommer man genom att vara välkomnande, att ha aktiviteter som passar nästan alla medlemmar. Man kan kanske inte fylla precis allt

---

[10] Som tidigare nämnts är antalet mantalsskrivna betydligt mindre än det totala antalet som vistas i Spanien (http://www.ine.es/). Det intressanta här är emellertid att föreningarna tycks föreställa sig att det är en betydligt större övervikt av pensionärer än vad åtminstone mantalsskrivningen ger fog för.

men de flesta ska kunna känna sig hemma, genom kurser, eller sport, eller fester."

När föreningsaktiva själva beskriver föreningen nämns sällan att sociala skillnader kan splittra medlemmarna. Ofta säger den som intervjuas något i stil med att "alla är välkomna till föreningen" eller att "här görs inga skillnader på människor utifrån vad de jobbat med". Vid ett besök i en av de sociala föreningarna i Costa del Sol träffade jag en man som gav uttryck för denna klasslöshet:

> " ... här är vi alla du och bror. Jag är lika mycket kompis med xx som har varit överste på generalstaben och umgåtts med väldigt högt uppsatta personer när han bodde i Sverige som jag är med yy som var snickare och jobbat på byggen hela sitt liv. Vi är liksom en enda stor familj här som lagt bort titlarna med varandra."

Mina övriga samtal med föreningsbesökare speglar ungefär samma inställning till social bakgrund. Klasskillnad är åtminstone på ytan ingen framträdande fråga i dessa föreningar. I de flesta fall har de svenska migranterna lämnat yrkeslivet bakom sig och i Spanien är de hänvisade till socialt umgänge där det tidigare yrkeslivet har en oklar roll. Det brukar också sägas att sammanhanget i sig – att befinna sig utomlands och i Spanien som svenskar – bäddar för att "klassgränser" suddas ut. Alla blir "du och bror" med varandra eftersom de sitter i samma båt. Några enstaka citat är givetvis inte tillräckliga bevis för att dra slutsatsen att föreningarna har lyckats radera bort socioekonomiska skillnader men föreningarna själva har inställningen att det (åtminstone) inte *ska* göras sådana skillnader.

Samtidigt tycks det finnas en medvetenhet om att till exempel olika politiska åsikter eller klasskillnader kan splittra en förening. Intervjun med Lennart satte mig på det spåret:

> "... det är ju också så här att vi är politiskt och ekonomiskt och religiöst helt nollställda, vi ska inte ta ställning här nu. Vi har lika många röda som blå bland våra medlemmar. Vi har katoliker och protestanter och muslimer och ... Så fort vi kommer in på det politiska, där det finns en delad åsikt, måste vi vara väldigt försiktiga."

Det var annars sällan som de föreningsaktiva berörde frågor som har med konflikter och sociala spänningar att göra. Av intervjuerna och mina vistelser i föreningslokalerna att döma var konflikter sällan på tapeten. Ett undantag var ett årsmöte då något av en maktkamp mellan två läger spelades upp men vad jag vet handlade dessa inte om något som kunde relateras till vare sig politiska eller sociala skillnader. I intervjun med Lennart uttrycks i stället en strävan efter att hålla sådana i schack och det kan leda till viss försiktighet i frågan. Föregripande och kontroll av motsättningar av den arten hindrar för den skull inte att klass och andra sociala skillnader kan reproduceras.

Caroline Oliver och Karen O'Reilly (2010) diskuterar frågan om hur klass uttrycks bland livsstilsmigranter med tanke på att kontexten förändras. Livsstilsmigration bland pensionerade medför att de flyttar sig till ett socialt sammanhang där den socioekonomiska struktur av yrken och positioner som man tidigare ingått i, inte längre kan ha samma betydelse. Därför kan man förvänta sig att klasskillnader också tynar bort eller förändras och ersätts med en mer inkluderande gemenskapsform. Oliver och O'Reilly kunde emellertid visa att livsstilsprojektet fortsatt är förbundet med klassposition. Det är inte så att klass minskar i betydelse efter en migration utan det är uttrycken som förändras. En spekulation är att intressen som golf och havskryssning kan få en ny valör som klassmarkör i Spanien därför att de på ett effektivt sätt talar om för omgivningen att vederbörande har gott om pengar.

Men här är det främst en annan aspekt av detta som blir intressant. På sätt och vis får klass en betydelse redan i föreningarnas val av styrelse där tidigare vana av styrelsearbete och företagande kan vara viktiga meriter. Dessutom ger den verksamhet som iscensätts en fingervisning om vilken målgrupp som föreningen vänder sig till (vilket jag återkommer till i de följande kapitlen). Föreningar som prioriterar vissa typer av frågor och aktiviteter – till exempel de som har med ekonomi att göra – kommer att locka till sig medlemmar som har intressen av sådana frågor och framförallt därför att det utgör en viktig aspekt i deras livsstil. Detta är således ett slags prägel i profilen som introduceras enligt samma mönster som i fråga om "ålder" i föregående avsnitt.

Är föreningen svensk?

Förutom ålder och socioekonomiska skillnader har föreningarnas profil också en etnisk-nationell dimension. Eftersom föreningarnas främsta syfte är att organisera svenskar och andra nordbor i Spanien så blir frågan om nationell tillhörighet både självklar och synlig. Det är för den skull inte oviktigt att undersöka hur detta görs. Med tanke på att föreningarna kan sägas "driva" behov och efterfrågan finns i profileringen också en gestaltning av det svenska. På samma sätt som tidigare

Figur 4. Gatuvy i Torrevieja. I bakgrunden till höger syns Club Nórdicos lokal.
Foto: Erik Olsson

är profilen ett uttryck för vad som uppfattas som svenskt i detta sam-
manhang (eller rättare sagt det som föreningsaktiva tror kan vara det
svenska i nätverken) men är samtidigt ett slags görande av det svenska.

De tre största sociala föreningarna för svenskar i södra Spanien –
AHN, Club Nórdico och Más Amigos – presenterar sig själva som
nordiska föreningar i Spanien. På denna punkt är Club Nórdico den
tydligaste av dessa tre föreningar. Föreningens officiella emblem är en
vackert designad triangel eller solfjäder. I spetsen på denna solfjäder
syns den spanska flaggan och de nordiska ländernas flaggor är symme-
triskt formade som en båge ovanför namnet Club Nórdico. Emblemet
pryder bland annat föreningens flagga och framsidan av medlemstid-
ningen. Av detta emblem att döma är det således en förening för alla
nordiska medborgare.

Under den tid jag följt föreningen har emellertid ambitionen av att
vara samnordisk på sätt och vis fått stå tillbaka för det svenska (detta
återkommer jag till i kapitel åtta). Detta märks på en mängd olika sätt,
bland annat i det att majoriteten av medlemmarna är svenska med-
borgare och det mesta av kommunikationen sker på svenska och med

svenska referenser. Medlemstidningen Nórdico Nytt hade under min
studie en norskspråkig chefredaktör men framstod trots detta som en i
huvudsak svenskspråkig tidning. I huvudsak var innehållet under den
här tiden skrivet på svenska men med enstaka inslag från övriga nord-
iska språk. Till undantagen hör de notiser och artiklar som var skrivna
på norska och endast något enstaka bidrag publicerades på danska
och finska. Men de stora föreningar jag studerat var i övrigt i samtliga
fall starkt dominerade av svenskarna och de övriga nordiska inslagen
var relativt begränsade.[11] Med tanke på den kulturella mångfald som
råder i respektive stat så skulle föreningarna (för att kunna leva upp till
sina deviser) dessutom vara öppna för såväl inhemska minoriteter – till
exempel samer, romer och judar – och invandrade nationaliteter från en
mängd olika länder. Det är knappast någon som förväntar sig att dessa
minoriteter ska ha en synlig plats i föreningarnas verksamhet (vilket de
knappast heller har i det allmänna föreningslivet i Sverige) men likväl
säger frånvaron av till exempel firandet av judiska eller samiska högti-
der att det är den officiella nationella gemenskapen som ställs i centrum
(och då främst den svenska).

De olika nordiska nationella nätverken är som påtalats koncentrerade
till delvis olika orter i de båda områdena. De aktuella föreningarna har
sina högkvarter i Torrevieja (Costa Blanca) och Fuengirola (Costa del
Sol). Det är orter som sedan lång tid är kända för att vara starka fäs-
ten för de svenska nätverken[12] och den svenska dominansen är delvis
en konsekvens av detta. Samtidigt är såväl Torrevieja som Fuengirola/
Mijas betydande centra för både norska och finska medborgare utan
att detta gör något större avtryck i de föreningar som jag studerat. I
till exempel Torreviejas stadsliv och "skandinaviska galleria" har ett
betydande antal företag och barer etablerat sig som uppenbarligen har
sin kundkrets bland andra nordiska nationaliteter. Några av kvarteren
i Los Bolichos (Fuengirola/Mijas) har klar finländsk prägel med finsk-
språkiga mäklarföretag och barer som av gästernas språk och menyerna
att döma ofta frekventeras av finskspråkiga gäster. Det är därför tyd-
ligt att geografisk lokalisering inte ensamt kan förklara varför de stora
föreningar jag diskuterar här saknar en större representation av andra

---

[11] I Más Amigos enkät från 2009 visade det sig att 90 procent av alla som besvarat
    enkäten uppgav Sverige som hemland. Ingen hade uppgivit Island. Å andra sidan
    distribuerades enkäten på föreningens huvudspråk, det vill säga svenska.
[12] Jag anger här föreningarnas centralort. Som tidigare nämnts har samtliga tre fören-
    ingar "lokalkontor"/underavdelningar i andra delar av respektive kustområde.

nordiska migranter. Profilen är grunden för ett rykte om att föreningar är "svenska" just därför att verksamheten präglas av det svenska språket och det slags aktiviteter som i detta fall anses vara svenska.

De föreningsaktiva tycks ibland själva bli förvånade över att det övriga nordiska inslaget i föreningen är så litet. Framtidsgruppen i Más Amigos konstaterade i en intern rapport (skriven på norska!) år 2014 att 86,5 procent av föreningens medlemmar är svenskar. I den diskussion som följdes så restes därför frågan om hur de skulle kunna rekrytera fler norrmän till föreningen. En av deltagarna i ett möte jag deltog i tog upp ett exempel som kunde visa hur illa ställt det är med det internordiska. Det handlade om en artikel som skickats för publicering i Bulletinen och som visade sig vara författad på norska. I det aktuella fallet ursäktade sig emellertid författaren för att han skrivit artikeln på norska och föreslog att texten skulle översättas till svenska. Ett annat exempel som kan illustrera den starka svenska dominansen är när valberedningen för Más Amigos vid årsmötet presenterade sina förslag till styrelseledamöter. Förutom en kort bakgrund om hur respektive kandidats meriter för styrelsearbetet och deras bakgrund var det en av ledamöterna som också presenterades som "en norrman". De övriga ledamöterna fick däremot ingen nationalitet angiven.

Formandet av en medlem

I kapitlet har jag diskuterat hur föreningarna bestämmer färdriktningen på sin verksamhet och därmed också den profil som föreningen blir förknippad med. I grunden är profilen ett resultat av att de stora föreningarna är angelägna om att rekrytera och behålla medlemmar och omsätta intäkterna från detta i makt och inflytande. Föreningarna är på sätt och vis pragmatiska aktörer: de som är framgångsrika i sin rekrytering har också alla möjligheter att uppträda som mäktiga aktörer i de svenska nätverken. De stora föreningarna med breda anspråk måste visserligen skaffa sig en verksamhetsrepertoar som lockar ett stort antal men det finns samtidigt (ekonomiska, materiella, kunskapsmässiga med mera) begränsningar för hur långt detta kan drivas. Därför handlar profilen om val av aktiviteter, om prioriteringar och avgränsningar. I enlighet med det resonemang som förs i denna bok finns i detta ett görande som går i två riktningar. Även om föreningsverksamheten är ett sätt att fånga intressen från den breda publiken finns det en styrning som är framtvingad av kravet på avgränsning och som "gör" medlemmar. Den bild som de potentiella medlemmarna får av föreningens verksamhet ger naturligtvis utslag för vilka som känner sig "välkomna" i föreningen och vilka som inte gör det.

Jag har också visat att de större sociala föreningarna för svenskar i södra Spanien profilerar sig som föreningar för "äldre" (eller pensionärer) och i huvudsak i relation de som har sitt ursprung i Sverige. I kombination med dessa attribut ligger föreningarnas tyngdpunkt också på medlemmar med bakgrund i ett socioekonomiskt ganska välbeställt skikt som närmast motsvarar medelklass. I korthet betyder det att aktiviteter (och information) som förknippas med medelklassens och pensionärernas intressen och villkor ställs i verksamhetens centrum. Andra aktiviteter som skulle kunna härbärgeras av föreningarna får mindre utrymme. Det betyder också att föreningarnas kommunikation i huvudsak sker på svenska och med utgångspunkt i svenska förhållanden – en slutsats som jag ska diskutera närmare i de följande kapitlen. Min avsikt är därför inte att påstå att det på något enkelt sätt går att avgränsa denna intressesfär och heller inte hävda att barnfamiljer, arbetarklass och medborgare från andra nordiska länder på något givet sätt har andra intressen och villkor. Däremot kan man säga att föreningarna har ett initiativ till att definiera den typ av aktiviteter som samlar medlemmarna med hänvisning till att de kommer från Sverige, är svenskar och som pensionärer tillhör en medelklass.

Efter denna diskussion om rekrytering och profilering i föreningarnas verksamhet ska jag i de två kommande kapitlen närmare belysa hur framförallt de stora föreningarna tar plats som aktörer inom de svenska nätverken i södra Spanien. Det kommande kapitlet handlar om anspråket på att vara en social mötesplats – en uppgift som nog också är den som föreningarna i allmänhet blir förknippad med.

6. Vänliga föreningar

Bokens inledande scen från "återvändarfesten" i Costa del Sol ger en bra bild av hur svenskarnas föreningsliv i södra Spanien kan se ut. Föreningarnas aktivitetskalendrar är fyllda av liknande evenemang med fester och andra sociala aktiviteter. Anspråket på att vara en förening för en bred gemenskap kräver, som tidigare kapitel har visat, en verksamhetsprofil med aktiviteter som medlemmarna uppskattar och efterfrågar. Den allmänt förekommande förväntningen på en förening bland svenska migranter i södra Spanien är att det ska arrangeras fester och andra sociala aktiviteter. De sociala föreningarna får på olika sätt ta ansvar för det sociala livet i nätverken och med detta följer krav på förutsägbarhet och social trygghet. Detta märks bland annat i den självpresentation som gjordes på Club Nórdicos hemsida där den retoriska frågan "Vad har klubben att erbjuda?" besvarades på följande sätt:

> "Sosial gemenskap med andra nordbor "i förskingringen" gjennom en rad aktiviteter i våre trevliga klubblokaler med servering, bibliotek, internettrum, kurslokaler m.m.
>
> Her kan klubbmedlemmane møtas och lesa nordiske tidningar til en kopp kaffe med kanelbulle, våffle eller semle.
>
> Her finns også møjlighet att få informasjon om Spanska forordningar, m.m. Klubblokalet er öppe mellan kl 11:00 til 15:00, måndag til fredag.
>
> En rad aktiviteter pågår också på andra tider, exempelvis temakvällar på måndagar kl 18.00 i Torrevieja,
>
> Kurser och mycket annat som du hittar på anslag i våra lokaler och i evenemangskalendern här på hemsidan.
>
> (Club Nordico 2018a)

Hur du refererar till det här kapitlet:
Olsson, Erik. 2018. Vänliga föreningar. I Olsson, E. *Guiden till Spaniensverige. Diaspora, integration och transnationalitet bland svenska föreningar i södra Spanien*. Stockholm: Stockholm University Press, 103–123. DOI: https://doi.org/10.16993/bao.f. License: CC-BY

I detta kapitel ska jag närmare beskriva hur framförallt de stora föreningarna iscensätter den centrala del av verksamheten som handlar om sociala mötesplatser. Detta omfattar den typ av sociala aktiviteter som Club Nórdico beskriver ovan men också om ändamålsenlig och fungerande fysisk och social infrastruktur. På samma sätt som Ulla Börestam (2011) visade i sin studie av "skandinaviska" företag i Spanien märks att föreningsverksamheten inte bara är en arena utan också spelar på känslor som är kopplade till en nationell gemenskap.

Tillsammans

De svenska "veteraner" som jag träffade i Spanien kunde berätta om hur de upplevde att "livet förr" artade sig i de svenska nätverken. I kapitel fyra mötte vi Anita och Kristina som mindes hur svenskarna på 1970-talet hade sina sociala sammankomster där vissa restauranger, hotell och så småningom organisationer och föreningar blev viktiga träffpunkter. Samtidigt, erinrade sig Anita, fanns det sociala skillnader mellan svenskarna. Det sociala livet dominerades av de som hade hög social status. Alla kände sig inte riktigt accepterade i dessa sammanhang, menade hon. Även de svenskar som flyttade till Costa Blanca under 1960-talet hade liknande sociala sammankomster och träffpunkter. Enligt berättelser från dem som var med på den tiden gjordes det samtidigt skillnader som hade med social status eller tillhörighet att göra.

Men den svenska migrationen till Spanien har förändrats. Efter hand har en allt större andel av migranterna en bakgrund i arbetarklassen och den lägre medelklassen. De föreningar som idag gör anspråk på att vara en social mötesplats för "alla svenskar" i södra Spanien måste därför också ta hänsyn till denna sociala komplexitet.

Jag frågade Lisa, en av de många föreningsengagerade personerna i Torrevieja, hur hennes förening verkar för den sociala samvaron bland medlemmarna:

> "Det började med att man skulle få nordmän att känna sig välkomna och att de mådde bra. Vi är en ideell förening så vi jobbar alla utan betalning och det är ju ganska svårt att få folk att ställa upp alla gånger. Men jag tycker att vi sysslar med vad folk vill ha. Vi har målerikurser, språkkurser, resor, temakvällar, föreläsningar om bland annat skatter och hur Torrevieja fungerar. Vi försöker tillfredsställa våra medlemmar."

Lisa räknar upp några av de aktiviteter som föreningarna använder för att främja den sociala samvaron bland nordborna i området. Det är med andra ord inte bara festandet som det hänger på. Samtliga föreningar är överens om att den sociala samvaron och gemenskapen är deras centrala uppgift. Det är viktigt att lyssna och ta hänsyn till medlemmarna men en styrelse måste samtidigt ha ett öga på vad som är "bäst" för svenskarna i området. Som Hans uttrycker det kan en djupare samvaro vara viktig:

> "... särskilt om folk blir ensamma. Att de kan gå och träffa andra. Att bli sedd och veta att de finns. Så att de får en social samvaro och kontakt med en sån här förening. Du kan komma och läsa dagliga tidningar på ditt egna språk, du kan se på film, du kan komma upp och ta en fika, och naturligtvis även fråga om olika saker. Du kan åka på resor, gärna med kulturella inslag. Du kan åka till Granada, det gör vi ganska ofta. Vi ordnar med guider som kan berätta på ett språk som de begriper. Vi har en egen tidning där vi försöker spegla spansk historia likväl som aktuella händelser. Vi har en ganska aktiv tankeverksamhet. ... det ska vara både roligt och hemtamt att delta i våra verksamheter."

Både Lisa och Hans håller således fram att föreningen ska verka för ett rikt och utvecklande socialt liv snarare än att ordna fester och middagar. Hans är dessutom tydlig med att den typen av aktiviteter också ska vara kulturellt berikande. Sigrid är ett annat exempel när föreningsaktiva tycks ha visioner för sin förening. När hon under ett år var ordförande för en förening i Costa del Sol försökte hon styra föreningen mot ett engagemang i, vad hon kallar, "bra och nyttig verksamhet". En god social samvaro är målet med föreningen men vägen dit går inte nödvändigtvis genom fester utan det finns hälsosamma aktiviteter som kan förena svenskarna:

> "Jag tror att man ändå kan visa folk alternativ. Jag upplever nu med den här vandringen [hänvisar till att en viss vandringsrutt blivit föreningsaktivitet], som var väldigt enkel ... Därför att folk bad om det. Att ta vara på sig [hälsomässigt] ... och sen att gå upp och prata med varandra och helt plötsligt börjar man fråga "Vem är du, vad har du gjort?". Lära känna varandra! Så jag tror att man kanske lättare blir vänner på en vandring, på resor och så vidare, sånt som klubben gör tillsammans."

Samtalen med föreningsaktiva ger bilden av föreningar som har visioner och där de aktiviteter de ska erbjuda har ett intresseväckande innehåll. Föreningens val av aktivitet tycks balansera sådant som (enbart)

är populärt och sådant som de aktiva också anser vara *bra* och beri-
kande. En förening som specialiserar sig på festliga evenemang kan för-
modligen vara populär för en krets av personer som känner varandra
och som gillar att festa tillsammans. Men festerna tycks inte (längre)
vara det stora dragplåstret. Utflykter och resor med kulturella inslag
till olika platser i Spanien är inte bara komplement till festerna utan
populära och viktiga aktiviteter i både stora och små föreningar. Som
exempel kan nämnas att under hösten 2014 hade flera av föreningarna
erbjudande om längre resor för sina medlemmar. Club Nórdico (Costa
Blanca) arrangerade en resa till kulturhistoriska platser i Costa del Sol
och andra delar av Andalusien och ungefär vid samma tidpunkt kunde
Más Amigos medlemmar boka långresor till exempelvis norra Spanien.
I dessa föreningars medlemstidningar (Nórdico Nytt och Bulletinen)
publiceras också ofta korta reportage från dessa resor. Resorna är ett
sätt att organisera utflykter och upplevelser som medlemmarna efter-
frågar men de ger också tillfälle att skapa känslor av gemenskap och
engagemang. En tillbakablick i form av ett reportage och ett positivt
omdöme kan hjälpa till med detta.

När jag talat med föreningsaktiva om föreningarnas sociala uppgift
har de, som i exemplen ovan, ofta kommit tillbaka till värnandet om
medlemmarna och om det långsiktiga ansvaret. När Hans i citatet ovan
säger att föreningen ska "finnas till" för dem som är ensamma är också
det ett uttryck för ett långsiktigt tänkande kring en bredare gemenskap.
De visioner som uttrycks här ser föreningen som ett "projekt"; lyckade
och innehållsrika aktiviteter skapar i bästa fall en välmående förening
med solid gemenskap. Det är de "skötsamma" och intresserade indivi-
derna som lockas till föreningen.

Det finns också andra varianter av detta projekt. En ordförande i
en medelstor förening berättar om en rutin hon initierat med gemen-
samma luncher vid vissa regelbundna tillfällen:

> "Då möts vi upp på lunchtid mellan tolv och fem och äter lunch tillsam-
> mans. Och det började med att jag bara ville att alla skulle samlas och
> äta lunch, men så försökte jag hitta på lite påhitt som deltagarna skulle
> vara tvungna att aktiveras i, för att lära känna varandra. Så vi gjorde små
> frågeställningar, och då delade vi upp dem i olika grupper, så fick de sitta i
> grupp och intervjua varandra för att hitta samhörighet, så att säga, för att
> få fram olika sidor hos varandra så att man lärde känna varandra. Några
> frågor hade bara med den sociala biten att göra medan andra frågor hade
> med den professionella och yrkesarbetande biten att göra. Detta har senare
> utvecklats, och det är väldigt populärt. Varje lunch är det ny värdinna, så att

man lär känna varandra ordentligt, och det är något jag arbetar mycket för; delaktigheter. Min vision är att stärka gemenskapen, och få fram en mycket större delaktighet än vad det har varit tidigare ..."

I den version som citatet uttrycker blir lunchen med medlemmarna ett instrument för att stärka samvaron men också för att utveckla samvaron i en viss riktning.

Gemenskapens lokaler

Genom att inrätta en rad sociala aktiviteter sätter de stora föreningarna social samvaro och känsla av tillhörighet till föreningen i centrum. Social gemenskap byggs emellertid inte enbart av mellanmänsklig värme och intresse utan kräver också rutiner och materiella förutsättningar. De stora sociala föreningarna har i allmänhet de resurser som krävs för att kunna hyra eller äga en klubblokal. Med detta följer givetvis omkostnader och ansvar. Man måste försäkra sig om att lokalen sköts om, är säkerhetsskyddad, har nödvändig och fungerande skyddsutrustning, att den bli städad och underhållen. Det måste därför finnas ansvarig personal och frivilliga som är beredda att rycka in. Det är i mitt material uppenbart att föreningarna fäster stor vikt vid sin klubblokal. Det geografiska läget och den fysiska planeringen blir viktiga faktorer som föreningar måste ta hänsyn till. Betydelsen av detta märks i det att flera föreningar tycks ha fortlöpande diskussioner om huruvida det är dags att flytta, bygga ut eller på andra sätt göra lokalerna mer ändamålsenliga och tillgängliga.

AHN:s klubblokal i centrala Fuengirola är ett bra exempel. Lokalen ligger högst upp i en galleria i centrala staden. Det finns skyltar redan på gatan utanför och man når lokalen genom att följa rampen uppför i ett spiralliknande trapphus och passerar på vägen en rad butiker, kontor och andra föreningslokaler. I dörren hälsas besökaren vanligtvis välkommen av en föreningsvärd, klubbmästaren eller föreningens ordförande. Lokalen består av tre rum varav två är stora salar som vardera rymmer över 50 personer. Detta rum är luftigt och ljust och har till och med lite havsutsikt. Rummet är möblerat med ett tiotal små bord som går att flytta ihop när något större evenemang ska arrangeras. Runt väggarna står några större avställningsbord varav några är fyllda med tidningar, magasin och reklamblad. På väggarna finns några hyllor och anslagstavlor där föreningsinformation, protokoll, notiser och reklam finns uppsatta. I rummet finns också en tv-apparat. Besökare kan låna svenska dagstidningar – lokalt distribuerade pdf- versioner av DN, Expressen och Aftonbladet – och ta med sig ett exemplar från bunten av de magasin som de lokala skandinaviska medieföretagen lagt ut. Rummet är verkligen en samlingssal. I normala fall används det ungefär som ett kafé där besökare sätter sig för att läsa en tidning eller träffa bekanta. Vid specifika tillfällen används rummet också som pub eller för olika evenemang. Vid flera tillfällen har jag själv varit närvarande i tillställningar där man helt enkelt skjutit ihop borden, riggat upp en projektor och låtit en föredragshållare presentera något av intresse.

Rum nummer två är betydligt mindre. I detta rum håller föreningens ordförande ofta till när klubben är öppen och medlemmarna besöker det för att få service och uträtta ärenden. Det är således föreningens expedition som finns här. Bredvid expeditionen finns tre datorer med internetuppkoppling som medlemmarna fritt kan disponera. Mittemot finns en mindre serveringsdisk där det går att beställa enklare förtäring och dryck. I köket finns i allmänhet också veckans serveringspersonal och då och då dyker klubbmästaren upp – den person som ansvarar för klubbens drift genom att bland annat göra inköp och beställa varor samt sköta om datorerna. Expeditionen är belägen i ett litet rum där mycket händer och för att komma in till föreningens andra stora samlingssal och bibliotek, eller för att besöka toaletten, måste man passera genom rummet.

Det tredje rummet i AHN:s klubblokal är också huvudlokalen för föreningens aktiviteter och evenemang. Det är ett stort rum med flera bord, stolar och en soffa. Efter väggarna står hyllor fyllda med böcker – de flesta på svenska. På dagtid är detta rum ofta bokat för olika möten och aktiviteter. Regelbundet arrangeras också större evenemang som till exempel föreläsningar (jag har själv haft förmånen att uppträda i en sådan) och tv-sända fotbollsmatcher.

Det är uppenbart att en förening som AHN måste ha en funktionell klubblokal. Två stora samlingslokaler är i allmänhet tillräckligt för föreningens aktiviteter men lokalen har naturligtvis också sina begränsningar om intresset är stort. Vissa av föreningsaktiviteterna, till exempel diskussionsklubben på torsdagarna eller påskmiddagen, skapar trängsel i lokalerna. Det blir ibland ett hårt tryck på expeditionen från alla dem som vill boka en resa eller köpa en "greenfee" (de avgifter som man normalt får betala för att spela på en golfbana) samtidigt som de ska betala sina medlemsavgifter. Under stora publika tillställningar får serveringspersonalen fullt upp med att sälja, servera och städa undan. Serveringen har en viktig funktion eftersom många besöker lokalen av sociala skäl. Men vid andra tider än de publikdragande evenemangen och tiderna runt de mest populära aktiviteterna kunde klubblokalen vara ganska enslig. När jag i december 2014 besökte föreningen precis före juluppehållet var en svensk snickare på plats för att bygga om köket. En vägg skulle flyttas för att få mer plats i köket utan att expeditionsrummet skulle bli ännu trängre.

Många av besökarna slår sig ner i det stora serveringsrummet med en tidning, en kopp kaffe och en smörgås eller kanelbulle – favoriten bland svenskarna i södra Spanien! En del tycktes vara regelbundna besökare som jag såg vid flera tillfällen. Det uppstod ofta spontana sällskap vid kaffeborden. Många tycktes känna igen varandra sedan tidigare men jag noterade också att sällskap bildades av personer som inte föreföll vara personligt bekanta med varandra. Vid något tillfälle hamnade jag själv i sådana mindre sällskap och det gick heller inte att helt undvika att höra vad som avhandlades vid grannborden. Samtalen skiftade givetvis från händelser i den närmsta omgivningen till aktuella världshändelser. Jag lade dock märke till att samtalen i hög grad handlade om företeelser i det svenska samhället. Vädret i Sverige ("det har visst varit ovanligt kallt för årstiden i år") tycktes vara ett intressant konversationsämne och dessutom handlade många samtal om aktuella sporthändelser ("Ska Zlatan spela?", undrade någon apropå en kommande VM-kvalmatch i fotboll). De flesta av dessa besökare verkade vara i övre medelåldern eller äldre och det var sällan jag hörde något annat språk än svenska talas i lokalen.

I samband med detta kan jag också nämna att Svenska kyrkan i båda dessa orter har en liknande social funktion i sin verksamhet. Också kyrkan har regelbundna öppettider som tillåter viss service och sociala aktiviteter. Ett besök i kyrkolokalen behöver inte vara knutet till kyrkans religiösa sida utan där kan man helt enkelt gå för att få en portion socialt umgänge med fika eller för att låna en bok eller använda en dator med internetuppkoppling. Ibland har man också olika sociala arrangemang på kvällar eller under dagtid. Många besöker kyrkan av sådana sociala skäl och bryr sig inte alltid om vad som händer i kyrkan i övrigt (även om uppslutningen i gudstjänster och kyrkliga ceremonier är relativt god). Kyrkan i Fuengirola har blivit ett favorittillhåll för många av traktens svenskar. Kyrkan är belägen i centrum en trappa upp från gatan med en terrass vänd mot söder där kaffeborden står utplacerade i flera sittgrupper. Det är en fantastisk plats för socialt umgänge som många uppskattar och besöker regelbundet. Under mina vistelser i Fuengirola brukade jag ibland köpa en kopp kaffe i kyrkans servering och slå mig ner i solskenet som många andra gjorde. Jag lade märkte till att många besökare verkade komma in på ett spontant besök för att se om någon bekant satt där. Vid den här tiden var det också en grupp föräldrar med små barn som brukade träffas i kyrkans samlingssal och en grupp kvinnor som vid bestämda tillfällen träffades för att tillsammans arbeta med sina textilhantverk.

Lokalernas lämplighet och geografiska läge tycktes vara ett ständigt huvudbry för Más Amigos, som är den största föreningen för svenskar i södra Spanien (i hela världen, hävdar en del). Som sådan har föreningen många aktiviteter och hundratals besökare varje vecka. Föreningens klubblokal är inte bara en social träffpunkt utan också en arbetsplats för flera anställda. Lokalen utgörs av en relativt stor lägenhet i botten-våningen av en fastighet i utkanten av Torrevieja. I denna lokal ryms en entré – med soffor, fåtöljer, hyllor och anslagstavlor – en expedition, som varje dag under säsongen har öppettider mellan klockan 10 och 15, kontorsutrymmen för föreningens personal och ett rum som är kombi-nerat bibliotek och serverings-/samlingsrum. Det är ett tiotal personer som har sin arbetsplats här. Till dessa hör de som arbetar i kansliet och

Figur 5. Julbasar i Svenska kyrkan, Fuengirola i november 2014. Foto: Jonny Erixon. Fotot är reproducerat i boken med tillåtelse av fotografen.

dess personal (kontor, ekonomi, expedition, IT med mera), Bulletinens redaktion, föreningens ordförande och biblioteket. I ett trångt utrymme finns dessutom några datorplatser med internetuppkoppling som besökare kan boka in sig på. I biblioteket/samlingsrummet finns ett tiotal mindre bord med sittplatser och en teveapparat som alltid tycks vara inställd på SVT:s utlandssändning. Här kan man låna böcker och köpa sig en kopp kaffe. Under flera år har föreningens styrelse diskuterat frågan om hur de ska kunna skaffa en större och mer funktionell lokal. Det krävs större och bättre utrymmen för olika aktiviteter men anskaffandet av en sådan måste balanseras mot de ekonomiska riskerna med att äga en lokal. Jag noterar för övrigt att föreningen på sin hemsida informerar om en kommande renovering av klubblokalen maj-september 2018.

Exemplen och beskrivningarna ovan pekar på att lokalerna är centrala byggstenar i föreningarnas sociala engagemang. Därför får lokalfrågorna stor uppmärksamhet i framförallt de stora föreningarna. För att besökare ska känna sig välkomna och hemmastadda i klubblokalen krävs en bra plan för hur lokalerna ska disponeras. Tillgången till lokaler är samtidigt både en förutsättning för och en begränsning av det sociala liv som föreningarna kan arrangera. En inbjudande klubblokal är en klar fördel som de stora föreningarna utnyttjar. Föreningen kan annonsera sin verksamhet och erbjuda en träffpunkt med service till medlemmarna. Dessutom kan föreningen ha arrangemang med den regelbundenhet som krävs för att en förening ska bli en institution bland de nätverk där medlemmarna finns. Det finns dock föreningar som väljer att istället hyra lokaler då det behövs och i övrigt klara sig med hjälp av privatbostäder och restauranger för sina möten. De flesta av dem är ganska små föreningar som därmed också har begränsade möjligheter att kunna växa i storlek. Ett exempel som emellertid går emot strömmen är Klubb Torrevieja. I grunden är detta ett nätverk av svenska migranter i Torreviejaområdet som regelbundet arrangerar möten i en lokal restaurang. Detta sätter givetvis en prägel på vilka aktiviteter som detta nätverk kan ta ansvar för men genom en aktiv epostlista arrangeras en rad olika sociala aktiviteter som tycks få stor uppslutning.

Det sociala hemmet

De sociala aktiviteternas centrala plats i föreningarnas verksamhet märks tydligt i fullspäckade evenemangkalendrar. Under rubriken

"Höstens temakvällar" räknar Club Nórdico (Costa Blanca) upp följande schema för hösten 2013:

7 oktober – höstens resor
14 oktober – höstens resor
21 oktober – vinprovning
26 oktober – stadsvandring i Torrevieja med Enrique Garcia och Paco Sala
11 november – trivselkväll (pubkväll) med styrelsemedlemmar
18 november – kulturkväll
25 november – visafton, melodikrysset med Bosse Trubadur"
(Nordíco Nytt, 2013, nr 3:7)

Club Nórdicos kalender informerar här om föreningens temakvällar. En temakväll har, som namnet avslöjar, ett bestämt innehåll. Oftast handlar det om ett föredrag i avslappnad samvaro över ett glas vin eller en informationsträff med en revisor och skatteexpert. Men ibland kan det således också vara ett bestämt utflyktsmål med kulturellt innehåll. Under en särskild rubrik i samma nummer av tidningen finns dessutom ett kalendarium för föreningens planerade utflyktsresor. På schemat står bland annat en resa till Alicante (16 oktober), en resa med det nya snabbtåget AVE till Madrid (4 november) och en resa till östra Andalusien (Jaén och Cordoba) senare under hösten (18 november). Förutom detta har tidningen annonser för en gemensam picknick, månadslunch, julmarknad samt ett antal kurser i till exempel spanska, måleri, dans och bridge.

På liknande sätt fyller Más Amigos sin säsong med sociala samkväm och sociala aktiviteter. I medlemstidningen Bulletinen finns ett antal sidor reserverade för "Föreningsaktuellt" där det presenteras information om föreningens alla aktiviteter och evenemang, klubblokalens öppethållande och tider för föreningsmöten. Föreningen påminner också om bland annat följande aktiviteter för våren 2014: "8 mars, Internationella Kvinnodagen – El Paraiso", "11 mars kl 20:00, Dansafton" och "15 april, Bussutflykt till Finca Rebate". Annonserna presenterar evenemanget med en kort innehållsbeskrivning och en prisangivelse. I denna del av tidningen ges också korta reportage från tidigare utflykter under säsongen.

AHN (Fuengirola/Mijas) har inte någon medlemstidning att erbjuda sina medlemmar. Men som många andra föreningar och organisationer har de en hemsida på vilken de annonserar om en rad sociala aktiviteter. Festerna och utflykterna utgör standardutbudet men det finns ett antal aktiviteter för dem med specialintresse för till exempel golf, motorsport eller vinkultur. En hel del av aktiviteterna berör dessutom samhällsfrågor, hälsa och motion.

Som Sigrid påpekade i ett tidigare citat kan motions- och frisk-vårdsrelaterade aktiviteter också ses som en social aktivitet. Flera för-eningar har instruktörsledda gymnastikpass på stranden som tycks samla ganska många deltagare. Promenader och vandringar både i strandmiljö och i naturområden, cykelturer, golfkurser och boulespel är andra vanliga aktiviteter. Dessutom anordnas läsecirklar och debat-ter. Den här typen av sociala aktiviteter finns inte enbart bland de stora och resursstarka föreningarna. De flesta mindre och lokalt baserade föreningarna har liknande utbud av sociala aktiviteter även om det inte sker lika regelbundet. Club Sueco är ett exempel. På hemsidan nämns en rad fritidsaktiviteter som bingo, golf och boule men i fören-ingen finns också

"Aktivitetssektionen med en aktivitetsgrupp, som ordnar alla våra fester och sammankomster.

Första torsdagen i månaden är det damlunch, som deltagarna turas om att hålla i. Ca fyra söndagar om året träffas vi i Romerian under trevliga former. Klubben anordnar paella varje 29 eller 30 december i Romerian till en billig kostnad. Information finns alltid på anslagstavlorna. *

I januari eller februari ordnas en bilorientering ca 15 mil lång med frå-gesport och avslutning i Romerian, där det bjuds på förtäring medan vi inväntar att alla deltagare ska komma in. Därefter blir det prisutdelning." (Clubsueco 2014)

Efterfrågan på sociala aktiviteter och mötesplatser är stor. Samtidigt finns i intervjuerna berättelser om ensamhet och alienation. Det finns många som på grund av dödsfall, skilsmässa eller andra skäl lever ensamma och som på grund av främlingskapet i Spanien har svårt att få ett socialt liv, säger berättelserna. Framförallt på grund av språket blir svenskarna i södra Spanien hänvisade till andra med samma bakgrund. Föreningsaktiva tycks här ha en samstämmig uppfattning om att för-eningarna har en viktig plats i dessa ensamma svenskars liv. Det är helt enkelt mycket enklare att få kontakt och framförallt utbyta tankar och erfarenheter med en person som man delar språk och en gemensam situation med. I föreningslivet kan människor mötas och då dessutom hitta lösningar på gemensamma vardagsproblem.

Mina samtal med föreningsaktiva visade mycket tydligt att det finns en medvetenhet om att social gemenskap med "kvalitet" är det som svenskarna efterfrågar. Svenska kyrkan är den institution som många svenskar utomlands vänder sig till när de söker social gemenskap och stöd. Framförallt är det ett rikt förenings- och församlingsliv som finns kring kyrkan och som många upplever som "ett andra hem" – en metafor som för övrigt tycks vara en del av församlingarnas självbild (Jeppson Grassman & Taghizadeh Larsson 2012:157). Det är många svenskar i södra Spanien som har stort förtroende för kyrkan utan att för den skull ha något religiöst intresse. Mina intryck är att det i föreningarna finns en liknande vilja att ta ansvar för det sociala livet genom att skapa en hemkänsla och stå för trygghet i de svenska nätverken. Ett citat från en erfaren föreningsaktiv visar detta:

> "Det finns sådana som vill ha det så här och som vill ha det ännu mer. Sådana som har varit på varenda tipspromenad, som varit på varenda temakväll och som följt med på varenda långresa och tvådagarsresor. Och så kommer dom och säger nu 'ska vi inte ha bingo också?' Min hustru försökte dra igång bingo men det gick inte. Men då säger de: 'kan vi inte träffas i maj på klubben och titta på Melodifestivalen tillsammans?'"

Informanten syftar här på en kärna av medlemmar som tycks "flytta in" i föreningen. De tillbringar mycket tid i föreningens lokaler och deltar i så många aktiviteter som de hinner med. I ett föreningsperspektiv handlar det om att locka många medlemmar med hjälp av attraktiva aktiviteter men också om att se helheten och anpassa kostymen. En förening kan göra bedömningen att alltför populära aktiviteter i längden inte gynnar föreningen därför att det saknas lokaler eller resurser men också för att de kan ge föreningen dålig reklam. Föreningarnas vision är snarare att ta plats i de svenska sociala nätverken, ingjuta ett förtroende och bli en viktig faktor i migranternas tillvaro. De aktiviteter som hamnar på repertoaren är därför inte enbart sådana som lockar stora antal utan det är också sådana aktiviteter som de föreningsaktiva anser vara viktiga och nyttiga. Föreningarnas satsningar på vandringar är exempel på seriösa aktiviteter som ska visa var föreningen står, trots att aktiviteterna i sig inte har lockat särskilt många deltagare.

Att ge hemkänsla

För många av Spaniensvenskarna handlar julfirandet om att resa till Sverige några veckor. De som stannar i Spanien tycks emellertid ofta praktisera de svenska traditionerna med julpynt och julmat så gott det går. En del bjuder ner sina familjemedlemmar från Sverige medan andra firar jul i föreningarnas regi.

Kyrkorna och föreningarna tar initiativ för att ge många av svenskarna i Spanien tillfällen att fira såväl traditionstyngda högtider som andra festligheter. Konceptet är enkelt: mot en bestämd summa, till exempel 25 euro, erbjuds gästen den aktuella måltiden och i allmänhet ingår generösa mängder med dryck. I föreningarnas perspektiv är tradition och känslor viktiga inslag vare sig det handlar om fester eller någon annan aktivitet.

Scenen med föreningens "återvändarfest" i inledningen av boken är ett exempel på social aktivitet som inrättats för att stärka samhörighet. Många Spaniensvenskar är i Sverige under sommaren och kommer tillbaka till Spanien under andra halvan av september eller början av oktober. Det är detta som föreningen här passar på att fira. Det hindrar inte att många av dem som deltar i sådana festligheter, även på den återvändarfest jag skildrade här, är kvar i Spanien under hela sommaren. En del har helt enkelt definitivt flyttat till Spanien och mer eller mindre kapat banden med Sverige, andra väljer av olika skäl andra resmål under sommaren.

Traditioner som julbord, påskmiddag, mårtensafton, kräftskiva, surströmmingsfest och adventsfirande arrangeras av de flesta större sociala föreningar i dessa områden. Club Nórdico (i Costa del Sol) är ett exempel på en förening som blivit känd för sina sociala samkväm och under fliken "Underhållningar" på föreningens hemsida (Club Nordico Solkusten 2014a) utlystes (2014) den kommande säsongens utbud.[13] Den stora efterfrågan gör emellertid att det gäller att hänga på låset. Platserna till de mest traditionstyngda festerna i föreningarnas evenemangsutbud blir ofta slutsålda samma dag som de annonseras ut.

"... viktigt att anmäla sig i god tid (för att få plats). Kräftskiva, Höstfest, Luciafest, Julfest och Nyårsfirande, Vårfest, Räkfrossa och Påskfest." (Club Nordico Solkusten 2014b).

Pris, medlemskap och tillgänglighet är några anledningar till att inte alla får chansen att delta i dessa firanden. Det finns dock möjligheter

---

[13] Här citeras den hemsida som föreningen använde vid tiden för min forskning. Föreningen har sedermera bytt hemsideadress, se http://www.clubnordico.eu/, och uppdaterat information och rubriker.

att uppleva en smula svensk julstämning på andra sätt. Kustradions inbjudan till adventsfirande illustrerar ett sådant tillfälle:

> "Den 30 november har vi öppet hus med glögg och pepparkakor, konstutställning tillsammans med Svenska Magasinet. Traditionen är återupptagen efter ett par års ide, så kom och hälsa på oss igen. Vi har portarna öppna mellan 14 – 16." (Kustradion 2014)

Denna tillställning ägde rum i Fuengirola en lördag eftermiddag inför första advent 2014. Arrangören var ett välkänt nordiskt medieföretag i Spanien som också äger Kustradion. Jag tog tillfället i akt att uppleva lite svensk adventsstämning (samtidigt som jag givetvis kunde göra en del observationer). Intresset för firandet var tydligen stort. Jag kom till lokalen ganska tidigt efter att firandet påbörjats men trots det så var den redan till hälften fylld med svensktalande adventsfirare. Trots att det var palmer och blommor som vaggade på terrassen utanför så hade företaget här lyckats skapa något av en adventsstämning. Rekvisitan bestod av levande ljus, plastgran, kulörta lyktor och glittrande dekorationer. I en provisorisk bar serverades glögg i små glas. Serveringspersonalen trippade runt i sina tomteluvor och serverade besökare pepparkakor, godis och något som påminde om knäck. Kustradion passade på att kalla in utvalda personer för en intervju i den närliggande studion.

I det glöggdoftande minglet såg jag några enstaka bekanta ansikten och hälsade som hastigast. Det verkade som om lokalen delades upp i små klungor där personerna redan kände varandra så det var svårt att få en spontan pratstund med firarna. Så småningom träffade jag dock en av personerna bakom arrangemanget som också är en av delägarna i medieföretaget. Jag bytte några ord med honom och föreslog att vi skulle träffas vid ett senare tillfälle. "Tyvärr, i så fall måste det ske snabbt", svarade min nyvunne bekant. Efter en skämtsam utvikning om det bistra klimatet i Spanien avslöjade han att redan någon dag senare skulle resan gå till Thailand, där han brukade spendera "vintermånaderna". Trängseln i lokalen tilltog och i takt med glöggkonsumtionen blev ljudnivån snart ganska påfrestande. När jag så småningom fått nog av larmet, glöggen och adventsträngseln gick jag därifrån. Jag minns att jag då på den stillsamma gatan, i solen och med den ljumma havsbrisen i ryggen, när den svepte längs de vitkalkade husväggarna, kände mig som nyss utkommen från en annan värld.

Det krävs inte så mycket rekvisita för att åstadkomma de adventsnära känslor som jag beskriver ovan. Tricket består snarare i en förmedling av de känslor som finns investerade i en tradition. Ett liknande exempel på arrangemang som knyter samman evenemang med känslor är den uppmärksammade julgransceremonin på Torreviejas torg. Den sker alltid i samband med första advent. Hösten 2014 annonserades denna tradition med en suddig bild på något som föreställde en jättelik gran och med följande text:

"Julgranständning, söndag 30 november ca.17:30
   1:a Adventfirande
   När mässan är slut i kyrkan samlas man på det stora torget där den svenska granen kommer att tändas. Stor och ståtlig står den där bland alla palmer och kaktusar, och efter sin långa väg från smålandsskogarna fraktad med långtradare ska den tändas av Per Erik Persson som bekostat det hela.
   Julgranständning
   Granen skall ses som en gåva till det spanska folket, bakom står ett samarrangemang av kyrkan och de båda nordiska organisationerna, och från Torrevieja deltar alltid någon representant från kommunen. Sannolikt blir det "vårt eget" kommunalråd Rosario Martinez Chazarra som tidigare år medverkat.
   På torget råder full aktivitet med servering och underhållning. På plats finns Más Amigos, Club Nòrdico och Svenska Kyrkan som serverar glögg, varm korv, pepparkakor och kaffe, och på scenen blir det sång av barnkör, nordisk eller spansk, samt av Coro Nòrdico tillsammans.
   Tid: Söndagen, 30 november efter mässan ca. kl.17:30
   Plats: Plasa de la Constution, Torrevieja"
   (Más Amigos 2014 - internethemsida, stavfelen i original)

Julen och för den delen också andra högtidligheter, kryddas med en rad traditionsbärande ingredienser. Det finns ofta också olika slags ritualer knutna till dessa festligheter. Jag skulle emellertid gissa att sådana trick som till exempel en julgransresning eller glöggbjudning, inte skulle ha varit så uppmärksammade i Sverige som i Torrevieja. En ljummen eftermiddag på torget i Torrevieja är det annorlunda. Människor som känner sig främmande(-gjorda) på grund av språk och av att de, självvalt men ändå, lever utanför sin (forna) hemmiljö har förmodligen lättare att finna nostalgi kring detta arrangemang. Det svenska ursprunget blir synliggjort och förknippas med en gemensam kulturell sedvänja. Genom att ta plats i publika evenemang slår föreningarna två flugor i en smäll. De blir både representanter och kanaler för de känslor som hemlandet, ursprunget och kulturen framkallar samtidigt som de är ambassadörerna för svenskarnas sak i Spanien.

Jag tror att de flesta svenskar som deltagit i sådana traditionstyngda tillställningar bland utlandssvenskar har upplevt den känslomässiga laddning som ofta kan ta över. Precis som med kyrkobesöken så betyder det inte att de personer som deltar alltid är så trogna dessa traditioner i sitt liv i Sverige. Inramningen av arrangemanget har här stor betydelse för kanaliseringen av känslorna. Det är uppenbart att föreningarna här ger sig in på ett välkänt territorium där de nationella traditionerna används för att skapa känslor kring en gemenskap (Fortier 2006; Tallgren 1999).

Jag menar dock att det finns fler lager i denna observation om traditionernas plats i föreningsverksamheten. Anledningen till att föreningarna arrangerar fester handlar inte om brist på möjligheter att fira till exempel advent i Spanien eller njuta av den annars så saknade kulinariska upplevelsen av surströmming. Det handlar snarare om att erbjuda den sociala dimension som går utöver den individuella erfarenheten av detta. Den kollektiva tillställningen gör att deltagarna delar känslor i den gemensamma upplevelsen och visar upp "vilka vi är" (Fortier 2006). Att festen äger rum i detta (svensk)spanska sammanhang är själva poängen. Arrangemanget ger ett tillfälle till känsloupplevelser mellan landsmän i en spansk omgivning. Att äta traditionella maträtter, dricka nubbe och öl samt sjunga välkända snapsvisor i denna, tillhör visserligen den svenska traditionen men det är en annan sak att uppleva det i Spanien. Samma sak är det med de arrangemang där kända svenska artister uppträder med covers på välbekant musik. Dragplåstret till sådana tillställningar är nog sällan själva musikupplevelsen utan det är samspelet mellan musik och arrangemang i denna inramning som är tricket. I sådana sammanhang är känslorna i hög grad knutna till den gemenskap som upplevelsen av att delta i arrangemanget vid just detta tillfälle innebär. Det finns i detta ett slags implicit formel som handlar om "att komma från samma land" också innebär "att sitta i samma båt".

Det finns i södra Spanien hur många tillfällen som helst att delta i festligheter och på andra sätt uppmärksamma svenska traditioner. Detta kan göras individuellt eller i små sällskap eller familjer och i Sverige görs just detta – förmodligen också utan avsikt att knyta det till något svenskt. Men mat och för den delen också musik har visat sig bära på särskilda emotionella laddningar som aktiverar minnet till hemmet och hemlandet (Brown 2011; Walker 2012). Det är som organisatör av detta firande som föreningarna kommer in. Föreningarna kan tillgängliggöra fester och sociala aktiviteter för individer på ett språk som denne förstår och som upplevs som ett slags gemenskap i nationella termer. Detta förklarar också varför många fester som firas i föreningarna har anknytning till *svenska* traditioner. Det är sällan som evenemangen i dessa föreningar uppmärksammar det gemensamt nordiska och förutom maten (någon enstaka gång också musiken) är det "spanska" så gott som frånvarande. De nationella traditionerna är enkla att lansera som symboler för hemland och hemlandskänsla. Det finns många symboler för detta svenska också utanför det rituella och festliga. Fikat, kanelbullen och pepparkakan som är standard på föreningarnas menyer.

Med detta skapar föreningarna trivsel och hemkänsla och bäddar därför in sina besökare i något som de tror att de flesta känner igen sig i. I föreningarnas verksamhet byggs det in ett slags *patos* (Börestam 2011) bestående av värden som trygghet, hem och hemlikhet. Min gissning är också att denna dimension blivit allt viktigare för föreningarna eftersom de svenska nätverken i de större orterna i södra Spanien inte längre består av människor som är bekanta med varandra. De större föreningarna rekryterar medlemmar från relativt spridda nätverk och behöver därför tydliga gemensamma nämnare som, paradoxalt nog, erinrar om det frånvarande.

I den sociala profil som de aktuella "nordiska" föreningarna utvecklar är det således främst svenskarnas tillvaro (och inte till exempel norrmännens eller finländarnas) som sätts i centrum. Att döma av de sociala aktiviteter som kommer upp på repertoaren syftar man heller inte på vilken svensk medborgare som helst. Modellen för en föreningsmedlem är någon som passar in i sammanhanget, som vet vad det handlar om när man sjunger med i en visa av Evert Taube, vet vad som står på bordet vid kräftskivor och surströmmingsfester och som dessutom vet vad som förväntas när någon klingar i glaset och utbringar en skål! Det handlar om svenskar som kan sjunga med (eller åtminstone mumla) i snapsvisorna, som vill ha kanelbullar och pepparkakor till kaffet och som får blodet att svalla när ishockeylandslaget möter Finland eller Ryssland. Det som många uppfattar som svenskt och välkänt i detta sammanhang spelar på en känslomässig sträng. Som Anna Gavanas noterar i sin bok är det inte alla som har möjlighet att gå med i en förening, kanske för att de inte har råd eller för att de inte passar in (2016: 98-105).

För att uppfylla de underförstådda krav som finns för att kunna tillgodogöra sig denna hemkänsla ska man således behärska det svenska språket fullt ut och vara välbekant med gamla svenska traditioner. Här utvecklas ett slags pragmatisk emotionellt laddad diskurs (jämför Lutz & Abu-Lughod 1990) med nostalgi kring svenska traditioner och hemkänsla som starka ingredienser. Diskursen är verktyget, instrumentet, för en gemenskap snarare än att det är en given gemensam nämnare som alla är överens om (Naldemirci 2013). Som bland annat Henrik Tallgren (2000) visat i sin studie av svensk-amerikaner i Kalifornien används i liknande sammanhang ofta "gripbara etniska attribut" (Tallgren 2000:163) för att synliggöra gemenskapsprojekt av den här typen.

Profilerade medlemmar

De sociala aktiviteter som kommer in på föreningarnas aktivitetsrepertoar är avsedda för de migranter som är bekanta med den svenska traditionen, de sociala koder som figurerar där och som dessutom har mycket bra kunskaper i det svenska språket. Det finns tydliga nationalistiska inslag i detta som spelar på nostalgi och känslor av att höra hemma. Likväl finns här en pragmatisk dimension som stämmer väl överens med föreningarnas uppbyggnad på det sätt som beskrivits i kapitel fem.

Föreningarna tycks i huvudsak vända sig till en (tänkt) medlemskår som är i övre medelåldern eller äldre. Det är förutom traditionella fester också de klassiska fritidsaktiviteterna för den "mogna" publiken som hamnar på repertoaren. Sällskapsaktiviteterna består i huvudsak av boule, bridge, vandringar, gymnastik, hantverk och vinprovning. Jag tror inte att unga svenskar skulle känna sig lika hemtama i vare sig festligheterna eller de övriga aktiviteter som föreningarna erbjuder. Jag kan heller inte påminna mig att jag ens sett några ungdomar i klubblokalerna – och jag föreställer mig att de som invandrat till Sverige känner en viss distans till detta.

Sigrid, som jag tidigare citerade tidigare i kapitlet (avsnittet *Tillsammans*), berättade också om att hon som ordförande också försökte förnya föreningen. I mina ögon framstod emellertid de försök hon nämnde som ytterligare aktiviteter som skulle komma främst pensionärer till godo. I ett försök att utmana Sigrid påpekade jag att ungefär hälften av svenskarna som bor i Spanien är yngre än fyrtiofem år. Jag kan här erkänna att mitt "statistiska" argument förmodligen inte stämmer så bra med verkligheten i just södra Spanien. Det gav mig i alla fall ett bra tillfälle att få Sigrid att sätta sina initiativ i relation till den sociala mångfald som finns bland de svenska sociala nätverken där. Så jag undrade om det verkligen kunde vara promenader i lätt terräng och strandgympa som ska locka fler medlemmar? Sigrid medgav att det hittills varit svårt att få de yngre, de som inte är pensionärer, att komma till föreningen. Föreningen "sitter fast i gamla hjulspår" och har inte förmått ändra inriktning, menade hon. Å andra sidan:

> "... det är ju det jag har försökt jobba lite .... att det här inte skulle bli en pensionärsklubb. Utan man skulle kunna ha, ta hand om lite det här, dagverksamhet eller på lördagarna. Jag försökte flytta [verksamhet till] lördagen och man skulle kunna ha öppet hus på lördagen för att det är viktigt för de här [som arbetar]. För jag har pratat med yrkesarbetande svenskar som saknar den här gemenskapen. Att de jobbar och sen skulle de kunna gå dit och sitta och fika tillsammans. Sen tror jag att det skulle behöva blandas upp. Så att det inte blir en pensionärsklubb, utan det blir både och."

Trots allt bekymrade sig Sigrid en del för den åldersnormativa inställning som hennes förening åtminstone tidigare gjort sig skyldig till. Inte ens så enkla åtgärder som att flytta öppettider till tidpunkter som också kunde passa yngre besökare, kunde hon genomföra. I samtliga de föreningar jag besökte var klubblokalen normalt sett öppen under dagtid på vardagar men var stängd under andra tider som bättre skulle passa förvärvsarbetande och skolungdomar.

Därför är det inte sociala aktiviteter i bemärkelsen att de skulle vara designade för alla åldrar eller nationaliteter. Möjligtvis är aktiviteterna heller inte riktade till alla sociala grupper i samhället. Det gör inte föreningarnas medlemskår socialt homogena. Bland medlemskåren i de stora föreningarna finns unga likväl som mycket gamla människor men de flesta är troligtvis i åldern 60–75 år. Av de aktiviteter som står på föreningarnas dagordning att döma är det dock en modern, aktiv och resvan person i den åldern som föreningen i första hand tycks se framför sig. För att orka hänga med på vandringar i de ganska branta bergspartierna i Andalusien, de långa promenaderna, cykelturerna och de intensiva gymnastikpassen, krävs en ganska god fysik. Även övriga populära aktiviteter – till exempel bokcirklarna och kurserna i dans, språk och yoga – riktar sig till vitala deltagare. Med andra ord tycks det vara "yngre" och fortfarande vitala pensionärer som i första hand tycks bli föremål för medlemsrekryteringarna till de stora föreningarna. Det pragmatiska inslaget i detta har givetvis med antalet att göra men förmodligen också med att det är här intresse och ekonomiska förutsättningar för aktivt medlemskap finns.

Föreningar med patos

Jag har i kapitlet gett en rad exempel på hur vissa festligheter – till exempel i samband med advent, jul, påsk och andra traditionella högtider – blir viktiga dragplåster i föreningens verksamhet. Vägen till medlemmarnas hjärtan går genom den typ av sociala aktiviteter som skapar trygghet och hemkänslor. De stora föreningarna lägger stor vikt vid att den hemkänsla som deras aktiviteter skapar också ska omfatta vardagslivet. Detta visar sig i att föreningen håller en lokal där individer ska kunna bryta sin sociala isolering och i övrigt kunna upprätthålla vardagliga och välbekanta rutiner. Små vardagligheter som att läsa tidningen och uträtta ärenden vid bestämda tider är viktiga för att upprätta en rutin. Möjligheten att få låna böcker på svenska, ta en fika med kanelbulle, träffa vänner och prata svenska med dem tillhör i detta fall hemkänslan. Föreningslivet är den sociala praktik som så att säga gör individernas behov av socialt liv till en gemenskap i en spansk kontext som går via det vardagliga, välbekanta och lite "banalt" (Billig 1995) nationalistiska.

De sociala föreningarna och kyrkan har i det avseendet samma anspråk nämligen att utgöra ett "andra hem" för dessa utlandsboende svenskar (jämför Jeppsson Grassman & Taghizadeh Larsson 2012). Trots sitt allnordiska anspråk har de större föreningar som jag undersökt inte på allvar riktat sin rekrytering mot andra än svenskar. I detta avseende motsvarar föreningarna den allmänt vedertagna föreställningen om etniska föreningar, det handlar om sociala klubbar som i stort sett uteslutande använder det nationella språket i sina fester, sociala samkväm och andra aktiviteter.

Med sin möblering av detta andra hem i form av aktiviteter och lokaler tar föreningarna den emotionella ingången till svenskarna i nätverken. En populär verksamhet ger självfallet föreningen fler medlemmar men verksamheten måste också fungera åt det motsatta hållet. Det måste vara "bra" aktiviteter ur föreningens synvinkel. Verksamheten ska vara ekonomiskt och praktiskt genomförbar och den ska verka för en "god" sak som i ett längre perspektiv också upprätthåller en bild av föreningen som seriös och pålitlig. För att få denna ekvation att gå ihop profilerar föreningarna sin verksamhet. Tyngdpunkten hamnar på vissa typer av sociala aktiviteter och evenemang – de som antas vara efterfrågade och attraktiva och de som är möjliga samt ekonomiskt lönsamma och försvarbara.

Sammanfattningsvis liknar föreningarnas verksamhet och profilering av den ett socialt projekt. Detta äger rum på ett sätt som liknar de tidiga tyska migranternas sociala mobilisering i USA för kanske hundra år sedan (Conzen 1989). Organiseringen av migranterna tycks rikta sig till "alla" men i praktiken skickas inbjudan i första hand till vissa (i tyskarnas fall) politiska och klassmässiga segment. I det Spaniensvenska exemplet märks vissa sociala tyngdpunkter i de aktiviteter som gemenskapen byggs kring. Föreningarna profilerar sig i det avseendet i relation till framförallt ålder (pensionärer) och i viss mån också till klass (medelklassen). Det finns dessutom en tydlig etnisk och kulturell aspekt som präglar föreningarnas sociala projekt. Det är från denna studie uppenbart att föreningarnas sociala aktiviteter är en aktiv medskapare till den svenska gemenskap som spelas upp där och som i huvudsak rekryterar bland de äldre svenskar som tillhör något av en medelklass.

Min observation om föreningarnas profilering betyder för den skull inte att samtliga medlemmar i föreningarna (och framförallt inte de som sällan eller aldrig besöker en sådan förening) ständigt känner sig som etniska svenskar med denna typ av förtecken. Tvärtom finns det många olika inställningar till umgänget med landsmän och deltagande i svenska sammanhang i Spanien (jämför Gavanas 2016; Lundström 2014; Woube 2014). Den poäng jag vill göra här är att föreningarna mobiliserar svenskarna i denna riktning och att ju starkare denna diskurs om en svensk nationell tradition och etnisk härkomst etableras i den sociala praktiken desto skarpare blir gränserna till dem som inte passar in i den diasporiska gemenskapen.

7. Den nyttiga föreningen

Förr eller senare blir det vardag i livsstilsmigranternas liv. De flesta behöver någon gång besöka tandläkaren. Om deras spanska inte är särskilt bra, hur gör de? Kan man gå till en lokal spansktalande tandläkare utan att riskera en felbehandling? I Nórdico Nytts novembernummer 2014 (nr 4) får (den svenskspråkige) läsaren tips på vad man ska säga:

> "Hos tandläkaren – Konsulta [sic!] del dentista
> Jag har tandvärk – Tengo dolor de muela
> Jag har haft ont ...... dagar - Tengo dolor desde ...... dias
> Jag har bitit av en tand – Tengo un diente roto
> Det ilar i en tand – Tengo un diente muy sensible
> Min protes har gått sönder – Mi protesis esta roto
> Jag har tappat en plomb – Tengo un empaste roto
> Tandsten/ plomb/ amalgam/ plastfyllning – Sarro/ empaste/ amalgama/ cömposite [sic!]
> Stiftkrona/ guldkrona/ brygga/ delprotes i metal/[sic!] – Corona con pin/ corona de oro/ puente/ protesis porslinparcial de metal/ porcelana
> Det gör ont i tanden när jag intar något kalt [sic!]/varmt – Me duele el diente cunado [sic!] tomo algo frio/caliente
> Tanden måste röntgas/ lagas/ rotfyllas/ dras ut – Hay gue [sic!] hacer una radiografia/ un empaste/un empaste de la raiz/ extraer el diente
> (Nordíco Nytt, 2014, nr 4:10, stavfelen i original)

Med denna spanskalektion ger Club Nórdico sina medlemmar ett antal användbara fraser inför besöket i den lokala tandläkarkliniken i Spanien. Den som ändå är osäker på om det skulle fungera kan som de flesta andra i de svenska nätverken välja att uppsöka en av de många skandinavisk- eller engelskspråkiga klinikerna. Det finns relativt många sådana att välja på i Costa Blanca och Costa del Sol. Ett exempel finns i reklamen på samma sida som ovanstående tips där en "skandinavisk tandläkare" fått in en annons om sina tjänster. Under tiden går det att få lindring mot värken genom att vända sig till ett "skandinaviskt apotek" – annonsen finns på samma sida!

De stora nordiska föreningarna i södra Spanien har, som tidigare nämnts, tagit ett steg längre än att vara arrangör för utpräglade sociala aktiviteter och utvecklat en servicesida i sin verksamhet. Exemplet med tandläkarterminologin ovan är ett av många exempel på hur föreningar som AHN, Club Nórdico och Más Amigos informerar, tipsar och på andra sätt stöttar svenskarna så att deras spanska vardagstillvaro ska bli så okomplicerad som möjligt. Föreningen utvecklar en *logos* i sin profil som i detta fall inte bara är ett slags socialt stöd utan också ett hjälpmedel i genomförandet av deras livsstilsprojekt. Information och service har med tiden blivit argument i rekryteringen av medlemmar. Kapitlet handlar om hur detta går till och hur medlemskapet på andra sätt kan framställas som förmånligt. Som jag tidigare nämnt utvecklas den här typen av servicebehov som ett slags spiral där tillgång och efterfrågan tycks byta plats. När väl en viss typ av efterfrågad hjälp eller service har blivit allmängods blir detta också till en förväntan som medlemmarna (och de som kan tänka sig att bli det) ställer på en bred förening. När en förening förnyat sin verksamhetsrepertoar med en sådan service uppstår genast en efterfrågan på förbättring och förnyelse av den befintliga. Det finns därför en tidsdimension i *logos*.

Kriserna och organisationen av frivillighet

Svenskarna i södra Spanien drabbas precis som alla andra av sjukdomar, dödsfall, olyckor och andra svårigheter. Det förekommer självfallet sociala problem, missbruk och personliga kriser också bland dem som sökt sig utomlands för att finna det goda livet. Hur sådana problem ska hanteras är inte alla gånger självklart. Det blir en särskilt tillspetsad situation för dem som befinner sig utomlands. Som svensk i Spanien har man normalt ett socialt grundskydd som EU-medborgare, till exempel när det gäller sjukförsäkring och pension. Men förutom sådana basala stöd ger den spanska välfärden relativt litet socialt stöd och hjälp vid kriser och framförallt så till utländska medborgare som ofta har egna ekonomiska medel. Normalt sett har alltså svenskarna i Spanien begränsade möjligheter till att begära hjälp av den spanska välfärden, till exempel om de skulle behöva hemtjänst eller barnomsorg. Med andra ord får svenskarna i Spanien ofta förlita sig på lösningar som hamnar i ett slags gränsområde för den räckvidd som välfärden har i två stater som ser relativt olika ut (Gavanas 2016).

I ett tidigare kapitel har jag visat hur behoven av socialt stöd bland de svenska migranterna i södra Spanien också genererade frivilliga insatser och civilt engagemang. Ett exempel är Kontaktkedjan i Costa del Sol[14] där samspelet mellan frivilliga hjälparbetare och efterfrågan inom de svenska nätverken tycks ha fungerat:

> "Ja, man kan ringa dem och be om hjälp. Egentligen skulle man ringa på [förenings]tid, men man kunde ringa min hemtelefon också. … Jag hjälper folk med bekymmer, folk som behöver hjälpmedel, folk som behöver läke- medel, barn man inte får tag på, folk som dricker för mycket. Många gånger tar prästen hand om det men ibland måste även vi göra det. Ibland har även kyrkan gjort fel och då tar vi också hand om det. Ibland har man tagit hand om missbrukare eller har pratat med polisen. Eller så har man sett till att folk tagit sig hem till Sverige … många gånger är det folk som opererar sig som behöver något tillfälligt. De mesta av hjälpmedlen, rullstolar, rullatorer, är donerade. Och så hade jag ett parkeringsutrymme som jag inte använde som jag donerade till kyrkan. Där förvarar vi dem [hjälpmedlen] när de inte används."

Sedan 1970-talet har Kontaktkedjans frivilliga hjälpt svenskarna i Costa del Sol med hjälpmedel och tjänster av olika slag. Kontaktked- jan har fungerat som ett praktiskt komplement till diakonin i kyrkans stödverksamhet. Diakonin är av tradition kyrkans motsvarighet till socialtjänsten och i deras uppgifter ingår bland annat att ge socialt stöd för behövande. Särskilt i utlandssammanhang har diakonin ofta fått ta ett stort ansvar för migranternas behov av socialt stöd vid till exem- pel missbruk eller dödsfall (Jeppson Grassman & Taghizadeh Larsson 2012). Alkoholmissbruket brukar nämnas som en social baksida med livet i Spanien. Det betyder i sig inte att problemen är särskilt utbredda men alkohol och droger är lättåtkomliga i Spanien. Det finns en rad vittnesmål om detta i mitt material. Såväl präster som diakoner har berättat om misär och i en del fall om situationer då anhöriga ringt från Sverige och bett kyrkan att kontakta en förälder eller släkting som tycks vara sänkt i sitt missbruk. I vissa fall har grannar och bekanta kontaktat kyrkan med en oro för någons hälsa och redbarhet. En dia- kon i Svenska kyrkan berättade om sina erfarenheter:

---

[14] Se Svenska Kyrkan 2015

"Vi försöker i det längsta att få hem folk som har det dåligt till Sverige som har ett fungerande socialt system. Men anledningen till att de åker ut [syftar på flytten till Spanien] gör att det också kan bromsa för att åka hem. De kan hellre vara här i misär än att åka hem igen. Eller så ringer anhöriga som är så trötta; "han har fått så många chanser, jag vill inte". Det är kanske lite annat, annars kanske man van vid att föräldrar ringer om sina barn om de befinner sig utomlands. I Australien, i Asien, i Irland. Då är föräldrar oroliga för sina barn. Här är det barnen som ringer för att de oroliga för sina föräldrar."

Även kyrkan i Costa Blanca har gjort vissa försök att engagera de svenska migranterna. Bland annat fanns idéer om en telefonkedja. Detta för att underlätta kontakterna i händelse av att någon behövde hjälp eller vid kriser av olika slag (jag har emellertid ingen information om huruvida detta kommit att förverkligas efter mitt fältarbete). Liknande initiativ för socialt stöd, både från frivilligas sida och från mindre företag, rapporterar också Anna Gavanas (2016) om. Detta tyder på att de svenska nätverken utvecklar sina "egna" informella system som fyller i det utrymme som skapas då inte välfärdssystemen når fram. En del av dessa initiativ tycks också ha varit relativt lyckosamma.

Service som behov

Spaniensvenskarna i södra Spanien har i dag andra möjligheter att få socialt stöd än vad de hade under 1960 och 70-talet. Infrastrukturen inom vården har byggts ut och i många avseenden har det spanska samhället förbättrats när det gäller möjligheterna för rörelsehindrade och sjuka att röra sig i samhället. Särskilt i södra Spaniens "turistorter" märks detta bland annat i ombyggda gator med ramper och breda trottoarer. Det finns numera ofta plats för barnvagnar och rullstolar på kollektiva transportmedel och sjukhusen har en mycket större beredskap att ta emot patienter som inte talar spanska. Eftersom engelskan har fått större spridning i det spanska samhället och sjukhusen ofta tillhandahåller tolkar – även på svenska – har det blivit enklare att skaffa sig information om hur man ska få sjukvård. Med modern kommunikationsteknologi har människors möjligheter att vid behov söka hjälp vare sig det handlar om att få information eller ta kontakt med hjälpinstanser.

Efterfrågan på viss service kan därför minska men samtidigt torde behoven att få service på andra områden öka. I enlighet med mitt resonemang om en spiral mellan efterfrågan och tillgång så kan det sägas att kraven på tillgänglig service skruvas upp i takt med att det etableras lösningar på vissa vardagliga problem. Exempelvis är det troligt att allt fler livsstilsmigranter idag utgår från att det ska vara möjligt att leva ett självständigt liv i Spanien utan att för den skull vara spansktalande. Det är förmodligen också fler som utgår från att det ska finnas hjälpmedel för rörelsehindrade och att detta inte ska vara en orsak till att flytta tillbaka till Sverige.

Av uppenbara skäl har föreningarna en begränsad förmåga till direkt engagemang i frågor som kräver specialistkompetens och sådana som kräver mycket resurser. Ett konkret exempel på socialt stöd är emellertid den hälsomottagning som AHN i Fuengirola under flera år erbjöd till sina medlemmar. Hälsomottagningen sköttes av en pensionerad sjuksköterska som under många år arbetat i spansk sjukvård. Hon hade på frivillig basis mottagningstid i föreningens lokaler dit medlemmarna kunde komma bland annat för provtagning och hälsoråd. Detta var en service som annars hade kunnat kräva ett mer komplicerat besök hos den lokala hälsokliniken. Förutom detta finns några enstaka exempel på direkt stödverksamhet i form av utlåning av lokaler till social stödverksamhet, donationer till hjälpverksamhet och samordning av frivilliga insatser i samband med akuta krissituationer. Ett annat exempel på hur föreningarna kan agera är det samarbete som en av de stora föreningarna i Costa Blanca ingick med ett stort svenskt byggföretag för att planera ett seniorboende för nordbor i området.[15]

De insatser som föreningarna gör för att hjälpa de svenska migranterna med socialt stöd och hälsorelaterade frågor, handlar till övervägande delen om livsstilsrelaterade aktiviteter och information. Bland annat är vandringar, gymnastik och andra motionsaktiviteter, liksom kurser i yoga och alternativ medicin, populära inslag i föreningsrepertoaren. Föreningarna blir i övrigt en instans som ger information och som förmedlar det serviceutbud som kan vara medlemmarna till hjälp. Marta berättar om hur den förening hon är aktiv i tänker kring sådana frågor:

"Varje vecka har vi en sån har temakväll ... då bjuder vi in folk som pratar om såna här saker [syftar på viktiga vardagsproblem som hälsa och

---

[15] Fastigheten för detta seniorboende är modernt utrustat och handikappanpassat. Jag har ingen detaljkunskap om orsaken till detta men ägarna har sedan början av 2000-talet försökt sälja fastigheten. Det har funnits försök att förvärva fastigheten, bland annat från ett lokalt svenskt vårdföretag, men de finansiella frågorna har hittills inte kunnat lösas.

omsorg]. Vi bjuder också in företag som pratar om sin verksamhet. ... vi har haft såna här hälsocenter, vi har haft läkare, vi har haft advokater som pratar om hur man kan upprätta spanska testamenten på olika grejer. Vi har haft de lokala polismyndigheterna här som har berättat om olika events. Att koppla samman klubbverksamheten med kommunen och hur det fungerar att vara skandinav här. ... Tar vi spanjorer hit [till föreningen] så har vi tolkar men oftast försöker vi ta någon som är expert på skatter eller arv och allt sådant. Vi försöker att förmedla detta till våra medlemmar, vi är på något sätt en länk mellan staten och individen vi tycker alltså att det är vår uppgift, sen får du inte betalt för det men jag tycker det är jätteroligt att hjälpa andra."

I en intervju med Hans, som då var ordförande i en av de större föreningarna i Costa Blanca, kom samtalet in på föreningens stöd till äldre och sjuka:

"Så de är de här frågorna som rör de äldre är huvudfrågorna. Sjukvård, hur man hanterar myndigheter och så vidare. Men det är svårare att säga att en fråga är viktigare än en annan. För de som är friska har ju inget behov av sjukvård. Men de har ganska stort behov att kunna kontakta hantverkare och liknande. Därför spelar en sån här klubb stor roll! För du kan prata med folk på ett språk som du förstår och prata med andra och säga att "jag använder den och den och det gick bra eller det var problem med det och det."

Sjukvård och äldreomsorg tycks vara viktiga frågor för föreningarna. Men som citaten visar så finns det andra stödinsatser som föreningen kan engagera sig i. Här finns knappast någon tydlig gräns mellan sociala och "nyttiga" aktiviteter. Den sociala samvaro som föreningar erbjuder framställs ofta som en stödinsats eftersom den också kan hjälpa medlemmarna att bryta sin sociala isolering. De gruppbaserade motionsaktiviteter som samtliga stora föreningar har i sin verksamhet är ett annat.

Hans och Marta uttrycker en vanlig uppfattning bland föreningsaktiva att föreningen på sin höjd kan förmedla kontakterna mellan sina medlemmar och vissa sidor av det spanska samhället. Hemsidorna uppdateras med information om till exempel vilka vårdcentraler och sjukhus som är lämpliga vid sjukdom och olycksfall. Som Hans är inne på i det föregående citatet är det också viktigt att kunna välja ett företag som är tillförlitligt. Föreningarna tar också hjälp av kunniga personer som bjuds in till föreningsevenemang för att hålla föredrag och svara på frågor. Ibland är det representanter för myndigheter som blir inbjudna men vanligare är det att en företagsrepresentant eller konsult kommer på besök och berättar om företagets service.

Föreningarnas engagemang i servicefrågor har omvandlat klubblokalerna till servicecentraler. I de tre stora föreningarnas lokaler finns alla sorters information att tillgå och det finns datorer med internetuppkoppling som medlemmarna kan låna. Más Amigos klubblokal i Torrevieja kan vid en första anblick förväxlas med en mindre resebyrå eller en turistinformation någonstans i Sverige. Vanligtvis bemannas föreningens expedition av två personer klockan 9–15 varje vardag.[16] På expeditionen svarar personalen på alla möjliga frågor, bokar en hyrbil till rabatterat pris, säljer greenfees till de golfanläggningar som klubben har avtal med, bokar en plats på ett evenemang, sköter medlemsärenden, bokar hyrbilar och mycket annat. Anslagstavlan i klubblokalen är fylld med samhällsinformation och reklam och det ligger tidningar, broschyrer och reklamblad för olika tjänster på borden och på expeditionsdisken. Där finns också buntar med den senaste upplagan av Bulletinen (Amigos) och en och annan pdf-utgåva av svenska dagstidningar. Aktiviteten på expeditionen är ofta hög. Personalen sitter då i telefonsamtal (på svenska/skandinaviska, spanska och ibland engelska) och expedierar besökare som vill ha personlig service. Liknande service (men i mindre skala) förekommer i föreningar som Club Nórdico och AHN.

Denna nyttoinriktade service som de sociala föreningarna i allt högre grad kommit att ägna sig åt, handlar om att skaffa och förmedla information, erbjuda service och sälja tjänster. Allt detta i ambitionen att göra medlemmarnas tillvaro i Spanien inte bara innehållsrik utan också bekväm och praktisk. Av de nyttoinriktade aktiviteter som föreningarna erbjuder sina medlemmar tillhör spanskkurserna standardutbudet. Kurserna är populära och ges i allmänhet i studiecirkelform. Flera av de föreningsaktiva som jag talat med säger att detta är en viktig verksamhet som medlemmarna efterfrågar. Dessutom är det vanligt med kurser i bland annat datakunskap, måleri, bridge och schack.

Det är dock uppenbart att föreningens serviceinriktade sida medför kostnader för föreningen. Medlemsavgifterna får bekosta kurserna men det brukar också tas ut en avgift för deltagande i sådana kurser som kräver en instruktör. Exempelvis brukar Más Amigos erbjuda flera parallella kurser i spanska från nybörjarnivå till konversation för priset

---

[16] Dessa öppettider avser oktober–maj. Under juni–september är öppethållande kl 10-14.

85 euro för åtta tillfällen, exklusive studiematerial (år 2014). Men för-
eningen kan också hitta andra lösningar för att finansiera sin service.
Ett enkelt och billigt sätt att informera är helt enkelt att lägga ut före-
tagsreklam i klubblokalen och låta företagen sätta upp sina reklam-
blad på anslagstavlan. Det finns dessutom möjlighet för företagen att
bidra med sponsring till föreningarna och därmed också få en annons
på hemsidan. Förutom detta har Club Nórdico och Más Amigos del-
vis finansierat utgivningen av sina relativt påkostade tidningar genom
reklamintäkter.

En svensk guide

Med detta engagemang i servicefrågor ger sig föreningarna in på ett
mycket angeläget område för de internationella livsstilsmigranterna i
södra Spanien. Det handlar om att hitta tjänster och information som
underlättar tillvaron i Spanien och som gör livsstilsprojektet möjligt.
Det svårtillgängliga juridiska regelverket i den offentliga spanska för-
valtningen, liksom den snåriga byråkratin, gör det krångligt att agera på
egen hand. Många väljer helt enkelt att köpa sig trygghet och bekväm-
lighet i vardagen. I detta är de i allmänhet hänvisade till den privata
marknaden.

Utbudet av tjänsteföretag är stort och marknaden fullkomligt sväm-
mar över av leverantörer som erbjuder service och produkter på det
egna språket. Uppenbarligen upplever Spaniensvenskarna att det är
tryggare att anlita en juridisk expertis som talar svenska och väljer den
svensktalande läkaren före den offentliga. Och samma sak tycks gälla
på i stort sett alla servicetjänster i vardagslivet: hantverkare, tandlä-
kare, biluthyrare och många andra. Det gäller emellertid för individen
att hitta denna service den dag den behövs och dessutom om att kunna
lita på det företag som säljer tjänsten. I föregående avsnitt citerades
Hans på denna punkt; föreningarna får på sätt och vis en mellanhands-
roll som både mäklar tjänster åt sina medlemmar och guidar dem
"rätt" i den djungel av serviceleverantörer som finns i södra Spanien. I
detta perspektiv framstår föreningen inte bara som en social aktör utan
också som en tydlig serviceaktör i de svenska nätverken.

De stora föreningarnas evenemangskalendrar innehåller olika tillfäl-
len då medlemmarna kan få information och vägledning i angelägna
frågor. Under våren 2014 annonserade Club Nórdico till exempel om
temakvällar som rörde urologi, utlandsbetalningar, sömnrelaterade

besvär, matlagning och skattefrågor. De övriga föreningarna har liknande arrangemang där praktiska och matnyttiga frågor står i centrum. Som jag redan nämnt förekommer det att föreningarna bjuder in tjänstemän eller politiker i syfte att sprida informationen om kommunens service och policy men också för att odla kontakterna med de samhälleliga institutionerna. Flera temakvällar per säsong bjuds experter in för att tala om bland annat skattejuridik och ekonomi. Vanligtvis är det revisionsföretag eller advokatfirmor (med svenska ägare) som då får tillfälle att berätta om sin verksamhet.

Jag deltog själv i några föreningsevenemang när revisorer redogjorde för regelverket i samband med inkomstdeklarationen beroende på om vederbörande var mantalsskriven eller inte och de uppgifter man var skyldiga att lämna till den spanska skattemyndigheten. Efter föredraget gavs publiken möjlighet att ställa frågor. Bland annat berördes frågan om de skattemässiga och samhällsrättsliga skillnader som finns när en person mantalsskriver sig i Spanien. Det kan till exempel ge fördelar som en lägre skatt och fri sjukvård samtidigt som man då måste vara medveten om att man då blir registrerad som utflyttad och därmed inte längre tillhör det svenska sjukförsäkringssystemet. Som pensionär kan man emellertid behålla vissa rättigheter trots att man flyttat. Dessa frågor tycktes engagera publiken särskilt och ledde till flera inlägg om regler och vad som är det mest fördelaktiga sättet. Vid ett annat tillfälle besökte jag en informationsträff om ett trygghetsboende. Den inbjudne föreläsaren visade sig i detta fall vara chef i ett spanskt vårdföretag som presenterade företagets egna anläggningar i en närliggande ort. Frågorna som rör privatekonomi och även omsorg och sjukvård möter ofta stort intresse i de svenska nätverken i södra Spanien.

Den information som föreningarna ger är, som märks i dessa exempel, ofta kopplad till vardagslivet och den service som krävs i detta: sjukvård, hälsa och för den delen skatter. Den generella samhällsinformationen är med i den karta på nyttig information som föreningen erbjuder men den är ofta blandad med kommersiell företagsreklam och produktbeskrivning. Det gör att det exempelvis är svårt att avgöra om en revisionsfirmas framställning av skattetekniska frågor främst görs för att detta är en service till medlemmarna som hjälper dem att göra rätt eller om det helt enkelt avser att sälja företagets tjänster. Det är ofta som företagen på detta sätt får tillgång till medlemmarnas uppmärksamhet genom att de bjuds in som kunniga i en fråga som det verkar finnas intresse för. Skatteregler, deklaration, lagstiftningen kring arvs-skiften och testamenten är exempel på återkommande informations-punkter där föreningarna tar hjälp av utomstående företag. I vissa fall kan det handla om att informera om vilka offentliga institutioner i det svenska eller spanska samhället – till exempel skatteverket eller den spanska kommunen – som man bör vända sig till och hur man kan hitta dit. I andra fall försöker föreningen på egen hand informera om något ämne som anses vara angeläget och efterfrågat.

Denna mix av samhällsinformation och reklam blir än tydligare i för-eningarnas medlemstidningar och hemsidor. Bulletinen (Amigos) och Nórdico Nytt (Club Nórdico) har regelbundna utgåvor med relativt stora upplagor.[17] För att vara medlemstidningar håller båda dessa tid-ningar en relativt hög standard med bra kvalitet på tryck och layout. Bulletinen hade under tiden för min studie (och har fortfarande) en professionellt verksam journalist anställd som chefredaktör. Tidningen ger också arvoden till sina skribenter. Innehållsmässigt finns det i varje nummer artiklar och fakta som ger information till medlemmarna om bland annat det som rör det spanska samhället i allmänhet och tillva-ron bland livsstilsmigranterna i synnerhet. Ofta uppmärksammas de vardagsproblem som svenskarna i södra Spanien kan ställas inför.

Ett exempel på detta ger Bulletinen där (dåvarande) chefredaktören Torbjörn Colling, under rubriken "Bedragare i bilbranschen" (Bulle-tinen 2014, nr 7:9), uppmanar dem som tänkt sig köpa eller reparera en bil i Spanien till försiktighet. Ett annat exempel är Tuula Kihlgrens (2014, nr 6:20) artikel om stekning i matolja och de faror som finns med detta. Det finns dessutom många artiklar om intressanta resmål och tips om hotell och resvägar. Privatekonomi och skattejuridik har stort utrymme i dessa tidningar. I Nórdico Nytt (2014, nr 4:32) finns en artikel författad av Tommy Siverdahl om arvsbeskattning och den problematik som finns om den arvsberättigade inte är mantalsskriven i landet. Under rubriken "Sök bygglov innan du gör en om- och tillbygg-nad" ger Lilian Ronander i Bulletinen (2015, nr 3:18) information och råd i en fastighetsjuridik som rör många bostadsägare i Spanien.

Medlemstidningarna är fyllda med praktiska tips och goda råd. Det är dock inte alltid enkelt att avgöra om en viss artikel är av informativ

---

[17] Bulletinen/Amigos startades 1986 och har en upplaga på cirka 14000 exemplar med en utgåva av nio nummer per år (2013). Nórdico Nytt har sedan starten 1980 getts ut med cirka fyra nummer per år men upplagan är mindre än Bulletinens.

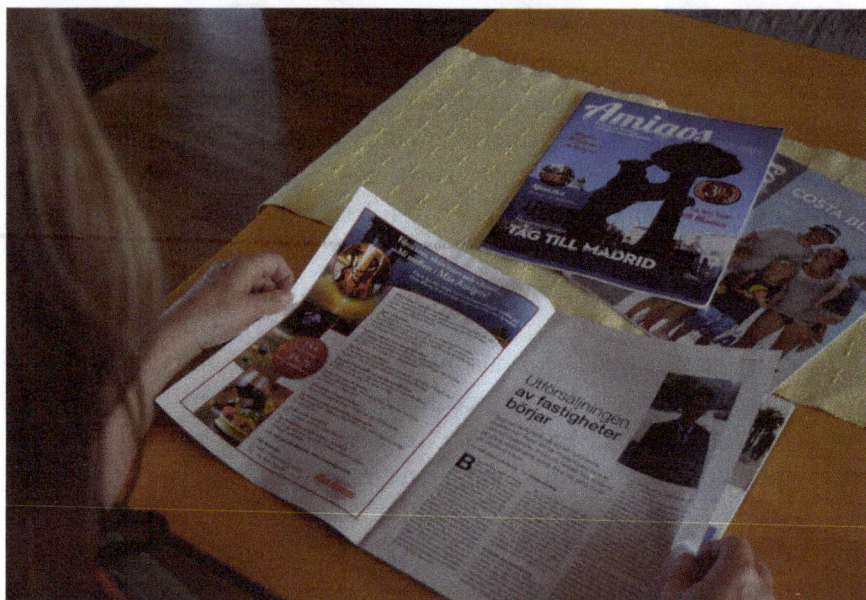

Figur 6. Bulletinen/Amigos är den största svenskspråkiga medlemstidningen i södra Spanien. Foto: Erik Olsson

karaktär eller om det helt enkelt rör sig om företagssponsrad information eller reklam. Under åren 2013–2014 publicerade Bulletinen en serie artiklar om juridiken kring arvsskiften, som är värd att nämna här. Signaturen Ábaco Advisers förklarar i dessa artiklar något av det snåriga regelverket som reglerar arven och de förändringar som var på gång vid den här tiden. Dessutom ger artikelförfattaren råd om hur det går att undvika de negativa effekterna av de nya reglerna. Detta är uppenbart användbar information för många som uppnått hög ålder och vill försäkra sig om att barnen har rätt att ärva deras fastighet utan alltför stor skattesats. Signaturen Ábaco Advisers är emellertid ingen privat skribent utan visar sig vara en advokatfirma (vilket inte helt framgick av artikeln). Företaget har ett avtal med Más Amigos (vilket jag återkommer till senare i kapitlet) som erbjuder rabatt till föreningens medlemmar och annonserar regelbundet i Bulletinen/Amigos. Ábaco Advisers informativa inlägg sätter fingret på den mix mellan reklam och information i föreningens utbud som jag nämnde ovan.

Flera av de större föreningarna har på sina hemsidor ett rikligt utbud av information, tips och rekommendationer. Exempelvis är AHN:s

hemsida full av nyttig information och handfasta tips.[18] På förening-
ens hemsida finns i menyn rubriken "Om" och klickar man på den
kommer fliken "Bra att veta" upp (AHN 2014). Här finns rikligt med
information om vad som är bra att tänka på som utlänning (men det är
uppenbart att det är svenska medborgare som åsyftas). Under ett antal
rubriker ger föreningen en rad praktiska råd till dem som har utlän-
ningsstatus (det vill säga är svenskar) i Spanien. Ett exempel finns under
rubriken "Nio nummer" [sic!]:

> "Alla som köper lägenhet eller hus eller är bosatta under en tid i Spanien
> behöver ett nio-nummer. Vad man än gör så frågas efter detta nio-num-
> mer. Ska Du köpa bil eller utföra saker vid Ditt boende så är första frågan
> nio-nummer. Det får man genom att gå till lokala polismyndighet med pas-
> set med sig." (AHN 2014, internethemsida).

Informationen om registreringen av N.I.E. (Número de Identidad de
Extranjero)[19] handlar om grundläggande samhällsinformation som är
viktig att känna till för den som långtidsvistas i Spanien. Under rubriken
"Ambassader & pass" ges den något bisarra men viktiga informationen
om att alla som får sin pension till Spanien också bör kontakta konsu-
latet för att få ett intyg som anger att vederbörande är vid liv! Orsaken
till detta är att de som lever utanför Sverige (observera att föreningen
här tar för givet att det rör sig om just Sverige!) och som uppbär ålders-
pension, sjukersättning, överlevandepension och sjukskadeersättning
från Försäkringskassan måste kunna bevisa att de verkligen också har
rätt till sådana ersättningar och inte är bedragare. Samma hemsida ger
dessutom information om hur pensionen beskattas för den som bor i
två länder (Sverige och Spanien), om deklarationsplikten, mantalsskriv-
ning, skattelagstiftning och mycket annat.[20]

---

[18] Observera att den återgivning av hemsidans innehåll som jag gör här baseras på den
hemsida som var aktuell under tiden för mitt fältarbete. Vid en kontroll i skrivande
stund (2018) visar det sig att hemsidan uppdaterats och fått en ny design men också
att åtminstone delar av innehållet under fliken "Bra-att-veta" är oförändrat. Ett
nytt inslag på hemsidan är uppräkningen av de företag som sponsrar föreningen
och dessutom en kontaktmöjlighet för dem som önskar göra det.

[19] Observera att beteckningen N.I.E. är en felskrivning/stavning som åstadkommer en
komisk förväxling med siffran "nio" (9).

[20] Rubrikerna under denna flik är "Ambassader & pass, Arbetstillstånd, Bank, Bilbe-
siktning, Deklaration, Elektricitet, Hyra bil, Hyra bostad, Medicin, Lokala helgda-
gar & traditioner, Nio-nummer, Pension, Telefon, Siesta, Skatt – fastighet, Skjukdom
(sic!), Svensk mataffär, Svenska Kyrkan, Vatten, Viktiga adresser & telefon, Övrigt"

Genom att förse sina medlemmar med sådan användbar information (men som delvis består av reklam för tjänsteföretag) utvecklar föreningen en *logos* i sin profil. Men var gränsen går mellan sakliga fakta och reklam för vissa produkter och tjänster är inte helt tydligt. Den guide som föreningarna erbjuder sina medlemmar är naturligtvis inte helt fri från värderingar och åsikter – de föreningsaktiva i föreningarna har sina personliga erfarenheter av tillvaron i södra Spanien – men de ekonomiska intressen som smyger sig in i föreningarnas profil gör att beteckningen social förening ofta får ett komplement som leder tanken till de tjänsteföretag som säljer och mäklar andra företags utbud av tjänster.

Serviceaktörerna

Det cirkulerar en mängd tips och information i olika praktiska frågor i de svenska nätverken i södra Spanien. Mycket av detta är på svenska. Föreningarna ingår i denna cirkulation av pragmatiska skäl. Det är något som medlemmarna efterfrågar och det är en service som kan stärka deras ställning bland svenskarna. En dialog mellan en tidigare ordförande för en stor förening och mig själv kan belysa hur ett föreningsperspektiv på rollen som serviceaktör ser ut.

Efter att jag vid det här laget följt Lennart under några år som ordförande i denna förening hade jag noterat att lade ner stor del av sin tid i föreningen på att utveckla servicen till medlemmarna. Bland annat lade han stor vikt vid att se över gamla avtal med företag och skriva nya som gav rabatter till medlemmarna och annonsintäkter till föreningen. Jag brukade ibland dela kontor med honom när jag till exempel sysslade med frågeformuläret eller tittade igenom intervjufrågor. Medan jag ställde frågor till honom om föreningen brukade han samtidigt svara på mejl eller läsa igenom ett avtal. Vid ett sådant halvt informellt intervjutillfälle frågade jag varför föreningen är så angelägen om att ge den här typen av nyttig service för sina medlemmar? "Det finns ju så otroligt mycket information redan", sa jag och syftade på all reklam, hemsidor och magasin som cirkulerar i de svenska nätverken. Med ett öga kvar på bildskärmen svarade Lennart att han inte helt höll med om detta och att det framförallt inte löste problemet eftersom:

> "92 procent av det som gör att saker och ting inte blir så bra som man har tänkt sig är språket. För få spanjorer kan engelska och för få svenskar kan spanska. Där har du den största bristen kring allt!"

Jag kunde förstås inte förneka att språket är en nyckelfråga. Men samtidigt finns det "väldigt många företag som säljer servicetjänster och det finns hur många hemsidor som helst med information om allt möjligt", insisterade jag. Det finns dessutom ett stort lokalt spansk utbud och föreningen har ju en ambition att vara en bro till det spanska samhället. Jag avslutade mitt argument med att ifrågasätta föreningens möjlighet att bli den bro till det spanska samhället, som föreningen har som målsättning att vara. "Hur bli de hjälpta med att ta sig in i det spanska samhället om föreningen ändå tar hand om allt"?

Lennart tittade nu upp från sitt arbete helt och hållet. Han påpekade att det ändå hänger på språket. Folk måste helt enkelt få hjälp med sådant de inte klarar av! Språkproblemet "blir som ett kulturellt handikapp".

När jag påstridigt menade att en förening väl också kunde se detta i ett annat perspektiv? "Vad skulle vi säga om integration och sådant om invandrarna i Sverige skulle resonera på samma sätt som svenskarna gör i Spanien? Hårdraget kan man säga att "svenskarna behöver ju inte lära sig att fixa saker och ting på egen hand därför att föreningen ordnar det för dem – hur går detta ihop?"

För en föreningsaktiv med mycket större erfarenhet av medlemmarnas önskemål och behov än vad jag hade, var detta ett provocerande inlägg. Nu släppte Lennart helt koncentrationen på mejlkorrespondensen eller företagsavtalet eller vad det var, och spände blicken i mig. Med mycket stor övertygelse förklarade han att:

> "... som exempel så blir det också så att om du går till en myndighet i Spanien och talar med en person och så är du inte säker på det rätta så du vänder dig till en annan, och du vänder till en tredje och du frågar nån fjärde och då får du fyra olika uppgifter. Det finns alltså, det finns tolkningar av vissa saker som gör att folk inte litar på den de har frågat sist. För det finns, då blir det en typ av människor som gör att de ständigt måste gå och fråga andra och då sitter du, då känner de trygghet i det här. ... de vill inte lära sig av misstag, de vill veta hur det är! Vi är så svenska att det inte är klokt! Om du ska, om du har varit resident i Spanien och åker hem till Sverige och ringer ett telefonsamtal så är du svensk igen. Men här nere ...."

Vi fortsatte på det spåret tag. Jag ville inte släppa frågan riktigt ännu och undrade vad som var föreningarnas roll i detta? Jag märker att detta är en hjärtefråga för Lennart och en viktig sak för föreningen. Han anlägger närmast ett brandtal som försvar till den beskyddande roll som jag nyss anklagat föreningen för att ha:

"... tryggheten är den att... om du visste alla de som kommer in, vilka typer av problem de har och du löser dem genom att bara ringa ett telefonsamtal, då har det ingenting med en förening att göra utan det står inte i nån ... att vi ska hjälpa till med detta, utan bara ett enkelt telefonsamtal och så löser vi enorma problem för folk. Därför att de inte kan språket eller för att de har hamnat i nån annan situation. Och det är en enorm trygghet. Men ta då nån som har köpt en lägenhet. Han golfar, han vill inte ha bil här nere, han hyr bil genom oss. De är nere fjorton dar, de köper åtta greenfee med 20 procents rabatt. Det är billigt, det kostar nästan inget att hyra bil. De följer med på en resa, de lyssnar på en tematräff; de får valuta för sina pengar, plus att de får nio stycken tidningar om året. Där det står intressanta artiklar och så vidare. Men sen så finns det också sådana av oss som säger; 'jag golfar inte, jag hyr inte bil, jag följer inte med på några resor, jag läser inte några tidningar, jag går inte på nån tematräff' ... Den [personen] ska inte vara med då. Om han inte säger så här: 'Men jag går på den eller den restaurangen eller går till den eller den affären ...', så de kanske sparar 200 euro om året på medlemsrabatter. Så var och en har sin bit. Men nån bit av tårtan passar alltid nån. Det är väldigt få som blir utan tårtbit."

Ibland är det bra att vara påstridig. Dialogen mellan Lennart och mig och framförallt Lennarts avslutande brandtal, är lärorik för den fortsatta diskussionen i detta kapitel. Jag vet inte om Lennarts resonemang kring föreningarnas betydelse som serviceaktör i de svenska nätverken är en helt och hållet delad uppfattning bland de föreningsaktiva i södra Spanien. Men jag tror att stora delar av hans resonemang har relevans för den situation som de stora föreningarna hamnar i. För att hålla uppe medlemssiffrorna och helst öka dem måste de förhålla sig till en mångfald av behov och ta sig an uppgifter som i en del fall kan tyckas ligga utanför åtminstone den traditionella sociala föreningens ansvarsområde. I dialogen berörs flera nivåer eller dimensioner i något som kan kallas föreningsperspektiv men som i min framställning är den sociala praktik som *gör* en diasporisk gemenskap.

I detta perspektiv är den huvudsakliga basen för föreningen – de potentiella medlemmarna – alla de svenskar (eller nordbor) i södra Spanien som vistas där och som har bristfälliga kunskaper i spanska. I många fall finns det också en social otrygghet i deras levnadssituation som till stor del hänger på språket men som också kan uppstå av andra skäl. Föreningen har i allmänhet som ambition att hjälpa både dem som vill ha ett bekvämt liv i allmänhet och de som är vilsna och otrygga genom att guida dem rätt i tillvaron. Detta är grunden i föreningens *logos*. På samma sätt som skapandet av ett slags *andra hem* är ett centralt inslag som ger föreningen ett *patos,* siktar föreningen här på att förmedla trovärdiga kontakter med olika tjänsteföretag och andra serviceinstanser. En förening ska vara en trygg hamn för medlemmarna. Om en husägare till exempel vill hyra ut sin bostad en tid så ska denne kunna vara säker på att hyresförmedlingen fungerar, att städning och skötsel sköts när ägaren är borta samt att det i övrigt inte sker några överraskningar under uthyrningstiden. Om en förening som Más Amigos förmedlar denna kontakt ska den också ge såväl hyresvärd som hyresgäst en garanti för att detta ska fungera. Genom att uppträda som en serviceaktör kan föreningen stärka sina positioner i nätverken. I detta är det ökad bekvämlighet ifråga om information och service som står på spel. Men eftersom en förening inte kan engagera sig i allt handlar det ändå om att göra ett val. Vad ska en sociala förening erbjuda för typ av service?

Profilerad service

Det val av aktiviteter och service som föreningen väljer för sin verksamhet innebär givetvis en avgränsning men också en profilering. I kapitel fem visade jag hur styrelsen och övriga aktiva försöker få en bild av efterfrågan för att sedan bygga upp ett slags repertoar av aktiviteter som tycks vara populära och genomförbara. Exempelvis distribuerade Más Amigos år 2009 en ganska omfattande enkät för att ta reda på vilka förväntningar som medlemmarna har på föreningen.[21] Genom att sammanställa denna enkät kunde man också bilda sig en uppfattning om hur väl verksamheten är anpassad till den service som de potentiella medlemmarna i nätverken vill ha och saknar.

Det är dock många efterfrågade servicetjänster som föreningarna väljer att inte engagera sig i. Det finns, som jag tidigare nämnt, en gräns för hur mycket översättning och guidning en medlem kan få och naturligtvis saknar ibland föreningen egna resurser för att bli en sådan heltäckande serviceaktör. Självfallet är det uteslutet att föreningarna startar tand- eller sjukvårdskliniker i egen regi men de kan heller inte förväntas ställa upp med personliga tolkar för dem som behöver besöka dessa. Deras uppgift som serviceaktör handlar istället om att samla och samordna information, ge tips på en bra klinik, kontaktuppgifter till tolkar och så vidare. Sådan förmedling kan utföras med hjälp av hemsidor, medlemstidningar och genom expeditionen. I en del fall, framförallt

---

[21] Intern pm för Más Amigos, juli 2009.

när det gäller de livsstilsrelaterade tjänsterna (till exempel greenfee och kurser), blir föreningen också mäklare eller försäljare av tjänster.

Denna till synes pragmatiska avgränsning blir också en central komponent i föreningens profil. När det gäller föreningens *logos* så tycks den, som jag nämnde ovan, handla om att skapa den trygghet som bottnar i ett bekvämt liv. Det är med andra ord en fråga om att guida medlemmarna *rätt* i utbudet av service och tjänster till det som förefaller vara det goda livet. Att tillhandahålla service med nyttoinriktade tjänster är självfallet också en resursfråga. Både Más Amigos och Club Nórdico är ganska stora aktörer. Det bör hållas i minnet att efterfrågan trots allt är ett slags gissning om vad som behövs och fungerar. Föreningen är genom sin verksamhet och sitt serviceutbud själv delaktig i behovsskapandet.

Demografin bland de svenska nätverken i södra Spanien lämnar spår i verksamheten. I de stora "svenskorterna" bor en stor andel pensionerade eller icke-förvärvsarbetande personer. En hel del av de tjänster och den information som föreningarna förmedlar är sådan som berör många av dem. Som exempel kan nämnas frågor om hur testamente skrivs, regler för pensionsutbetalning för mantalsskrivna i Spanien samt problematiken kring inkomstskatt för "utomlands bosatta".[22] Dessa frågor dyker med jämna mellanrum upp i temakvällar och som artiklar i föreningarnas publikationer. Det är däremot i betydligt mindre omfattning som aktiviteter och information riktade till "minoriteter" av olika slag kommer in på föreningarnas agenda. Den som har intresse av att få stöd i att lösa barnens skola eller barnomsorg, söker nog inte i första hand vägledning bland Más Amigos eller AHN:s utbud. Den som är intresserad att komma nära det spanska samhället och "integrera" sig i det – till exempel de yngre svenskar som söker ett tryggt och bra arbete i Spanien – ska nog heller inte de förvänta sig så mycket vägledning från föreningarnas sida.

---

[22] Här åsyftas den så kallade SINK-skatten (Särskild inkomstskatt för utomlands bosatta). Se https://www.skatteverket.se/privat/skatter/arbeteinkomst/internation ellt/bosattutomlands/sinksarskildinkomstskattforutomlandsbosatta/papen sion.4.6fdde64a12cc4eee23080002614.html#. För mantalsskrivna svenskar i Spanien gäller att de, enligt gällande skatteavtal, är skyldiga att deklarera inkomst och tillgångar i båda länderna samt betala in den skatt som ska utmätas för denna. Den dubbeltaxering som detta innebär (som sedan regleras efter att skattebeslut tagits) har varit föremål för stort missnöje bland Spaniensvenskarna. På grund av SINK tvingas många ligga ute med dubbla skatter till dess deklarationsbeslutet kommit i båda länderna och inbetalningarna kan balanseras.

Eftersom föreningarna ofta drivs av individer med medelklassbakgrund kan det förväntas att föreningens utbud också präglas av detta förhållande. Vid en första anblick tycks det dock som om föreningarna håller sig med motton om att vara inkluderande. Några indikationer på detta är att det då och då väcks förslag om att sänka medlemsavgiften, att ha en säsongsbaserad medlemsavgift och att det görs relativt stora ansträngningar för att förbättra utbudet på medlemsrabatter på varor och tjänster. De föreningsaktiva förefaller medvetna om att de ekonomiska frågorna har ett stort symbolvärde och är därför angelägna om att aktiviteterna inte är kostsamma.

Trots denna ekonomiska medvetenhet finns det inslag i föreningarnas verksamhet som gör att socioekonomisk status eller position kommer att prägla föreningens profil. *Logos* handlar i detta fall om att sälja och förmedla tjänster. Detta talar för att föreningarna utgår från att deras medlemmar har en ganska stark privatekonomi och därför kan betala för att få en bekväm och innehållsrik tillvaro. En granskning av det innehåll som finns i föreningens serviceaktiviteter och information förstärker detta intryck. Det är till exempel tydligt att föreningarna förväntar sig ett omfattande intresse för ekonomiska och juridiska frågor hos de potentiella medlemmarna. Det är på sätt och vis självklart att det är hus- eller lägenhetsägare med egendomsintressen i såväl Spanien som Sverige som är målgruppen. Det är påtagligt ofta som föreningen förmedlar information, tips och råd i frågor som har med fastighetsekonomi, skattejuridik och äganderätt att göra. De föreningar som jag diskuterar här har sin tydligaste medelklassanknytning just i detta serviceförmedlande.

En hel del av denna förmedling som föreningarna sysslar med har en tydlig tyngdpunkt förlagd på den svenska marknaden. Vad beträffar ekonomiska transaktioner mellan stater så är det i första hand vad som gäller mellan Sverige och Spanien som det handlar om. Det är endast i begränsad omfattning (efter vad jag observerat) som denna service riktar sig till norska, danska och finska medborgare, vilket kan vara viktigt med tanke på att de nationella reglerna ofta skiljer sig åt. Jag har heller aldrig noterat att information och service riktas till de tusental "svenskar" i Spanien som är nationaliserade medborgare (och som nog i många fall kan ha ekonomiska intressen i Sverige). Återigen prioriterar föreningarna de svenska medborgarna och dessutom de som har en fot kvar i det svenska samhället.

Denna socioekonomiska tyngdpunkt i verksamheten märks också i de stora föreningarnas markanta satsning på golf och rabatter till golfanläggningarna. Södra Spanien är känt som ett golfparadis. Många i Sverige (och övriga Europa) åker på golfresor till båda dessa kustområden och sporten har många anhängare bland de svenskar som bor där. Golfutövandet är dock ingen billig sport. Avgifterna (greenfee) för en dags spel på en billig anläggning i Andalusien är minst 50 euro och på många anläggningar kostar det över 100 euro. Till detta kommer medlemskap, utrustning och transporter. Golfspelandet i Spanien är således inget nöje som personer med en normal månadsinkomst eller pension utan vidare kan unna sig. Med tanke på de höga kostnaderna gör föreningarnas ansträngningar för att få rabatter stor skillnad. Exempelvis uppger AHN att man som medlem kan få omkring 50 procents rabatt för ett spel på en avtalsbana (ofta ingår en tapas och ett glas vin). Föreningens golfsektion är dessutom medarrangör till en rad golftävlingar och har sponsoravtal för dessa. Más Amigos gör också de reklam för sina kraftiga rabatter på ett antal golfanläggningar belägna runt om i Costa Blanca (Mas Amigos 2018b).

Jag menar inte att satsningen på golf och rabatter på golfanläggningarna betyder att föreningarna lanserar överklassnöjen. Golf har på senare tid genomgått en breddning och anses dessutom vara en hälsofrämjande aktivitet. Genom stora rabatter blir golfspelandet på samma sätt som i Sverige en aktivitet som är tillgänglig för de flesta som är intresserade. Sett i ljuset av föreningarnas *logos* är golf dock i första hand ett dragplåster för att öka populariteten. Föreningarnas ansträngningar för att skaffa rabatter ger direkt avkastning i ökat medlemsantal och förmodligen också möjligheter att rekrytera fler individer till andra aktiviteter. Samtidigt ger kontakterna med anläggningarna också intäkter i form av reklam och annat.

I samma båt

Det stora intresset för ekonomiska frågor, regler och lagar angående ägande, skatter, arv, ekonomiska transaktioner med mera, gör att revisorer och advokatfirmor ofta får komma till tals i föreningarnas medlemstidningar och evenemang. En rad företag med inriktning på ekonomi och skattejuridik har bidragit med artiklar och annonser som blivit en del i föreningarnas rekommendationer och tips. Att företagen själva har ett intresse av att samverka med föreningarna märks i sponsring och de rabatter som dessa företag lämnar till föreningarnas medlemmar.

Mängden av reklam för produkter och tjänster och den information som späckar föreningarnas medlemstidningar och hemsidor, pekar på att företagens utbud utgör en resurs för att öka bekvämligheten för medlemmarna. Företagen blir på olika sätt och av flera anledningar partners i de stora föreningar som utvecklat en *logos* i sin profil. Många av dessa företagare har själva kopplingar till de svenska nätverken i södra Spanien och några av dem är också personligen engagerade i olika föreningar och organisationer. En närmare granskning av medlemstidningarnas återkommande inslag kring husköp, skattedeklarationer och skattefrågor ger en bild av hur det här tycks bli ett slags partnerskap i framställningen av en guide för Spaniensvenskar.

Ett exempel är den artikelserie om arvsregler i tidningen Bulletinen, som jag nämnde i ett tidigare avsnitt. I en av artiklarna (2014, nr 6, s 24) ger författaren Ábaco Advisers en komprimerad sammanfattning om hur den spanska arvsskatten ser ut. I artikeln målas ett antal situationer upp då arvskattsdebitering utgår eller inte utgår. Med tanke på de komplicerade villkor som föreligger där rekommenderar författaren alla som har en bostad i Spanien att skriva ett testamente. Detta är dock ingen barnlek utan förutsätter förutom goda kunskaper i spanska också kunskaper i spansk juridik. Budskapet är tydligt: om ni inte ser upp så riskerar ni att förlora pengar i onödan – ta hjälp av en expert! I det efterföljande numret av samma tidning (2014, nr 7) följer samma författare upp arvsskattefrågan under rubriken "Arvskatt för icke-residenta i Spanien. Är det dags att begära pengar tillbaka?" Det är en innehållsrik artikel om hur EU-domstolens beslut innebär att Spanien under en lång tid på felaktiga grunder tagit ut skatt av dem som inte är mantalsskrivna i landet men som har ärvt en bostad från en tidigare avliden. Detta är förmodligen en välkommen nyhet för de som drabbats av denna felaktiga beskattning eftersom det går att få tillbaka pengarna.

Författaren till dessa två artiklar – Ábaco Advisers – är, som påtalats, en advokatfirma som specialiserat sig på den nordiska marknaden. Företaget tillhandahåller bland annat juridisk rådgivning i bostads- och skattefrågor. Samma företag hade dessutom en annons för sina tjänster i direkt anslutning till den ovan refererade artikeln. När jag bläddrade i gamla nummer av Bulletinen fann jag fler artiklar där författaren på samma sätt är identisk med ett företag eller på ett uppenbart sätt bygger på företagsinformation. I Bulletinen (2014 nr 6) presenterar författaren Banco Sabadell (artikeln redigerad av Torbjörn Colling) en "svensk bankdirektör på en spansk bank". Reportaget skildrar en svensk medborgare som flyttat till Spanien och avancerat till tjänsten som bankdirektör. Bland annat handlar reportaget om direktörens arbete och hans kontakter med svenska kunder i Costa Blanca. Samtidigt hade föreningen skrivit ett avtal med Banco Sabadell (det vill säga författaren till artikeln) som ger kunder med medlemskap i Más Amigos olika förmåner. Bland annat skulle medlemmarna kostnadsfritt kunna ansöka om ett kreditkort där alla föreningens medlemsrabatter samlades. Informationen om detta samarbete och kreditkort distribuerades också i en särskild reklambroschyr. I denna medlemstidning förekommer ofta företagsannonser som erbjuder en tjänst liknande den som en viss artikel handlar om. Här handlar det uppenbart inte enbart om att förmedla nyttig information till medlemmarna och läsarna utan också om att lansera företagets tjänster på området.

Sådana kopplingar mellan faktauppgifter och kommersiell marknadsföring är inte ovanliga. Artiklar och reportage om företagsverksamhet är ganska vanliga i olika publikationer i södra Spanien och dessa företag ges ofta ett annonsutrymme i tidningar som Bulletinen och Nórdico Nytt. På sin hemsida skyltar Club Nórdico med att de har sponsorer som till exempel Fastighetsbyrån och Scandinavian Management och Más Amigos har som nämnts en mängd sponsors- och reklamavtal. AHN har betydligt mindre reklam på sin hemsida och det är först på deras nya hemsida som sponsorer räknas upp. Företagen får dessutom ofta tillträde till olika evenemang där de kan möta medlemmarna för att demonstrera sina produkter eller informera om sina tjänster. Företagsreklamen och visitkorten är vanliga inslag i föreningarnas lokaler. Sponsring förekommer hos flera föreningar (även hos kyrkan). Sannolikt följer vissa förväntningar med ett sådant stöd. I en del fall kanske detta resultat enbart består i en förväntan om att föreningen på lång sikt bidrar till något som är bra för svenskarna men det finns också förväntningar på att föreningarna synliggör företaget i sin verksamhet.

Alla dessa rabattavtal, sponsring, upplåtande av klubblokaler för företagens kampanjer, informationsträffar och företagsannonsering kopplar ihop medlemmarna och företagen. Oavsett föreningens intention med detta blir reklamen och marknadsföringen i övrigt en del av den information som föreningarna väljer ut och förmedlar till medlemmar och läsare. Det finns ett slags symbios mellan företag och förening som kan vara svår att genomskåda. Banden är viktiga för föreningar som strävar efter att växa. Den *logos* som föreningarna profilerar sig med är helt enkelt svår att leva upp till utan att blanda in företagen. Det handlar om intäkter naturligtvis men det handlar också om att företagen ofta har den kunskap och de produkter och tjänster som föreningar har nytta av om de vill ge sina medlemmar den här typen av service. I föreningarnas perspektiv kan det vara en framgångsrik strategi att upprätthålla goda relationer till företag men det är givetvis också viktigt för företag att ha bra relationer med föreningarna.

Genom sammanflätade intressen sitter således föreningar och företag i samma båt. Föreningar behöver medlemmar och företag behöver kunder och båda har intressen av att hålla en gemenskap under armarna. Detta utesluter inte att både företag och föreningar också kan ha andra intressen av att detta sker. Det finns ett intressant samspel som bland annat illustrerades i de visioner som Lennart, en tidigare ordförande för en av de stora föreningarna, uttalade i en intervju 2011:

> "... det finns ytterligare en kategori som vi har sett börjat komma de sista fyra-fem åren. Och det är folk som utnyttjar EU på ett sådant sätt som det var tänkt. De tar med sig sitt företag och åker hit ner. En del sitter och jobbar på bara en dataskärm, en del öppnar företag och kommer hit ner. Och blir egna företagare. Och de vill ju syssla med det, men då har du ju språksvårigheter, du har skattesvårigheter, du har juridiska spörsmål. Så jag vill upprätta en pool där det finns revisorer och advokater och bokförare och juridisk kompetens och kontakter med myndigheter och sådana saker. På något sätt ge en pool så att de kan ägna sig åt att vara företagare, att vara entreprenörer. Och så hjälper vi dem med hela det här. Där kan vi skapa nya medlemmar och där har vi en service som ingen annan har tänkt på. Och det märkte jag nu ... Vi har öppnat en ny handelskammare här nu, en underavdelning till den här i Madrid. Och på de här luncherna sitter man och frågar: "Är du medlem i föreningen? Nä, det är ingen idé för jag spelar inte golf och jag är ingen ...". Och de spelar inte bridge, de behöver inte låna dator och böcker har de själva liksom. Men... Ifall de vill hyra ut sin lägenhet, eller sitt hus, eller i sådant fall, ifall vi kunde ordna den här poolen åt dem, en servicepool! Då skulle de bli medlemmar!"

Lennart siktar här in sig på företagare som en särskild medlemskategori. Intresset för företagarna uttrycker dock i detta fall knappast en förhoppning om att föreningen skulle få ett drastiskt tillskott av medlemmar. Trots allt är företagarna en liten minoritet i sammanhanget och dessutom är nog företagarna i allmänhet också mycket upptagna med sin egen verksamhet. Lennart ger här i första hand uttryck för en strategi att locka företag till att samarbeta med föreningen därför att företagare är en viktig resurs för den här typen av föreningar. Framförallt blir partnerskapet med företagen viktiga när föreningarna växer och tar plats som serviceaktörer bland de svenska nätverken.

Logos och guiden till det bekväma livet

Kapitlet handlar om den praktiska och nyttoinriktade service – *logos* – som flera stora föreningar har profilerat sig genom. Termen *logos* har här, i linje med Börestam (2011), uppfattats som ett slags anspråk eller argument som föreningarna använder sig av för att rekrytera medlemmar och skapa gemenskap. Genom att agera ungefär som en blandning mellan en turistbyrå och ett kommunalt medborgarkontor ger sig föreningarna in på ett område där avsikten är att förmedla den sorts service som de svenska migranterna (föreställs) ha behov av. Med hjälp av föreningen kan Spaniensvenskarna känna sig trygga, hitta de tjänster de behöver och i övrigt kunna leva *ett bekvämt liv*. Denna *logos* framstår som en tvilling till *patos*, vilket är föreningarnas profilering för att skapa känslor i deras sociala aktiviteter.

Som ett av föreningarnas stora anspråk är *logos* ett erbjudande som siktar mot det bekväma och trygga livet. I överförd mening skapas här en guide som till stor del snickras ihop av ett konglomerat av information, egna erfarenheter, rekommendationer och tips som strömmar genom föreningarna. Den tar sig uttryck i ett informationsflöde som manifesteras i tidningar, hemsidor och anslagstavlor men också i en aktivitetsrepertoar fylld av olika praktiskt inriktade evenemang och en förmedling av nyttoinriktade produkter. Genom att ta del av guidens information, delta i evenemangen och köpa de "rätta" tjänsterna, slussas de svenska migranterna i en viss riktning där ett bekvämt och tryggt liv utgör det snitslade spåret. Här finns en mängd olika tips, varningar och råd som ska hindra deltagaren att gå fel. Naturligtvis inträffar olyckor eftersom inte alla läser på eller av någon anledning ändå trillar dit. Här finns dock på hemsidor och itidningar goda kanaler för återkoppling som gör att inte andra ska upprepa misstaget. Föreningens guide till svenskarna i södra Spanien är därför en vägvisare till det som uppfattas som ett bekvämt liv där trygghet och hemkänsla är viktiga ingredienser.

Logos är dock, som kapitlet visat, inte en oskyldig sammanställning av fakta och neutral förmedling av tjänster, utan den byggs till viss del också av marknadsföring och affärsintressen. Detta hänger samman med att föreningarna och företagen ofta har ett gemensamt intresse av att hålla en svensk gemenskap under armarna. Föreningarna är i sin tur beroende av företagen för att kunna förmedla tjänster till sina medlemmar. Detta förhållande kan förstås i termer av etniskt entreprenörskap (Aldrich & Waldinger 1990) och syftar på en relativt vanlig företeelse där entreprenörer utnyttjar sin tillhörighet till ett specifikt etnisk nätverk i sitt företagande. Det kan handla om att rekrytera "arbetskraft" från detta nätverk men också om att profilera företaget gentemot den efterfrågan som finns på etniskt specifika produkter. Det finns en hel del intressanta frågor som följer med detta, bland annat hur företagen byggs upp och vilka särintressen som ligger bakom deras partnerskap. Mitt intresse i denna bok ligger emellertid inte i huvudsak på det etniska företagandet men det kan konstateras att det företagande som riktas till en nordisk marknad i södra Spanien har försänkningar ganska djupt in i föreningsverksamheten.

Reklam, sponsring och annan marknadsföring är en självklar del i dagens medielandskap – oavsett om vi är utlandsboende eller inte – och vi använder förmodligen sådana källor mer än vi tänker på när vi ska hitta en vara eller en servicetjänst som vi söker. Men när kontexten, som i detta fall, blir diasporisk med omfattande språkproblem och migranter som inte tycks höra hemma i samhället, får detta utbud en annan betydelse. Genom att guida medlemmarna i det myllrande utbud av olika serviceleverantörer som finns i det internationella sammanhanget i södra Spanien tar föreningarna också ett stort ansvar för dessa individers vardagsliv. Många svenskar tar hjälp av denna guide när de bosätter sig i södra Spanien. En hel del av dem (det är dock oklart hur många) slussas därför också in i den tillvaro som hamnar i centrum för föreningarnas aktiviteter.

Föreningarnas mål är i grova drag att bli tillräckligt stora för att kunna uppträda som en central aktör bland de svenska nätverken i södra Spanien. Med en *logos* i sin profil tar föreningarna ett steg i riktning mot rollen som *serviceaktör* och utnyttjar detta i den sociala praktik som också kan sägas mobilisera svenskarna för en diasporisk gemenskap. En analys av föreningarnas profil ger besked om den gemenskap som dessa föreningar ser framför sig. Såväl *patos* som *logos* säger med andra ord något om den målgrupp som föreningen tror vara dess medlemmar och som den därför riktar verksamheten till. Det finns tydliga ålders- och nationalitetsaspekter i profilen. Det är äldre "svenskar" – i betydelsen "från" Sverige och svenska medborgare – som är huvudmålgruppen (trots att föreningarna uppträder under nordisk flagg). Det tycks dessutom också i huvudsak vara en medelklass – eller åtminstone de som har en god ekonomi och/eller tillgångar att bekymra sig över – som är i centrum för föreningarnas uppmärksamhet. Men som resonemanget tidigare också visat är detta inte bara en spegel av de reella förhållanden som råder bland svenskarna i södra Spanien. Den sociala praktik som föreningarna därmed etablerar är i sig en medskapare till det behov och det konsumtionsmönster som utmärker deltagarna i praktiken. Denna observation sätter fingret på det sociala projekt som tycks vara inbäddat i föreningarnas engagemang för en svensk gemenskap i Spanien.

8. Spaniensverige – gränsposterna

Under rubriken "Seminarium med tapas och vin!" bjöd AHN i februari 2015 sina medlemmar på "Klubbafton" där konsulten Robusto Management hade bjudits in. I annonsen inleds innehållsbeskrivningen av denna afton med (under-)rubriken "Intressanta investeringsmöjligheter":

"**Robusto Asset Management**
har specialiserat sig på att ge oberoende finansiell rådgivning till förmögna privatpersoner, företagare och institutioner men med fokus på svenskar och nordbor som regelbundet vistas i Spanien och Sverige". (AHN-fuengirola-mijas 2015).

Denna klubbafton var uppenbart samarrangerad med det aktuella konsultföretaget med tanke på att såväl föreningen som företaget hade sina loggor i annonsen. Annonsen för evenemanget är inriktad på några av livsstilsmigranternas viktigaste frågor – social samvaro och ekonomi – och har dessutom en tydlig inriktning på en dubbel anknytning (Sverige och Spanien). Detta evenemang är också en tydlig sammanfattning för den profil som de stora föreningarna vanligtvis ger sin verksamhet. Det är medlemmarnas sociala samvaro (*patos*) *och* information-service (*logos*) som det handlar om.

Den tanke som jag introducerade i samband med social praktik i kapitel två, sätts här i spel. Social praktik är den förmedlande länken mellan individ och social gemenskap – den gör social gemenskap – men är samtidigt en länk mellan gemenskapen (som struktur) och individerna. Föreningen kan med andra ord ses som ett uttryck för gemenskap. Som sådan är den byggd av sina medlemmars sociala handlingar men eftersom föreningen också utövar en verksamhet är den i högsta grad också skapare av medlemmar. Detta är viktigt i relation till de

Hur du refererar till det här kapitlet:
Olsson, Erik. 2018. Spaniensverige – gränsposterna. I Olsson, E. *Guiden till Spaniensverige. Diaspora, integration och transnationalitet bland svenska föreningar i södra Spanien.* Stockholm: Stockholm University Press, 149–168. DOI: https://doi.org/10.16993/bao.h.
License: CC-BY

potentiella medlemmarna men är också en markering av den position som föreningen intar i relation till exempelvis det svenska och spanska samhället. För att använda en populär term i samband med migration och invandring handlar det om "integration" men också om "transnationalitet".

Svensk förening

De föreningar som står i blickfånget här tycks på flera sätt ha svårigheter med att leva upp till sina egna anspråk om att vara föreningar för *alla* nordiska medborgare. Jag har redan berört det faktum att de tre stora föreningarna i mitt material (men också andra mindre organisationer) är påtagligt svenskdominerade. Andelen svenska medborgare som tillhör dessa föreningar är oproportionerligt stor med hänsyn till hur många danska, finska, isländska och norska medborgare som är bosatta i södra Spanien. Det bör tilläggas att det bor nästan lika många norska medborgare i dessa områden och att de finska medborgarna även de har ökat betydligt. Detta märks bland annat i att det finns andra föreningar och organisationer motsvarande dominans av norska och finska medborgare. Det tycks således som om de nordiska migranterna i södra Spanien främst föredrar sina egna nationella föreningar.

Den relativt låga uppslutningen av framförallt norrmän har också blivit föremål för föreningarnas utvecklingsdiskussioner. Exempelvis har Más Amigos i olika pm och rapporter gjort uppskattningar om att cirka 80 procent av deras medlemskår är svenskar. I olika sammanhang, när medlemsantal och framtid diskuterats, har detta lyfts fram som ett (representations-)problem. Föreningen har allt att vinna på om det blir ett mer varierat nordiskt deltagande, tycks man mena. Oavsett om just detta skulle vara ett motiv så har diskussionerna väckt förslag om rekryteringskampanjer bland de norska migranterna i Costa Blanca som också, tycker jag mig se, har gett vissa resultat.

Nätverken av svenska migranter består dock inte enbart av individer födda i Sverige med svensk etnisk tillhörighet. De svenska medborgarna omfattar relativt många som bor eller vistas i Spanien men har sitt ursprung i andra länder. Det är förstås inget att bli förvånad över att också de kan ha intresse av ett utlandsboende. Det är bland annat många med finländskt ursprung som förekommer i de svenska nätverken. Jag har träffat (och intervjuat) personer födda i Iran och Irak som bestämt sig för att, som en av dessa ironiskt sade, "bli som en svensk".

I flera fall är det dock uppenbart att företagandet i Spanien varit huvud-orsaken. Det bor dessutom hundratals svenskar i båda dessa områden som har chilenskt eller annat latinamerikanskt ursprung. Det är lätt att föreställa sig att deras språkanknytning skulle kunna ta dem till andra orter men av olika skäl tycks många "invandrade" svenskar hamna i de orter som svenskar i övrigt gör. Huvudskälet till detta torde nog vara samma infrastruktur som tar många svenskar till Spanien som kapitel tre visade.

Den svenska dominansen i dessa föreningar är en konsekvens av hur föreningens praktik konstituerats. Den bild och det rykte som före-ningen skaffar sig är, enligt min uppfattning, också detsamma som det inbjudningskort som skickas ut till de potentiella medlemmarna. Språ-ket, sättet att framställa föreningen, aktivitetsrepertoaren och informa-tionen som ska hjälpa medlemmarna att hitta rätt, är tydliga signaler om vem som är adressaten. Föreningarnas tidningar och hemsidor har till övervägande delen ett innehåll som riktar sig till svenska med-borgare och de använder i huvudsak svenska som språk. Så gott som samtliga texter i dessa föreningar är endera skrivna på svenska eller är översatta till svenska. Ett undantag är Club Nórdicos medlemstidning som länge har haft en norskspråkig redaktör. I samma tidning finns dessutom relativt ofta kortare artiklar på danska och några enstaka på finska (då översatta till svenska) men i jämförelse med de svensksprå-kiga inslagen är detta mycket litet.

Det är sällan som något annat språk än svenska förekommer i klubb-lokalerna. Med undantag för de ärenden som hör till verksamhetens infrastruktur som leveranser och telefonsamtal till föreningen, hörs säl-lan språk som spanska och engelska. När teveapparaten i Más Amigos klubblokal är påslagen är den alltid inställd på den svenska utlandska-nalen. När AHN bjuder in till ett evenemang, till exempel en tevesänd fotbollsmatch, så är det vad jag kunnat se alltid svenska som gäller. I AHN:s program för vårens aktiviteter (2015) är det således svenska artister av äldre snitt som utgör underhållningen i Klubbaftonen. Under rubriken "Kök och Bar", med rubriken "Fika i Casitans bar" lockas läsaren med löftet om att "Våra värdar fixar typiska svenska smörgå-sar och dryck till de som vill ha något i magen. Prislistan är minst sagt skälig."

Trots sin (sam-)nordiska framtoning gav föreningarnas verksamhet således ett intryck av att vara nationellt, eller åtminstone språkligt, särpräglat och agerade endast i begränsad mening för en gemensam nordisk enhet. Jag diskuterade anledningen till denna segregation med ett antal föreningsaktiva. Flera av dem menade att språket till viss del kunde förklara varför det är sådan svenskdominans:

> "Nej, jag tror att språket är det stora hindret ... Vi har den finska föreningen, jag talar ju finska. Vi försöker också att ansöka om EU pengar ... men det gick inte heller. Den finska föreningen pratar finska och de finnar vi har [i föreningen] pratar svenska. Det gick inte! Men det hade varit väldigt bra om man hade kunnat samarbeta med andra nordiska föreningar men det går inte på något sätt. Här är norska föreningen, här är Nórdico och här är finska föreningen."

Marta, som vid den tiden var styrelsemedlem i en av de större nordiska föreningarna, stärker här bilden av sådana nationella inriktningar. Det tycks som om det är svårt att bryta mönstren därför att språket förhindrar kontakterna. Samtidigt är ambitionen att vara samnordiska föreningar. Att svenskan kommit att dominera språkligt motverkar i så fall denna ambition och föreningarna måste på något sätt hantera detta. Naturligtvis skulle föreningarna kunna agera för en mer enhetlig nordisk profil genom att variera språkutbudet, använda översättning mellan språken och göra andra val av aktiviteter och samkväm som uppmuntrar migranter från grannländerna. Ett alternativ för en sann samnordisk förening skulle vara att använda spanska som kommunikationsspråk (Más Amigos hemsida har faktiskt en spansk översättning). Detta skulle dessutom visa att föreningarna har en "integrationsvilja" i bemärkelsen nordisk förening som verkar i det spanska samhället. Även valet av att använda engelska skulle förändra föreningens anseende genom en orientering mot det internationella sammanhang som förmodligen de flesta nordiska medborgarna i södra Spanien känner igen sig i. De potentiella medlemmarna i de nordiska nätverken är emellertid sällan tillräckligt kunniga i det spanska språket för att detta skulle vara ett alternativ och även engelska skulle riskera att utesluta ganska många. Dessutom är språkanvändningen i många fall en resursfråga (eftersom det kan kräva omfattande översättningar).

Integration i patos

Som framförallt kapitel sex visat är verksamheten inriktad på att skapa hemkänsla bland medlemmarna. Föreningarna vill givetvis ha ett kommunikationsspråk som motsvarar denna känsla. Såväl själva kommunikationen mellan medlemmarna och de emotionellt laddade referenserna till det svenska blir därför centrala och gripbara. Förmodligen är det svenskar i en snävare mening än svenska medborgare som också är adressaten. De fester och musikevenemang som arrangeras i föreningarnas regi är i allmänhet förankrade i det som uppfattas som svenska traditioner, kulturella förhållanden och Sverige som land. Denna typ av aktiviteter är sådana som genererar starka känslor och är särskilt effektiva i gemenskapsbygget. Därför är det sällan som det firas högtider som är typiskt norska, danska eller finska. Jag har inte sett att det förekommer något firande av dessa nationers nationaldagar i de aktuella föreningarna – 17 maj, 6 december och 5 juni – men däremot är den svenska nationaldagen (6 juni) firad i åtminstone Más Amigos.

Det finns ett slags tyngdpunkt i verksamheten som gör att ålder, kön och social bakgrund kommer att ha betydelse för vilka medlemmar som prioriteras. Jag har visat att den "hemkänsla" som föreningarna bygger in i verksamheten i högre grad är ett "hem" för den äldre generationens svenskar. Åtminstone tycks föreningarna tänka så i och med att de genom sina evenemang, öppettider och övriga profilering mer eller mindre sållar bort de unga. Naturligtvis sker detta inte genom att sätta en nedre åldersgräns i de olika evenemangen men mina intervjuer visar att inte är barnfamiljer och studerande som de föreningsaktiva haft i åtanke när de planerat evenemang som till exempel "en musikalisk sommarkväll i Folkparken" där det spelas Charlie Norman och Östen Warnebring. De sociala aktiviteterna är nog i de flesta fall också mindre lockande för de svenskar som har sitt ursprung i ett annat land än Sverige. Det räcker därför inte med att vara svensk medborgare för att känna sig välkommen i gemenskapen utan det är också en *viss* sorts svensk som dessa föreningar riktar sig till. Genom detta är föreningens position i någon mening exkluderande från andra nationaliteter än de svenska; föreningarnas patos tycks bortse från att det finns potentiella medlemmar från andra länder än Sverige men den vänder sig också till ett speciellt skikt bland svenskarna, nämligen de som är "äldre" och som har en kulturell förankring i det nationellt svenska.

Det är samtidigt uppenbart att intresset för spansk kultur och kulturhistoria är mycket stor bland svenskarna i nätverken. Bland de enskilda migranterna är utflykter till kulturella platser och städer i omgivningarna mycket populära. Detta sker ofta i organiserad form genom det otal researrangörer som finns på dessa orter men att hyra en bil och ge sig ut på en privat upptäcktsfärd i de natursköna omgivningarna är mycket uppskattat. På kalendariet för de stora föreningarna står därför också kulturresor som till exempel till huvudstaden Madrid för att besöka de berömda muséerna och andra intressanta byggnader och evenemang. Det är dessutom populärt med besök i bodegor och att gå på musik- och dansföreställningar som ofta får representera den rika spanska kulturen. Kulturintresset är omfattande och föreningarna speglar detta i sin aktivitetsrepertoar. Här märks samma tendens som i övrig service; det är sociala arrangemang som föreningarna tar hand om. Medlemmarna får genom arrangemanget besöka och bekanta sig med valda delar av det spanska samhället och dess kulturliv. Den position som föreningarna intar gentemot det spanska samhället är således *representerande* och introducerande men sällan (eller aldrig) den bro till det spanska samhället som leder medlemmarna utanför den svenska ramen.

Integration i logos

Logos är en central del i föreningen profil och på liknande sätt som i *patos* märks att föreningen i hög grad vänder sig till dem som kommer från Sverige och tillhandahåller sådan service som de kan tänkas efterfråga i sin spanska tillvaro. Detta visar med tydlighet AHN på sin hemsida under fliken "Bra-att-veta" där det finns kortfattad och användbar information om framförallt frågor som har med medborgarskapet, mantalsskrivning, boende, skatt och sjukvård att göra (AHN-fuengirola-mijas 2018). Under rubriken "Ambassader och pass" ges en information om "Ambassad och konsulat i Spanien" där det finns länkar till det svenska utrikesdepartementet, Sveriges ambassad i Madrid och Sveriges honorärkonsulat i Malaga. Under samma rubrik ges dessutom den information som handlar om pensionärers levnadsintyg som Försäkringskassan kräver för utbetalning av pension samt information om hur man förnyar sitt svenska pass i Spanien (med länk till svenska polisen). I samma flik ges information om vad som gäller vid sjukdom:

> "Svensk medborgare som reser till Spanien skall ta med sig ett Europeiskt sjukförsäkringskort (EU-kort). Kortet ger dig rätt till medicinskt nödvändiga sjukvårdsförmåner under en tillfällig vistelse i ett annat EU/EES-land (Spanien), till exempel under din semester."

Som framgår av citatet och den övriga informationen i denna flik ger föreningen information som uteslutande gäller dem som har svenskt medborgarskap eller bor i *Sverige*. Trots att föreningen är nordisk nämns inte de regler som gäller för övriga nordiska länder. De aktuella nordiska föreningarna utgår i allmänhet från att de som har nytta av informationen är svenska medborgare och svenskspråkiga. Hemsidorna för såväl Más Amigos som Club Nórdico är emellertid mer "nordiska" i sin framtoning och Club Nórdico har också viss samhällsinformation för övriga nordiska medborgare, bland genom länkar till danska, finska och norska ambassader och konsulat. Club Nórdicos hemsida och medlemstidning har dessutom inslag skrivna på norska. I övrigt finns inte mycket i dessa föreningars verksamhet som tyder på att de är nordiska föreningar.

Däremot tillhandahåller föreningarna den typen av "bra-att-veta" information som AHN gör på sin hemsida. Det handlar om råd och tips om vad som är viktigt att tänka på i de samhällskontakter man har som svensk (främst) i det spanska samhället. Club Nordíco har på sin hemsida exempelvis ett kontaktformulär där den som behöver hjälp med "byråkratien i Spanien" kan skriva in sitt namn och sin fråga (Club Nordico 2018b).

Som framförallt kapitel sju visade har *logos* en tyngdpunkt på svenska medborgare men är också tydligt inriktad på en "äldre" kategori av medlemmar. Dessutom blir frågor som rimligtvis är intressant för dem som har en stark ekonomi högprioriterade. Om man hårdrar detta är föreningsverksamheten designad i första hand för de svenska medborgare som befinner sig i detta stadium av livet och som har en god ekonomisk situation. Att döma av den *logos* som föreningarna utvecklar vill de ge stöd till denna kategori av potentiella medlemmar så att dessa fortsatt får möjligheterna att leva ett bekvämt liv i Spanien.

Spaniensvenskar i förening

Sammantaget har således dessa stora nordiska föreningar i södra Spanien på så sätt som beskrivits i tidigare kapitel profilerat verksamheten i relation till de svenska nätverken i södra Spanien. Det är inte så förvånande att det tycks vara få icke-svenskar som rör sig i klubblokalerna eftersom majoriteten av aktiviteterna är på svenska. Det är heller inte så förvånande att besökarna till övervägande delen består av pensionärer eftersom både aktiviteter och tider också riktar sig till dem.

Det finns som påtalats visserligen inga formella hinder för att personer med annan bakgrund och tillhörighet ska få delta och ta del av till exempel information och tjänster. Men av verksamhetens inriktning och upplägg är det tydligt att det finns en prioriterad medlemskategori bland föreningarna. Med tanke på att det är en större gemenskap som på detta sätt konstitueras så uttrycker dessa attribut också ett slags normalitet. Det viktiga i resonemanget är att föreningarna med detta går i täten på en väg in i ett "Spaniensverige" som med sin nationellt definierade gemenskap, språkanvändning, "moraliska ekonomi" och tjänsteutbud, delvis befinner sig på avstånd från det spanska samhället.

Det finns med andra ord tendenser till segregation i den mobilisering av en svensk gemenskap som föreningarna iscensätter. Det betyder inte, som jag tidigare strukit under, att alla svenska pensionärer med god ekonomi i södra Spanien känner sig lockade av att delta. Många föredrar sina egna äventyr. Men som framställningen i ett tidigare kapitel ("Vänliga föreningar") också visade, är föreningarna inriktade på att utgöra ett "andra hem" för sina medlemmar. I ett citat i detta kapitel uppgav Lennart att vissa medlemmar tycktes ha flyttat in i föreningen. Det är trots allt ett relativt stort antal som trivs i föreningarnas sociala miljö och många tycker att det är bekvämt att ha såväl social samvaro som service inom samma väggar. Det är därför inget djärvt antagande att dessa får sin huvudsakliga guidning till en tillvaro i Spanien genom de kanaler som föreningarna tillhandahåller.

Den transnationella livsstilen

I min frågeformulärsundersökning försökte jag komma fram den ungefärliga genomsnittstid som svenska migranter vistas i Spanien. Av svaren att döma uppgår den till drygt sex månader per år. Ungefär 50 procent av respondenterna uppgav att de var säsongsboende. Detta ligger i linje med de uppskattningar som görs och bekräftar de misstankar om "mörkertal" i boendet som ofta förs fram. De samtal jag haft med de svenskar jag träffat i södra Spanien lyfter också fram fördelen med att utan vidare krångel kunna lämna sin bostad i Spanien för kort- eller långvariga besök i Sverige. Det är inte ovanligt att man reser till Sverige för några dagar mitt under sin Spanienvistelse till exempel för ett enstaka sjukvårdsbesök, för att hjälpa till som barnvakt åt sina familjemedlemmar eller för att fira en födelsedag. Dessutom firar många jul och andra högtider i Sverige. Det finns bland svenskarna därför ett utbrett intresse av att snabbt, bekvämt och till rimliga kostnader resa mellan länderna. Dessutom finns resorna inom Spanien men också till andra länder som en av lockelserna med det liv många har i Spanien.

Transnationell mobilitet tycks vara en av grundförutsättningarna i de svenska migranternas tillvaro i södra Spanien. Det frekventa resande som nämndes ovan är ett tydligt uttryck för en transnationalitet. Men en sådan mobilitet är naturligtvis inte möjlig eller ens önskvärd för samtliga. Många har sitt arbete och barnfamiljerna har barnens skolgång och sociala liv att tänka på. Det är för en del dessutom dyrt, obekvämt eller krångligt att resa – särskilt de som har nedsatt fysisk rörlighet – och de kan välja att stanna i Spanien större delen av året.

Transnationalitet, eller åtminstone strävan efter en sådan, är med andra ord ett centralt inslag i vardagen för svenskarna i Spanien (jämför Woube 2014; se även Wallin 2017 för finländare i Torrevieja). Resandet är dock inte det enda sättet att upprätthålla kontakter med ett socialt sammanhang på långdistans. Det är ett livsmönster där tillvaron omfattar ett engagemang i minst två länder som i detta fall, för de allra flesta, är Sverige och (naturligtvis) Spanien. Detta handlar mer konkret om att ha ett boende i båda länderna, att upprätthålla sina sociala och familjerelaterade relationer i båda länderna med hjälp av frekvent resande i båda riktningarna eller med hjälp av telefoni och datorkommunikation. Det kan dessutom handla om att arbeta på distans eller att aktivt göra affärer tvärs nationsgränserna. Att ha sin bostad i Spanien hindrar således inte att det går att ha ett socialt liv i Sverige eller att sköta myndighetskontakter och utföra bankärenden ungefär som om vederbörande skulle bo i Sverige.

Nya och billigare sätt att ringa telefonsamtal på, internet, epost och sociala medier har de senaste årtiondena på ett närmast revolutionerande sätt krympt avstånden och knutit ihop världen. Telefonen och datorn är i detta avseende närmast oumbärliga redskap i migranternas liv. På samma sätt som i andra migrantsammanhang märks hur svenskarna fäster stor vikt vid att detta fungerar och dessutom tar för givet att det ska finnas tillgång till datorer, bredbandsuppkoppling och billig telefoni i deras vardag. Detta engagemang är endast möjligt att upprätthålla om det finns tillgång till service och kommunikation som gör detta möjligt. Det finns också en lagstiftning och ett regelverk – bland annat den som reglerar mantalsskrivning, ägandet av bostad, skatter, socialförsäkringar med mera – som gör att denna transnationalitet inte på något sätt är en oinskränkt rättighet. Resandet kräver dessutom att det finns fungerande service – särskilt för den som har ett fysiskt handikapp – och all annan kommunikation kräver såväl ekonomiska resurser som kunskap om hur teknologin fungerar. Det finns kostnader och utgifter, bland annat för banktransaktioner och revisionsarvoden, som kan stiga i höjden om man inte ser upp. Bostäder måste underhållas vid längre vistelser i Sverige och ibland vill ägarna hyra ut dem för att få ett ekonomiskt tillskott. Och mycket mer. Det finns en rad företag på marknaden som erbjuder servicetjänster i livsstilsprojektet då det kan handla om att få teknisk hjälp med dator och annan kommunikationsutrustning; assistans i samband med resor; eller hjälp med juridiken och krånglet med byråkratin i samband med samhällskontakter och fastigheten. Och mycket annat.

Sammanfattningsvis kan tillgången till den service och de tjänster som förenklar kommunikationen och relationerna med det svenska samhället, ses som en resurs för de Spaniensvenska migranter som vill förverkliga den här sortens livsstilsprojekt. Vid sidan av nationalitet, ålder och ekonomisk position (klass) kan därför den sociala praktik som genererar gemenskap också diskuteras i relation till *transnationalitet*. Hur formas gemenskapen bland svenskarna i södra Spanien i relation till transnationalitet?

Transnationalitet i logos

Det är med tanke på föregående avsnitt inte förvånande att så mycket av *logos* i föreningarna handlar om bostäder, ekonomiska frågor och kommunikation. Jag har redan nämnt att fastighetsmäklare, advokatfirmor och revisionsbyråer tar stor plats i föreningarnas serviceinriktade verksamhet. Annonserna från teve- och IT operatörer, försäkringsbolag och transportfirmor skvallrar på liknande sätt om den betydelse som mobilitet har. Dessutom råder ingen brist på hantverkare och entreprenörer som siktar in sig på alla de kunder som behöver kunna leva ett mobilt men ändå bekvämt och säkert liv. Exempelvis annonserar målerikonsulten Kjell Hoffman ut sina tjänster om att hålla bostaden fräsch med hjälp av ROT avdrag, Morgan Nyman AB erbjuder så kallade villavagnar för mobilt boende (båda i Bulletinen 2014 nr 7), Costablanca it erbjuder installation av bredband från spanska leverantörer och städbolaget Lympieza sköter om städning och tillsyn av semesterlägenheter (de senare i Bulletinen 2013 nr 3). Utbudet är omfattande men, som diskuterades i kapitel sju, handlar det också om att orientera rätt i djungeln av alla de serviceleverantörer som erbjuder sina tjänster.

De stora föreningarna engagerar sig i den här typen av service i första hand därför att medlemmarna ska få möjligheter att leva ett bekvämt liv där den transnationella tillvaron och livsstilen är självklar.

Den viktiga informationen om till exempel skattereglerna och kraven på mantalsskrivning är ett uttryck för detta. I detta är partnerskap och samarbete med föreningar en viktig resurs, eftersom föreningarna med deras hjälp kan erbjuda information och rekommendera "rätt" företag för att få tjänsten utförd.

Under mina fältvistelser besökte jag några föreningskvällar i Club Nórdico och AHN då svenska revisionsföretag hade bjudits in för att förklara de juridiska och skattemässiga reglerna kring bland annat mantalsskrivning, boende och skattejuridik i Spanien. Det framgick av anförandena att dessa frågor ofta var mycket komplicerade. Den inbjudne revisorn hade långa och utförliga genomgångar av vad man som svensk i Spanien måste tänka på. Om det var fördelaktigt att mantalsskriva sig i Spanien berodde helt på situationen och vad man värderade i tillvaron. Det var utifrån dessa framställningar helt klart att de snåriga reglerna och kontrollen av dem skulle kräva expertkunskap för att reda ut. "Vad händer om jag mantalsskriver mig i Spanien och blir sjuk när jag är på besök i Sverige", frågade någon. "Får jag då betala alla sjukvårdskostnader själv trots att jag under så många år betalt in skatt i Sverige?" Frågorna var många och företaget kunde i stunden inte hinna med att besvara allt. Men detta var enkelt att lösa. Företaget var angelägna om att lämna sina kontaktuppgifter och meddela att det fanns möjligheter till personlig konsultation där den enskildes specifika behov kunde gås igenom.

En fråga som ofta kommer på tapeten är arvsregler. Nils, som under den här tiden var styrelseledamot för en stor förening, tycktes ha avsevärda kunskaper på området:

"I Sverige finns det inte längre någon arvsskatt, men i Spanien finns det. Och den är beroende på ifall du är resident eller ifall du är utlänning och hur gammal du är. Om man är resident och pensionär så finns det ingen arvskatt, men om du är utlänning [som ärver] så kan den vara ganska stor. Men du har ganska stora avdrag, beroende på hur många som kommer att ärva efter dig. Om du skriver spanskt testamente så delas summan upp i olika delar, och om man har fyra barn som jag, så kommer summan ofta under spärrarna. Men om du inte har spanskt testamente så kan det gå så illa att dina arvingar inte får någonting. Här fyller föreningen en viktig roll, för vi kan informera medlemmar och hjälpa dem med testamentet. Men det visar också att det är olika regler beroende på var du bor. Det är bättre för en svensk pensionär att bo i Frankrike än i Spanien. Det är en väldigt komplicerad historia som kan skaffa dig stora problem om du gör fel".

Föreningarna är inte bara serviceaktörer som guidar svenskarna till ett bekvämt liv i södra Spanien utan bygger också in en transnationalitet i sin verksamhet. *Logos* omfattar kontakter med det svenska samhället och försöker göra det mobila livet både enklare och tryggare. Därför finns det en hel del service och information i föreningarnas verksamhet som rör denna dubbla anknytning. Till exempel har AHN:s golfsektion olika erbjudande till sina medlemmar som ger dem rabatt på golfbanor i flera länder, bland annat Sverige (AHN-golf 2018). Föreningens golfsektion arrangerar dessutom golftävlingar i Omberg i Sverige. Med detta ges ytterligare en indikation på föreningens position och den målgrupp av svenska migranter i Spanien som den ser framför sig. Det finns i botten av detta givetvis ett val som föreningen gör – en profilering – som resulterar att just den typen av tjänster hamnar högt på aktivitetsrepertoaren. Det betyder inte att alla svenskar är intresserade av sådana tjänster. Många är dessutom väl insatta i regler och förordningar och kan ordna sådant på egen hand.

Att beteckna en viss praktik som "transnationell" innebär inte nödvändigtvis att denna praktik premierar en tillvaro som utesluter ett deltagande i samhällslivet i övrigt. Transnationalitet utesluter inte "integration" i meningen att en individ är delaktig, arbetar och betalar skatt i det samhälle denne bor i på bekostnad av ett engagemang i sitt ursprungssamhälle (till exempel Faist, Fauser & Reisenauer 2013; Levitt 2001). De omfattande ekonomiska och sociala remitteringar till "hemlandet" samt det sociala ansvar på "långdistans" (Baldassar & Merla 2014) som många hårt arbetande migranter engagerar sig i, visar med tydlighet att detta inte är något antingen-eller. Livsstilsmigranternas olika levnadsmönster är förmodligen det ett lika tydligt exempel (Gustafson 2001; O'Reilly 2017). Föreningarnas engagemang i bekvämlighetsservice visar hur en tillvaro med transnationalitet som ledstjärna kan underlättas. I detta ligger tyngdpunkten på att kunna sköta sina medborgerliga förpliktelser och bevaka sina ekonomiska intressen utan att helt släppa det svenska samhället. Det är föreningsperspektivet på det normala livet för en svensk (livsstils-)migrant i Spanien som speglas här. Om detta är en korrekt bild eller inte för majoriteten av svenskarna i södra Spanien är svårt att veta.

Behoven är emellertid, som påtalats, inga konstanta enheter utan de konstrueras i verksamheten och gör föreningen delaktig i "normaliseringen" av det transnationella. På en annan nivå kan vi här tala om en "transnationalisering" av den sociala praktik som mobiliserar en svensk diaspora i södra Spanien. Detta är en dimension som torde ha blivit viktigare med åren. I och med att föreningarna lägger stor vikt vid att underlätta det mobila och transnationella livet – åtminstone i jämförelse med det engagemang som ägnas en integration i det spanska samhället – gör de också något med den gemenskap som föreningarna står för. När den sociala praktiken på detta sätt är migrationsbaserad, "etnisk" och "transnationaliserad" leder denna mobilisering de svenska migranterna till en diasporisk tillvaro i södra Spanien.

Integration?

Jag har tidigare i boken visat att de svenska migranterna i södra Spanien följer det mönster som är känt från bland annat brittiska livsstilsmigranter i landet. Det handlar delvis om en tillvaro som är skild från det spanska samhället och där det dominerande sociala livet kan beskrivas som nationellt eller "internationellt". Frågan om Spaniensvenskarnas "integration" i det spanska samhället är ofta uppmärksammad i medier. Per Gustafsons och Ann Elisabeth Laksfoss Cardozos (2017) studie av pensionerade skandinaviska migranter bekräftar också att skandinaverna i första hand uppträder som till exempel norrmän eller svenskar och undviker en inkludering i det spanska samhället. Samma segregerande tendens märks också bland de finländska pensionärerna (Wallin 2017).

Det finns emellertid studier som tyder på att migranterna själva är medvetna om att deras tillvaro är priviligierad och att de bör anstränga sig för att bli en del av det spanska samhället (jämför Lundström 2017). En del har dessutom ett gediget intresse av det spanska samhället och önskar att de kan delta i samhällslivet på ett bättre sätt. Oavsett vilket är det få av migranterna som helt och hållet kan strunta i det samhälle de permanent eller tillfälligtvis bor i. Många betalar skatt och gör rätt för sig i Spanien samtidigt som de också utnyttjar sina rättigheter. Det finns dessutom skyldigheter och förpliktelser som har att göra med boendet och samhället. Eftersom de svenska livsstilsmigranterna inte förväntas arbeta i Spanien är det emellertid inte helt självklart hur en större delaktighet ska åstadkommas.

Ett resultat i den frågeformulärsbaserade undersökning jag gjorde visar att en relativt stor andel av respondenterna (bortemot 30 procent) ansåg att en av föreningarnas viktiga uppgifter var att fungera som en brygga till det spanska samhället. Detta säger inte mer än att det finns önskemål om att föreningarna ska ha ett sådant engagemang.

Det är därför en relevant fråga att ställa om föreningarna genom sin verksamhet bidrar till att svenskarna närmar sig det spanska samhället och i så fall hur? För att undersöka detta föreställde jag mig att medlemstidningarna skulle spegla medlemmarnas verklighet i denna del av Spanien. Bulletinen/Amigos och Nórdico Nytt är, som påtalats, producerade i relativt påkostat format och påminner ibland om livsstilsmagasin där reportage och artiklar blandas med notiser och annonser. Här uttrycks också mycket riktigt ett visst intresse för att skildra företeelser i det spanska samhället. Exempelvis så har journalisten och författaren Thomas Gustafsson återkommande skrivit krönikor i Bulletinen där han reflekterat över aktuella debatter och händelser i det spanska samhället. Under 2014 handlade dessa bland annat om den ökande fattigdomen i det spanska samhället i den ekonomiska krisens spår (nr 4), om den spanska turistindustrins framgångar (nr 6) och den spanska statens satsning på järnvägstrafiken (nr 7). Det har de senaste åren också skrivits en hel del historiskt intressanta artiklar, bland annat en skildring av det spanska inbördeskriget (Lars-Göran Asmundsson), och en mängd reportage om diverse resmål och historiska sevärdheter runt om i Spanien.[23]

De två medlemstidningarnas samhällsinformation, samhällsreportage och krönikor ger viss orientering om vad som pågår i det spanska samhället. I övrigt är det snarare vissa sidor av det spanska samhället – de som på olika sätt berör de nordiska migranterna – som lyfts fram i texterna. En hel del av innehållet är dessutom helt och hållet medlemsrelaterat. Bland annat märks reportage från olika evenemang som har intresse för medlemmarna och från besök hos kända svenska personer som bor i Spanien. I Bulletinen (2014, nr 3) rapporterades till exempel om att Más Amigos fick representera Sverige på en mässa i Alfaz del Píe och om ett besök hos familjen Gäbel (2014, nr 4) – den Spaniensvenska pionjärfamiljen i Costa Blanca. På liknande sätt gör Nórdico Nytt i artiklar och reportage nedslag i det spanska samhället, oftast i företeelser som har ett påtagligt intresse för nordbor i Spanien. Artiklarna om de organiserade resorna till vingårdarna och andra resmål, personskildringarna och tips i vanliga vardagsproblem i det spanska samhället är skrivna ur ett "nordiskt (i huvudsak svenskt) perspektiv". Det vill säga med ingångar i händelserna utifrån deras intresse som

---

[23] Det finns emellertid flera andra media som förmedlar nyheter om det spanska samhället. Ett exempel är Sydkusten, www.sydkusten.es, där svenskspråkiga kan hålla sig väl uppdaterade i olika samhällshändelser.

dessa kan tänkas ha för just tidningens läsare. Detta intryck förstärks dessutom av de större svenska livsstilsmagasinen som ges ut i Costa del Sol: Svenska Magasinet, Sydkusten och En Sueco. De artiklar som publiceras (på svenska) här är avsedda för svenskar som bor i Spanien och skildrar samhället utifrån denna synvinkel. Det hindrar inte att detta varvas med många välskrivna och intresseväckande reportage om det spanska samhället.

Jag är inte ute efter att recensera det val av innehåll som föreningarna står bakom. Det jag vill lyfta fram här är att tidningar och hemsidor är en komponent i den guide som föreningarna tillhandahåller för svenskarna i södra Spanien. Därför speglar både innehåll och språkval föreningarnas riktning i integrationsfrågan. Samtliga dessa tidningar och magasin är helt och hållet skrivna på något av de skandinaviska språken (men i de fall jag studerat är det således svenskan som dominerar). Det förekommer (så vitt jag vet) inga originaltexter på vare sig engelska eller spanska i någon av de publikationer som riktar sig till svenskarna. En tidningsredaktion som vill locka läsare med spansk-skandinavisk anknytning eller som av något skäl vill uppmuntra till läsning på andra språk än de skandinaviska, skulle välja ett annat innehåll och språk. Föreningarna uttrycker i tidningarna en ganska begränsad ambition som består i att ge en allmän skildring av det spanska samhället. I övrigt är tidningarna mer likt guider in i det liv som föreningarna tror och önskar att svenskarna vill leva i södra Spanien. Något annat är inte att förvänta med tanke på att det är medlemstidningar som det handlar om.

Som förväntat är heller inte föreningarnas klubblokaler några arenor där svenskar i någon större utsträckning träffar människor från andra nationaliteter. På en mängd olika sätt ger klubblokalerna sken av att vara ett svenskt territorium snarare än att vara en mötesplats mellan det svenska och det spanska. Öppettiderna är anpassade till svenska högtider och de säsonger som många svenskar tillbringar i Spanien medan de spanska helgdagarna oftast går obemärkta förbi – även när de inträffar under vardagar (Club Nórdico har emellertid information om när de spanska lokala och offentliga helgdagarna inträffar). Det går däremot sällan att hitta en spansk dagstidning i klubblokalerna. Annonserna för produkter och tjänster som är fästade på anslagstavlan gör reklam för olika svenska eller skandinaviska företag men det är ett fåtal av de lokala spanska företagen som hittat dit. Undantagen är de företag som skrivit avtal om sponsring och rabatter med föreningarna. Det är här uppenbart att föreningarna är inriktade på en specifik målgrupp och att profilen premierar en viss typ av levnadsmönster där det spanska samhället är på distans.

För den skull handlar det i föreningarnas perspektiv nödvändigtvis inte om att isolera medlemmarna från det spanska samhället. Det sker till och med en del försök att få till stånd ett slags närmande. I en av de samtal jag hade med Marta kom vi att prata om hur hennes förening valt ståndpunkt i denna fråga. Jag undrade hur föreningen hjälpt dess medlemmar med att på olika sätt komma in i det spanska samhället. Marta svarade:

"Föreningen försöker skaffa så mycket information som möjligt. Sen har vi temakvällar på måndagar, sen så försöker vi berätta om detta. Vi tar hit någon, just om vi tar spanjorer hit så har vi tolkar men oftast försöker vi ta någon som är expert på skatter eller arv och allt sådant. Vi försöker att förmedla detta till våra medlemmar, vi är på något sätt en länk mellan staten och individen vi tycker alltså att det är vår uppgift, sen får du inte betalt för det men jag tycker det är jätteroligt att hjälpa andra."

I Martas berättelse märks den *logos* som föregående kapitel handlade om. De exempel hon tar upp i citatet är relaterad till de fiskala sidorna av tillvaron. Föreningarna tar vissa initiativ för att svenskarna ska få bättre information och service. Hans, som under en tid var ordförande i en av föreningarna, menade dessutom att föreningen kan skaffa sig instrument för att förmedla kulturella relationer till det spanska samhället:

"Vi ska också försöka skaffa oss EU-bidrag. Men det är svårt att göra allt ensam. Man måste tränga igenom byråkratin och allt sånt, och just nu är det bara jag som jobbar för föreningen. ... Jag känner folk i Bryssel och kanske kan vi snart sätta igång med det här. Och då kan vi använda EU-bidragen för att utveckla föreningen och bättre få kontakt med den spanska kulturen."

Det är här experter från företag och organisationer kommer in för att informera och hjälpa medlemmarna att hitta rätt i det spanska samhället. Det händer också att föreningarna bjuder in lokala politiker och kommuntjänstemän för samma ändamål. Föreningarna är också drivande i att kontakta kommunerna för att på olika sätt föra fram önskemål och på olika sätt verka för goda relationer mellan nordbor och det spanska samhället. Citaten ovan är således exempel på hur föreningsaktiva kan uppfatta sin uppgift om att vara en brygga till det spanska samhället. Trots allt finns det mycket som tyder på att detta är vad många svenskar i nätverken tycks förvänta sig av en förening.

Föreningsaktiva är medvetna om att de mer konkreta sociala kontakterna med den spanska befolkningen är svåra att åstadkomma. Språkbarriärerna är stora hinder som är svåra att komma över. Det har visserligen förekommit försök att ha gemensamma utflykter och nöjesevenemang med spanska pensionärsföreningar men dessa har enligt uppgift inte blivit lyckosamma. En av de föreningsaktiva berättar om ett sådant försök:

> "Spanjorerna satt i ena delen av bussen och pratade med varandra. Svenskarna i den andra. Det har fungerat något sånär med blandade grupper i danskurser. Några har faktiskt anmält sig och gått dit. Men i allmänhet vill man inte ha något umgänge med varandra."

Det tycks som om språkförbistringar, blyghet och framförallt avsaknad av bra kontaktytor försvårar möjligheterna för de svenskar som är intresserade av att ta sig in i det spanska samhället. Goda kunskaper i spanska är ingen garanti för att lösa vare sig problemen med socialt umgänge eller övrig delaktighet i det spanska samhället. De mer direkta försöken från föreningarnas sida om att skapa social samvaro med spanjorer och även andra nationaliteter har därför varit begränsade. För de flesta svenska livsstilsmigranterna är ett arbete i Spanien inte aktuellt. Tvärtom är frånvaron av arbete för många en av anledningarna till att man flyttat till Spanien. Den minoritet som är i landet för att arbeta är till övervägande delen sysselsatta inom den internationella servicebranschen. Jag tror också att de lokala spanjorerna i allmänhet inte förväntar sig att "utlänningar" behärskar spanska i den grad att det går att föra en konversation med dem (jämför Woube 2014). På denna punkt går det i viss mån att jämföra de erfarenheter som svenskarna i Spanien har med många invandrades erfarenheter av det svenska samhället.

Mot bakgrund av detta föreställde jag mig att det borde vara en viktig angelägenhet för föreningarna att medverka till en mer långsiktig integration. Jag pratade därför med flera föreningsaktiva om integrationsfrågor och fick intrycket av att de mycket väl inser värdet av att svenskarna i Spanien blir en del av samhället. Det är angeläget att svenskarna så mycket som möjligt lär sig språket och själva kan skapa sociala kontakter med sina grannar och kan delta i samhällslivet på olika sätt. Samtidigt verkade föreningsaktiva inte anse att det tjänar något till att lägga så mycket kraft på detta eftersom medlemmarna helt enkelt inte uppskattade sådana initiativ.

Ett sätt att minska det sociala avståndet vore kanske att samlokalisera föreningarna och genom detta "tvinga fram" mer spontana former av socialt umgänge? Under de år jag följt föreningarna i södra Spanien har frågor om lokalbyten kommit upp. Más Amigos är den förening där en alltför trång lokal varit mest bekymmersam. Det har funnits visioner bland flera av de föreningsaktiva i Más Amigos, men också i andra föreningar, att skaffa en större lokal som kunde inhysa både andra föreningar och företag. En livskraftig idé som då och då förts fram har gått ut på att samlokalisera flera nordiska föreningar och kyrkan i Torrevieja i ett "Nordens hus". Under hösten 2014 aktualiserades denna fråga återigen. Vid mitt besök nämnde ordförande att han redan påbörjat en diskussion kring ett större lokalprojekt i centrala Torrevieja där också andra föreningar och företag – inte enbart nordiska – skulle delta. Det var dock aldrig någon av de föreningsaktiva som tycktes ta tanken om samlokalisering på allvar. Sannolikt skulle det vara möjligt att åstadkomma ett samarbete med någon lokal förening i sådana och andra frågor men intresset tycktes saknas. Vid några tillfällen testade jag tanken om samlokalisering på föreningsaktiva. Skulle inte deras förening vinna på att flytta klubblokalen till den stora fest- och marknadsplatsen i Fuengirola? frågade jag. Detta är ett område med många av det lokala civilsamhällets klubblokaler – så kallade *peñas* – där motorcykelklubbar huserar granne till flamencosällskap och tjurfäktarnas förening. Mitt förslag togs nog aldrig på allvar utan möttes med överseende leende.

Det händer dock att föreningarna och även kyrkan tar på sig uppgiften att representera svenskarna. Exempelvis har den svenske prästen i Torrevieja som tradition att varje år hålla i en andakt i stadens katolska katedral. Detta var ett sätt att uttrycka en kristen gemenskap tvärs nationsgränserna men självfallet också ett led i att svenskarna vill ta plats i det lokala samhället. Ett annat exempel är den traditionella julgransresningen i Torrevieja, som jag nämnde i kapitel sex, då föreningarna får tillfälle att föra fram sina julbudskap till stadens befolkning oavsett härkomst. Det framgår att de föreningsaktiva tar den typen av formella händelser på största allvar; det är ett tillfälle att kliva fram och synas i officiella sammanhang. Jag tror dessutom att många av de svenskar som bor i området uppskattar om föreningarna tar denna roll.

Kommunerna verkar från sin sida intresserade av att ha goda relationer med sin "invandrade" befolkning från norr. Kommunen i Mijas (Costa del Sol) har ett särskilt flerspråkigt kontor som bistår "extranjeros" med olika slags service (bland annat på svenska). Vid tiden för mina fältvistelser fanns också en engelskspråkig "internationellt" ansvarig vid kommunen i Torrevieja vars uppgift var att sköta om kontakterna med de olika "invandrarföreningarna" i staden. En liknande funktion finns också vid kommunerna i Fuengirola och Mijas Ett annat exempel, också det från Torrevieja, är det kommunala monumentet som restes till Nils Gäbels minne som jag nämnde i kapitel tre.

Här finns således ett slags försök till att etablera relationer mellan majoritetssamhället och de svenska migranterna som på sikt också kan förbättra integrationen av svenskarna i det spanska samhället. Å andra sidan tycks dessa försök ta omvägen via representationer och symboliska gester. När det gäller konkreta relationer verkar föreningarna ha resignerat på grund av det dåliga intresse som medlemmarna tycks ha för detta. Detta betyder inte att föreningarna i sin verksamhet tar avstånd från det spanska samhället. Framförallt gör inte de föreningsaktiva detta utan jag har noterat att flera av dem säger att fler svenskar borde lämna sin trygga borg bland andra svenskar och söka sig ut i det spanska samhället. Men de inser också – och ofta av egna erfarenheter – att detta inte är enkelt att åstadkomma och försöken stannar ofta på denna representativa och ibland förhandlande nivå.

De integrationsliknande aktiviteter som märks i de stora föreningarnas verksamhet, består i att ibland uppträda som representant för den nordiska eller svenska befolkningen i dessa områden. I övrigt handlar det om att se till så att medlemmarna har redskapen för ett bekvämt liv i Spanien. Tankeexperimentet med samlokalisering ovan sätter fingret på de val som föreningarna kan göra i integrationsfrågan. Ett annat val med en tydlig koppling till det spanska samhället skulle, enligt min mening, kunna omorientera den sociala praktiken i en mer inkluderande riktning. Om nordiska och andra liknande föreningar som organiserar de internationella nätverken ofta skulle söka samarrangemang blir förutsättningarna för att åstadkomma delaktighet och kontakter med den spanska lokalbefolkningen förmodligen avsevärt större. Det finns idéer i föreningarna som går i den riktningen. Men risken att förlora medlemmar och därmed makt och sponsorer avskräcker nog de flesta för att ta alltför konkreta initiativ.

I Spaniensverige

I detta kapitel har jag diskuterat hur den sociala praktik som framförallt föreningarna använder för att mobilisera svenskarna i södra Spanien är relaterad till etniska och livsstilsrelaterade aspekter. Det är med andra ord svenskar som dessa föreningar i första hand riktar sig till och det är sociala aktiviteter som sätter den svenska bakgrunden i centrum som det handlar om. Den etniska tillhörigheten är ett vanligt inslag i den här sortens mobilisering och med tanke på den färdriktning och position som praktiken har i relation till såväl det spanska samhället som det svenska – med ett uttalat "utanförskap" och en obruten "hemlandsrelation – liknar detta på många sätt andra diasporor som framförallt den samhällsvetenskapliga litteraturen diskuterar (Braziel & Mannur 2003; Vertovec & Cohen 1999; Wahlbeck & Olsson 2007).

Den sociala praktik som opererar här har en tydlig inriktning på social samvaro och service – framförallt sådan som kan underlätta den bekväma tillvaron och livsstilsprojektet – samt obrutna relationer till det svenska samhället. Det är inte individernas försök att hitta en väg in i det spanska samhället som uttrycks i föreningarnas *patos* och *logos* utan snarare livsstilsprojektets olika komponenter. Dessutom tar föreningarna ett vidare ansvar med representation och annat som gör att de kan sägas vara förvaltare av svenskarnas kontakter med det spanska samhället. I viss mening skulle det här gå att tala om den gemenskap som ligger i mobiliseringens riktning som en "livsstilsdiaspora" (jämför Olsson 2017).

Genom att profilera sitt engagemang i relation till framförallt livsstilsfrågorna, belägger föreningarna den väg som leder svenskarna i nätverken till ett Spaniensverige. Även om denna profilering förmodligen inte är planerad för att hålla de svenska migranterna i en segregerad tillvaro så är det den typen av aktiviteter som premieras. Men eftersom praktiken på olika sätt också formar de individer som är deltagare i de olika aktiviteterna – genom att delta är de på sätt och vis medskapare till en viss sorts svensk gemenskap – kan vi här tala om framväxten av ett Spaniensverige där Spanien hålls på en armlängds avstånd och kontakterna med det svenska samhället uppmuntras.

9. Livsstil och diaspora i Spaniensverige

Bokens huvudlinje handlar om stora nordiska sociala föreningar i södra Spanien och hur de – i samverkan med andra organisationer, nätverk och företag – ledsagar de svenska livsstilsmigranterna till ett Spaniensverige. Under ytan på de aktiviteter och annan verksamhet som föreningarna iscensätter för sina (potentiella) medlemmar ligger en mobilisering av en transnationell gemenskap som sätter den svenska nationaliteten och anknytningen till Sverige i centrum. Det är också en mobilisering som tar fasta på de svenska migranternas livsstilsprojekt och som i synnerhet riktas till dem som är "äldre" (i allmänhet pensionerade) och som i huvudsak antas ha en bakgrund i medelklassen. Det är detta gemenskapsgörande – och den sociala praktik som så att säga är motorn i detta – som är bokens huvudämne. Med tanke på att den kontext som denna praktik agerar i och den riktning som praktiken ger denna gemenskap, liknar denna gemenskapsgörande process den moderna användningen av begreppet diaspora (Olsson 2013).

Jag ska i detta avslutande kapitel sammanfatta huvuddragen i detta gemenskapsgörande. Efter sammanfattningen följer sedan en diskussion av livsstilsmigration i diasporiska sammanhang. Det bör dock nämnas att varken föreningarna eller andra organisationer själva beskriver sina engagemang i termer av "svensk gemenskap", "svensk identitet", "svensk kultur" och definitivt inte "svensk diaspora".

Svensk eller nordisk gemenskap?

En intressant bakgrund för det gemenskapsgörande som har beskrivits i denna bok är att föreningarna presenterar sig själva som *nordiska* föreningar i Spanien. Den praktik som just de föreningar som är i fokus

Hur du refererar till det här kapitlet:
Olsson, Erik. 2018. Livsstil och diaspora i Spaniensverige. I Olsson, E. *Guiden till Spaniensverige. Diaspora, integration och transnationalitet bland svenska föreningar i södra Spanien.* Stockholm: Stockholm University Press, 169–178. DOI: https://doi.org/10.16993/bao.i. License: CC-BY

här har den ledande rollen i, handlar emellertid om en *svensk* gemenskap. De föreningar jag studerat är tydligt svenskdominerade både när det gäller andelen medlemmar med svenskt medborgarskap och det språk och de referenser som föreningarna använder i sin verksamhet. En annan bakgrund i relation till föreningarnas självbeskrivning är att de lyfter fram det "sociala" i betydelsen att det handlar om umgängen, samvaro och gemenskapsfrämjande aktiviteter. Men föreningarna har över tid anpassat sin sociala profil i en riktning som går längre än den konventionella betydelsen av ordet social genom att inkludera aktiviteter och information som på olika sätt kan tänkas vara ett stöd i (de potentiella) medlemmarnas tillvaro.

Det faktum att den svenska migrationen till södra Spanien domineras av livsstilsmigranter – många av dem pensionerade men långt ifrån samtliga – är en viktig förutsättning för den sociala praktik som mobiliserar Spaniensvenskarna. Föreningarna har tagit fasta på den strävan efter ett gott liv och en bekväm tillvaro som tycks ligga bakom de flesta svenskarnas migration till södra Spanien. Detta kan emellertid inte reduceras till drömmen om ett underbart hus vid stranden och ett innehållsrikt liv med nöjen, upplevelser och kultur. De svenska migranternas tillvaro i södra Spanien handlar i lika hög utsträckning om att kunna leva ett bekvämt och tryggt liv utan att kapa banden med det svenska samhället.

Med migration i allmänhet och livsstilsmigration i synnerhet följer ofta en stor efterfrågan på resor, modern kommunikationsteknologi och service som gör migrationsprojektet möjligt att förverkliga. I bokens tredje kapitel fördes en kort diskussion om hur dessa förutsättningar också genererar vissa typer av "rutter". Det massiva livsstilsmigrationsintresset för Spanien kan inte enbart handla om sol och värme. Det är snarare en såväl fysisk som social infrastruktur som tar ett stort antal svenska livsstilsmigranter till just denna del av världen. På olika sätt har rese- och fastighetsbranschen styrt en mängd soltörstande nordeuropéer till just dessa områden. Stigarna till Spanien har dessutom trampats upp av olika privata och ideellt förvaltade organisationer och föreningar som även de förmedlat bilder av ett skönt och bekvämt liv. Det finns ett slags diskurs som förmedlas i broschyrer, tidningar, hemsidor, mässor och forum där den soliga vägen till Spanien asfalteras med förmånliga bostadsaffärer, ett hälsosamt liv, en rik kulturhistoria, vackra landskapsvyer, långa sandstränder och mycket annat.

Kapitel fyra följde upp det som liknades med "upptrampade stigar" ovan, genom att skildra (bak)grunden för ett föreningsliv bland svenskarna i södra Spanien. I migranternas vardag finns andra komponenter än den skinande solen och det avslappnade livet. Det kan tyckas självklart att många efterfrågar ett socialt liv som bland annat omfattar kontakter med andra svenskar. Självfallet uppstår situationer då en del av migranterna hamnar i ensamhet och isolering. Jag menar här att det funnits starka sociala och praktiska skäl till att svenskarna har hållit ihop. Med tanke på fastighetsförsäljningens koncentration på bestämda orter har ofta nätverk av svenska migranter hamnat i närheten av varandra. Kommunikationen med det spanska samhället har för dem varit ett ständigt problem, bland annat i kontakter med myndigheter och offentliga institutioner. En civilsamhällelig respons på detta har handlat om att gemensamt hantera situationen som invandrad och kring detta har ett socialt liv vuxit fram. Detta är två sidor som tycks vara sammanflätade i det svenska föreningslivet i södra Spanien. Samtidigt visade kapitel fem att intresset för att hålla ihop svenskarna som gemenskap också finns i kyrkans verksamhet och dessutom i företag och andra organisationer. Den service och det stöd som migranterna efterfrågat har skapat en "marknad" för intressebaserade organisationer och föreningar. I kapitlet gavs bland annat ett exempel på en social förening som har sin historia förknippat med ett fastighetsföretag. Företaget skapade en förening som kunde administrera viss service till svenska köpare och på så sätt undvika att praktiska problem påverkade affärerna negativt. Här kan således en motsatt rörelse observeras: företag som startar föreningar vilka med tiden etablerar sig som gemenskapsgörande aktörer i de svenska nätverken.

Bakom engagemanget för en svensk gemenskap i södra Spanien finns således en mix mellan civilsamhälleliga och pragmatiskt ekonomiska intressen. Huvuduppgiften för de sociala föreningarna är självklart inriktad på den sociala samvaron. I kapitel sex visade jag hur detta görs bland annat genom att konstruera ett socialt andra hem för migranterna som också tar sig materiella uttryck i till exempel föreningslokaler. På det sätt som föreningarna profilerar sina verksamheter liknar de till stora delar sociala projekt. Det finns tydliga sociala tyngdpunkter i föreningarnas rekrytering av medlemmar. Det är i detta fall framförallt pensionärer och i viss mån också de potentiella medlemmar som har sin socioekonomiska hemvist i medelklassen som föreningarna i första hand vänder sig till. De aktiviteter som initieras av föreningarna bär denna prägel men byggs dessutom på ett tydligt sätt upp kring det svenska ursprunget. Detta slår för övrigt igenom i föreningarnas vardagliga interaktioner och i diskursen kring verksamheten där det svenska språket dominerar. Det figurerar här ett implicit förhållningssätt som både är pragmatiskt (för att locka "rätt" medlemmar) och emotionellt laddat med starka anspelningar på det etniskt nationella och det som kan uppfattas som det saknade hemlandet. På detta sätt byggs ett *patos* in i den mobiliserande sociala praktiken.

Det finns en rad olika sociala föreningar bland de nordiska nätverken i södra Spanien. De stora föreningar som har diskuterats i den här studien får på sätt och vis konkurrera med andra föreningar. Det handlar om att rekrytera medlemmar men också om anseende och inflytande inom nätverken av svenska migranter. Det finns en rationalitet i detta där en fortsatt stark ställning på dessa punkter kräver en ständig utveckling av verksamheten. Det visade sig att föreningarna av dessa skäl expanderat sin verksamhetsinriktning på sociala arenor och samkväm till en verksamhet som också rymmer service och information. Denna utveckling är tätt sammanlänkat med det livsstilsprojekt som majoriteten av de potentiella medlemmarna är förknippade med.

I spåren av livsstilsmigration byggs det upp en infrastruktur och "industri" av service och tjänster som är relaterad till ett gott liv. Men det handlar också om att få möjlighet att leva ett bekvämt och praktiskt liv där också vardagen fungerar. De sociala föreningarna bland svenskarna i södra Spanien har svarat mot denna efterfrågan bland migranterna genom att kombinera det civila engagemanget (med "eldsjälar" och frivilliga) med företagssamverkan och "marknadsanpassning". I framförallt kapitel fem visade jag hur denna samarbetsform tar plats i glappet mellan de två inblandade staternas syn på och utförande av välfärd och samhällstjänster (Gavanas 2017). Ofta hamnar livsstilsmigranterna i en situation där de endera inte har full tillgång till det spanska samhällets skyddsnät eller inte vet hur de ska få det (eller tycker att det är för krångligt att ta reda på hur). Samtidigt är det ett relativt begränsat offentligt socialt skyddsnät som utrikes bosatta har tillgång till. De som har mantalsskrivit sig i Spanien förväntas hamna under det spanska samhällets skydd. Det är en situation som av vissa kan uppfattas som prekär (vilket de föreningsaktiva ofta uttryckte). Vad som är intressant här är att detta glapp skapat civila engagemang inom nätverken, som också Gavanas (2016) är inne på.

Men det är dessutom en orsak till att så många företag etablerat sig som serviceleverantörer.

Mot bakgrund av dessa förutsättningar finns det en tydlig tendens till att föreningar och andra organisationer i detta Sverigespanska landskap agerar med hänsyn till migranternas livsstilsprojekt och det sociala stöd de söker i sin tillvaro. En viktig aspekt i denna är möjligheterna att också ha det svenska samhället och de sociala kontakterna där inom räckhåll. I kapitel sju visade jag hur föreningarna etablerar sig som serviceaktörer som förmedlar information och tjänster (och ibland också säljer sådana) där de privata företagen är säljare eller serviceleverantörer. Allt detta har i denna bok kokats ner till en fråga om gemenskapens karaktär och riktning samt med analytiska avsikter också kopplats till diskussionen om hur diaspora kan förstås och studeras. Föreningarna tar här plats som en aktör som sätter en diasporisk gemenskap i första rummet. Det är med andra ord en gemenskap där livsstilsprojektet och det svenska förenar migranter som fortsatt vill ha en fot kvar i det svenska samhället.

Diaspora, praktik och samhällskontext

Denna sammanfattning leder till bokens huvudargument om att den sociala mobiliseringen av svenska migranter i södra Spanien bör ses som en (livsstils-)diaspora. Med detta handlar diskussionen om en viss form av social praktik (Brubaker 2005) där "utlänningskapet", nationell/etnisk tillhörighet och "hemlandsrelationer" är i centrum. I denna process är gruppen eller gemenskapen själva anspråket eller projektet (Brubaker 2005; Olsson 2013; Sökefeld 2006) och således inte den naturliga eller självklara enhet som en mobilisering ofta framställer den som (med hjälp av referenser till traditioner och grundmurad mytologi). I den belysning som dessa fenomen fått här handlar en svensk diaspora i södra Spanien om en mobilisering av ett antal sammanlänkade nätverk av svenska medborgare. Föreningarna kan ses som en "diasporisk aktör" vars verksamhet och aktiviteter utgör en "mobiliserande praktik" (Sökefeld 2006) för denna livsstilsdiaspora.

I boken faller strålkastarljuset således på det aktörskap som de stora nordiska sociala föreningarna har. Det finns en rad studier av etnicitet och diaspora som på liknande sätt har påvisat den centrala roll som föreningar och andra civila organisationer får i den här typen av mobiliseringar (till exempel Fortin 2006; Naldemirci 2013; Olsson 2009;

Tallgren 1999; Wahlbeck 1999). Det handlar om hur dessa aktörer rekryterar människor till sin verksamhet och med detta blir så att säga både konstruktörer och förvaltare av gemenskapen. Martin Sökefeld (2006) visade att de organisationer som ställde sig i spetsen för en liknande diasporisk mobilisering också på olika sätt kom att definiera och konstituera uttrycken för gemenskapen (se även Conzen 1989; Fortier 2006; Olsson 2009). I det Spaniensvenska sammanhanget kan detta översättas till föreningars rekrytering och iscensättning av sin verksamhet. Detta har skett i form av det samspel mellan (föreställd) efterfrågan/ behov och föreningarnas visioner om en bra och intressant verksamhet i relation till de materiella och sociala förutsättningarna för att göra detta. Här sker en profilering av verksamheten som också konstituerar dess (uppfattade) innehåll. Det är ett aktörskap som innebär ett slags regi för hur den svenska gemenskapen i södra Spanien uppfattas och dessutom uppträder.

Boken visar hur livet – för att inte säga stilen – som migrant på detta sätt läggs fram och tillrätta genom framförallt de sociala föreningarnas mobiliserande och konstituerade praktik. De som flyttar eller långtidsvistas i södra Spanien – oavsett om de är pensionärer eller företagare – och som väljer att med hull och hår delta i föreningslivet, kommer att uppleva denna gemenskap med andra svenskar på ett sätt som har en stark influens av aktörerna i detta. I föreningens samvaro ges gott om tillfällen att prata svenska och delta i evenemang som har svenska förtecken och det erbjuds en rad möjligheter att sköta sin tillvaro ungefär som om de vore i Sverige (men med mer tillgång till sol, värme och förmodligen socialt umgänge).

På liknande sätt som i Jan Blommaert (2014) studie av "super diversity" i Antwerpen kan föreningarnas profilering av sin verksamhet ses som ett slags historisk kommunikativ praktik. En förenings profil och design av praktiken är ett sätt att rikta sig till en målgrupp. Genom sin profil talar föreningen om "vem" den i första hand vänder sig till. Med andra ord handlar denna konstituering inte enbart om att prägla gemenskapens innehåll utan det finns i detta också en social urvalsprocess. I boken visar jag hur det i första hand är "nationellt" definierade svenskar (och inte nordbor i allmänhet eller svenskar med annan bakgrund) och "äldre" (pensionärer och övre medelålder) från en viss socioekonomisk bakgrund (i allmänhet medelklass och höginkomsttagare) som är prioriterade kategorier i föreningens verksamhet.

Med denna mobilisering ger sig föreningarna in i ett socialt projekt där de svenska medborgare som nappar på föreningarnas och andra aktörers erbjudanden, görs till en gemenskap av "utlandssvenskar" med tillgång till Spaniensverige. Gemenskapen kan ha olika valörer och uttryck beroende på vilken förening eller organisation som är aktör. I samtliga de föreningar som beskrivits i denna bok finns inslag i praktiken som leder in i ett Spaniensverige. I Spaniensverige finns det förutom social gemenskap på svenska, enkla förbindelser till det svenska samhället och det finns praktiska sätt att lösa de relationer som är "bra att ha" för de livsstilsmigranter som har sin vardagstillvaro i Spanien. Genom information och förmedling av kontakter finns dessutom en manual för det transnationella liv som kräver kunskap i till exempel ekonomiska transaktioner och juridik.

Med denna profilering gentemot bland annat pensionärer och livsstilsprojekt, stakar föreningarna ut en väg för svenskarna i nätverken som de belägger med ett bekvämt, tryggt och, åtminstone i relation till det dagliga spanska livet, segregerat liv. I detta ingår således möjligheterna för medlemmarna att åtminstone delvis ha kvar sina sociala och samhälleliga engagemang i Sverige. Det är till exempel inget som hindrar att migranterna med sådan service har regelbundna kontakter med släkt och vänner och de kan utan särskilda krångel sköta ekonomiska och skattemässiga frågor i såväl det svenska som det spanska samhället. För dem som vill begränsa kontakterna med det offentliga spanska samhället till ett minimum så finns det tjänster som kan bistå i detta. Med tanke på att föreningarna dessutom tar ett vidare ansvar för representation och annat kan de också sägas vara förvaltare av svenskarnas kontakter med det spanska samhället.

Föreningarna gör indirekt anspråk på att vara en guide för svenskarna i södra Spanien. Men det är inte individernas steg in i det spanska samhället som föreningarnas *patos* och *logos* främjar. Snarare leder guiden in i en tillvaro där livsstilsprojektets förverkligande och en känsla av att vara hemma bland andra svenskar blir en central grundsten. Denna lokalisering av gemenskapen som en gäst i ett samhälle som definieras som "värd" eller "främmande" är i korthet också vad diasporor i andra sammanhang ägnar sig åt. Det betyder inte alltid att detta är en självvald position – inte ens den svenska diasporans segregering gentemot det spanska samhället är helt och hållet självvald – men positionen underblåses och reproduceras av den praktik som olika diasporiska aktörer iscensätter.

Det finns till sist också en rad samhälleliga villkor och ramar som möjliggör den diasporiska mobilisering som skildrats här. För att dra paralleller till en tidigare studie av diaspora har jag visat att den chilenska diasporan i Sverige genomgick en ganska tydlig kursförändring i samband med den chilenska demokratiseringen i slutet av 1980-talet (Olsson 2009). Samtidigt var det tydligt att denna kursändring samspelade med en rad kommunikationstekniska genombrott vid ungefär samma tidpunkt. Den chilenska diasporan i Sverige har inte längre den politiskt motiverade grund för gemenskap som den hade under exilen utan har, i takt med en rad förändringar i Chile men också globalt, numera ett mycket större inslag av livsstilsrelaterad mobilitet. Detta ger en fingervisning om de samhälleliga kontexternas historiska betydelse för social mobilisering. Den praktik som initierades för att samla svenskarna under 1960-talet har, på liknande sätt som i det chilenska fallet, förändrats i takt med att det spanska samhället har demokratiserats och det faktum att både Sverige och Spanien blivit medlemmar i EU. Det har också skett en flerdubbling av antalet svenska migranter i Spanien. Karen O'Reilly (2017) sätter den brittiska livsstilsmigrationen till Spanien i ett perspektiv av den finansiella krisen år 2008 och de konsekvenser denna hade för den "brittiska kolonin". Den ekonomiska knipa som många hamnade i hade direkta konsekvenser för denna koloni bland annat genom att en hel del tvingades lämna sina bostäder och flytta tillbaka till Storbritannien. Samtidigt noterar O'Reilly också en omorientering av diasporan eftersom de som stannade kvar i Spanien tycktes vara de som funnit ett lokalt engagemang och permanentat sin tillvaro. Det återstår att se hur "brexit" fortsättningsvis kommer att påverka förutsättningarna för gemenskapsbyggen bland de brittiska migranterna i Spanien.

Även om den svenska migrationen till Spanien inte har drabbats särskilt hårt av finanskrisen 2008, kan vi vara förvissade om att förutsättningarna för en svensk diaspora kommer att svänga med liknande förändringar i omvärldsbetingelserna. Vi vet till exempel inte hur miljöhänsynen kommer att påverka mobiliteten bland migranterna. Om till exempel flygskatterna höjs och resandet begränsas, vad händer då med en gemenskap som så tydligt som den svenska diasporan byggs kring livsstil och transnationalitet? Vi vet heller inte var de framtida politiska besluten landar när det gäller diasporans möjligheter att behålla anknytningen till ett svenskt trygghetssystem med mera.

En diasporisk gemenskap bland svenskar i södra Spanien är inte en direkt konsekvens av migrationen till Spanien. Migrationen utgör själva referenspunkten för gemenskapen men diasporan materialiseras (som process betraktad) först när det etableras en social praktik som byggs upp kring rättigheterna och möjligheterna att uppträda som svensk i södra Spanien. I detta aktuella fall finns dessutom individernas möjligheter och förutsättningar att röra och bosätta sig fritt över statsgränserna, liksom rättigheterna att äga och förvalta egendom i båda länderna, med som en central förutsättning. Utvecklingen av en svensk diaspora i södra Spanien hänger därför mycket nära samman med såväl skiftet i samhällsklimatet som den materiella utvecklingen. I detta finns ett samspel som på olika plan skapat de villkor som är nödvändiga i görandet av en transnationell livsstilsdiaspora av svenskar i södra Spanien.

Epilog

Guiden till Spaniensverige visar *en* väg av flera möjliga som individer kan följa. Den kan i många fall leda migranterna till en bekväm tillvaro i de internationella miljöerna i södra Spanien. Jag vill som slutkläm trots allt påstå att livet som svensk livsstilsmigrant *inte* helt och hållet handlar om bekvämlighet i livsstilsprojektet. Inte heller ses alltid en tillvaro kring det svenska eller ens det "internationella", som den högsta formen av välmående. Den stora majoriteten av svenskarna i södra Spanien läser inte den guide som går till Spaniensverige från pärm till pärm eller med helt okritiska ögon. Många av de svenska migranter i Spanien som jag talat med under denna studie har istället på ett eller annat sätt uttryckt en önskan om att bli mer delaktiga i det spanska samhället. Jag vet inte riktigt vad detta står för men kan konstatera att för de svenska livsstilsmigranterna i Spanien är barriärerna för delaktighet i medborgerlig mening stora. Det krävs bland annat goda kunskaper i spanska, insikter i hur det spanska systemet fungerar på olika plan – inte minst den offentliga byråkratin – och det krävs tillgång till sociala arenor och förståelse av hur det sociala livet fungerar i Spanien. Så länge det saknas en praktik som verkar för att på allvar gripa sig an dessa utmaningar blir migranternas önskan om ett större deltagande i det spanska samhället en individuell affär. I guiden till Spaniensverige saknas fortfarande detta kapitel som skulle kunna handla om diasporans integration i det nya samhället.

Referenslitteratur

Ahmed, Sara (2006). *Queer Phenomenology: Orientations, Objects and Others*. Durham and London: Duke University Press.

Aldrich, Howard E. & Waldinger, Roger (1990). "Ethnicity and Entrepreneurship", *Annual Review of Sociology*, 16: 111–135.

Anderson, Benedict (1983). *Imagined Communities. Reflections on the origins and Spread of Nationalism*. London: Verso editions.

Asplund, Johan (1991). *Essä om Gemeinschaft och Gesellschaft*. Göteborg: Korpen.

Ayalew, Tekalign (2017). *Struggle for Mobility: Risk, hope and community of knowledge in Eritrean and Ethiopian migration pathways towards Sweden*. Stockholm: Stockholm University.

Baldassar, Loretta & Merla, Laura (red.) (2014). *Transnational Families, Migration and the Circulation of Care. Understanding Mobility and Absence in Family Life*. New York: Routledge.

Basch, Linda, Schiller, Nina G. & Szanton-Blanc, Christina (1994). *Nations Unbound: Transnational Projects, Postcolonial Predicaments and Deterritorialized Nation-States*. London and New York: Routledge.

Bauböck, Rainer (2010). "Cold constellations and hot identities: Political theory questions about transnationalism and diaspora", ingår i Bauböck, R. & Faist, T. (red.), *Diaspora and Transnationalism: Concepts, Theories and Methods*. Amsterdam: Amsterdam University Press (s. 295–322).

Benson, Michaela & O'Reilly, Karen (2009). "Migration and the search for a better way of life: a critical exploration of lifestyle migration", *Sociological Review*, 57, 4: 608–625.

Benson, Michaela & Osbaldiston Nicholas (red.) (2014). *Understanding lifestyle migration: theoretical approaches to migration and the quest for a better life*. Basingstoke: Palgrave MacMillan.

Billig, Michael (1995). *Banal Nationalism*. London: Sage Publications.

Blommaert, Jan (2014). "Infrastructures of Superdiversity: Conviviality and language in an Antwerp neighborhood", *European Journal of Cultural*

Studies, July, 2014. http://ecs.sagepub.com/content/early/2014/01/08/1367
549413510421.

Bordieu, Pierre (1989). *The Logic of Practice*. Cambridge: Polity Press.

Braziel, Jana E. & Mannur, Anita (red.) (2003). *Theorizing Diaspora: A reader*.
Malden: Blackwell Publishing.

Bradburd, David (1998). *Being There: The Necessity of Fieldwork*. Washing-
ton: Smithsonian Institution Press.

Brown, Jennifer (2011). "Expressions of Diasporic Belonging. The Divergent
Emotional Geographies of Britain's Polish Communities", *Emotion, Space
and Society*, 4, 4: 229–237.

Brubaker, Rogers (2005). "The 'diaspora' diaspora", *Ethnic and Racial Stu-
dies*, 28, 1: 1–19.

Börestam, Ulla (2011). *Scandigo supermercado, Skandinavisk noticias S.L.
och Scandinavian building: lite om företagsnamn med skandinavisk profil
bland utlandsskandinaver i Spanien*. Uppsala: Uppsala universitet.

Casado-Diaz, Maria A. (2009). "Social capital in the sun: bonding and brid-
ging social capital among British retirees", ingår i Benson, M. & O'Reilly,
K. (red.), *Lifestyle migration: expectations, aspirations and experiences*.
Farnham: Ashgate (s. 87–102).

Cohen, Robin, (1997). *Global Diasporas: An Introduction*. London: UCL
Press.

Conzen, Kathleen (1989). "Ethnicity as Festive Culture: Nineteenth-Century
German-America on Parade", ingår i Sollors, W. (red.), *The Invention of
Ethnicity*. Oxford: Oxford University Press (s. 44–76).

de Haas, Hein (2014). *Migration Theory: Quo Vadis?* Oxford: DEMIG project
paper 24. Working Papers, Paper 100, November 2014. https://heindehaas.
files.wordpress.com/2015/05/de-haas-2014-imi-wp100-migration-theory-
quo-vadis.pdf.

Eriksen, Thomas, H. (1993). *Ethnicity and Nationalism: Anthropological Per-
spectives*. London: Boulder Press.

Faist, Thomas (2000). *The Volume and Dynamics in International Migration
and Transnational Social Spaces*. Oxford: Oxford University Press.

Faist, Thomas (2010a). "Diaspora and transnationalism: what kind of dance
partners?", ingår i Bauböck, R. & Faist, T. (red.), *Diaspora and Transna-
tionalism: Concepts, Theories and Methods*. Amsterdam: Amsterdam Uni-
versity Press (s. 9–34).

Faist, Thomas (2010b). "Cultural Diversity and Social Inequalities", *Social Research*, 77, 1: 297–324.

Faist, Thomas, Fauser, Margit & Reisenauer, Eveline (2013). *Transnational Migration*. Cambridge: Polity Press.

Fortier, Anne-Marie (2006). "Community, Belonging and Intimate Ethnicity", *Modern Italy*, 11, 1: 63–77.

Gavanas, Anna (2016). *Pensionärsplaneten: Spaniensvenskar och pensions-migration i en globaliserad värld*. Stockholm: Makadam.

Gavanas, Anna (2017). "Swedish Retirement Migrant Communities in Spain: privatization, informalization and moral economy filling transnational care gaps", *Nordic Journal of Migration Research*, 7, 3: 165–171.

Geertz, Clifford (1973). *The Interpretation of Cultures: selected essays*. New York: Basic Books.

Giddens, Anthony (1979). *Central Problems in Social Theory: Action, Structure and Contradiction in Social Analysis*. Berkeley and Los Angeles: University of California Press.

Glick Schiller, Nina, Basch, Linda & Szanton-Blanc, Cristina (red.) (1992). *Towards a Transnational Perspective on Migration: Race, Class, Ethnicity and Nationalism reconsidered*. New York: New York Academy of Science.

Grassman Jeppson, Eva & Taghizadeh Larsson, Annika (2012). *Som ett andra hem? Svenska utlandskyrkan i en tid av globalisering och äldremigration*. Linköping: Linköpings universitet.

Gupta, Akhil & Ferguson, James (1997). *Anthropological Locations: Boundaries and Grounds of a Field Science*. Berkeley: University of California Press.

Gustafson, Per (2001). "Retirement Migration and Transnational Lifestyles", *Ageing and Society*, 21, 4: 371–394.

Gustafson, Per (2002). "Tourism and seasonal retirement migration", *Annals of Tourism Research*, 29, 4: 899–918.

Gustafson, Per (2008). "Transnationalism in retirement migration: the case of North European retirees in Spain", *Ethnic and Racial Studies* 31, 3: 451–475.

Gustafson, Per (2009). "Your home in Spain: residential strategies in international retirement migration", *Lifestyle migration: expectations, aspirations and experiences*, ingår i Benson, M. & O'Reilly, K. (red.), *Lifestyle migration: expectations, aspirations and experiences*. Farnham: Ashgate (s. 69–86).

Gustafson, Per & Laksfoss Cardozo, Ann E. (2017). "Language Use and Social Inclusion in International Retirement Migration", *Social Inclusion*, 5, 4: 69–77.

Hannerz, Ulf (1983). *Över gränser: studier i dagens socialantropologi.* Lund: LiberFörlag.

Hannerz, Ulf (red.) (2006). *Flera fält i ett: Socialantropologer om translokala fältstudier.* Stockholm: Carlssons.

Hedlund, Eva (2011). *Utvandrare.nu – från emigrant till global svensk.* Stockholm: Föreningen svenskar i världen.

Huete, Raquel & Mantecón, Alejandro (2012). "Residential Tourism or Lifestyle Migration: Social Problems Linked to the Non-Definition of the Situation", ingår i Moufakkir, O. & Burns, P. (red.), *Controversies in Tourism.* Oxfordshire: Cabi.

Johansson, Rune (1999). "'Ett odödligt sinnelag'", ingår i Olsson, E. (red.) *Etnicitetens gränser och mångfald.* Stockholm: Carlssons (s. 285–353).

Kalra, Virinder, S., Kaur, Raminder & Hutnyk, John (2005). *Diaspora and Hybridity.* London: Sage Publications.

King, Russel (2002). "Towards a new map of European migration", *International Journal Population Geography,* 8: 89–106.

King, Russel, Warnes, Anthony M. & Williams, A.M. (2000) *Sunset Lives: British Retirement Migration to the Mediterranean.* Oxford: Berg Publishers.

Leivestad, Hege H. (2015). *Lives on Wheels: Caravan Homes in Contemporary Europe.* Stockholm: Stockholm University.

Levitt, Peggy (2001). *The Transnational Villagers.* Berkeley: University of California Press.

Lundström, Catrin (2014). *White Migrations: gender, whiteness and privilege in transnational migration.* Basingstoke: Palgrave Macmillan.

Lundström, Catrin (2017). *Vit migration: kön, vithet och privilegier i transnationella migrationsprocesser.* Stockholm/Göteborg: Makadam.

Lutz, Catherine & Abu-Lughod, Lili (red.) (1990). *Language and Politics of Emotion. Studies in Emotion and Social Interaction.* Cambridge: Cambridge University Press.

Naldemirci, Öncel (2013). *Caring (in) Diaspora: Aging and caring experiences of older Turkish migrants in a Swedish context.* Göteborg: Göteborgs universitet.

O'Reilly, Karen (2000). *The British on the Costa del Sol: Transnational Identities and Local Communities.* London: Routledge.

O'Reilly, Karen (2017). "The British on the Costa del Sol Twenty Years On: a story of liquidity and sedimentation", *Nordic Journal of Migration Research*, 7, 3: 139–147.

O'Reilly, Karen & Benson, Michaela (2009). "Lifestyle migration: escaping to the good life?", ingår i Benson, M. & O'Reilly, K. (red.), *Lifestyle Migration: Expectations, Aspirations and Experiences*. Ashgate, Farnham (s. 1–13).

Oliver, Caroline (2007). *Retirement Migration: Paradoxes of Ageing*. London: Routledge.

Oliver, Caroline & O'Reilly, Karen (2010). "A Bourdieusian analysis of class and migration: habitus and the individualising process", *Sociology*, 44, 1: 49–66.

Olsson, Erik (2009). "From Exile to Post-Exile: the diasporisation of Swedish Chileans in historical contexts", *Social Identities*, 15, 5: 659–676.

Olsson, Erik (2013). "Diaspora: renässans för ett begrepp i förskingring(en)", ingår i Peterson B. & Johansson, C. (red.), *IMER idag – aktuella perspektiv på internationell migration och etniska relationer*. Stockholm: Liber (s. 247–271).

Olsson, Erik (2014). "From Diaspora with Dreams, Dreaming about Diaspora: Narratives on a Transnational Chilean Community", *Diaspora*, 17, 3: 362–384.

Olsson, Erik (2017). "The Guide to Comfort: The diasporic practices of Swedish clubs in Southern Spain", *Nordic Journal of Migration Research*, 7, 3: 156–164.

Olsson, Erik & O'Reilly, Karen (2017). "North-Europeans in Spain: Practices of community in the context of migration, mobility and transnationalism", *Nordic Journal of Migration Research*, 7, 3: 133–139.

Ortner, Sherry (2006). *Anthropology and Social Theory: Culture, Power, and the Acting Subject*. Durham NC: Duke University Press.

Safran, William (1991). 'Diasporas in modern societies: myths of homeland and return', *Diaspora*, 1, 1: 83–99.

Sökefeld, Martin (2006). "Mobilizing in Transnational Space: a social movement approach to the formation of diaspora", *Global Networks*, 6, 3: 265–284.

Sørensen, Ninna Nyberg & Gammeltoft-Hansen, Thomas (2013). "Introduction", ingår i Gammeltoft-Hansen, T. & Sørensen, N. N. (red.), *The Migration Industry and the Commercialization of International Migration*. London: Routledge (s. 1–23).

Tallgren, Henrik (1999). *Skandifest: en antropologisk studie av skandinav-amerikanskt festivalfirande i Kalifornien*. Göteborg: Göteborgs universitet.

Tallgren, Henrik (2000). *Svensk-amerikaner i Kalifornien: en studie av lågaktiv etnicitet.* Göteborg: Göteborgs universitet.

Torkington, Ken (2010). "Defining lifestyle migration", *Dos Algarves,* no 19, 2010.

Tönnies, Ferdinand (2002 [1887]). *Community and society.* New York: Dover.

Wahlbeck, Östen (1999). *Kurdish Diasporas: a Comparative Study of Kurdish Refugee Communities.* London: Macmillan.

Wahlbeck, Östen & Olsson, Erik (2007). "Diaspora – ett berest begrepp", ingår i Olsson, E., Lundqvist, C., Rabo, A., Sawyer, L., Wahlbeck, Ö & Åkesson, L. (red.), *Transnationella rum: Diaspora, migration och gränsöverskridande relationer.* Umeå: Boréa (s. 43–68).

Vertovec, Steven & Cohen, Robin (1999). "Introduction", ingår i Vertovec, S. & Cohen, R. (red.), *Migration, diasporas and transnationalism.* Cheltenham: Edward Elgar Publishing (s. xiii-xxviii).

Walker, Iain (2012). "Ntsambu, the Foul Smell of Home. Food, Commensality and Identity in the Comoros and in the Diaspora", *Food and Foodways,* 20, 3–4: 187–210.

Wallin, Antti (2017). "The Transnational Lives of Finnish Retirees in Torrevieja", *Matkailututkimus* 13, 1–2: 6–20. https://journal.fi/matkailututkimus/article/view/67845.

Woube, Annie (2014). *Finding one's place: an ethnological study of belonging among Swedish migrants on the Costa del Sol in Spain.* Uppsala: Uppsala University.

Woube, Annie (2017). "Living with Change among a Transient Population – Narratives of Collective Belonging among Swedish Migrants on the Costa del Sol in Spain", *Nordic Journal of Migration Research,* 7:3: 148–155.

Xiang, Biao & Lindquist, Johan (2014). "Migration Infrastructure", *International Migration Review,* 48, 1: 122–148.

Övriga källor

Ett antal referenser till notiser och annonser från tidskrifter som Bulletinen årgångarna 2013, 2014 och 2015. Särskilt Bulletinen 2013, nr 3, Bulletinen 2014, nr 4, 6, 7 och Bulletinen 2015 nr 3.

Motsvarande referenser till Nórdico Nytt årgångarna 2013, 2014 och 2015.

Enskilt citerade artiklar:

Colling, Torbjörn (2014). "Bedragare i bilbranschen", *Bulletinen* 2014, nr 7:9.

Kihlgren, Tuula (2014). "Stekning i matolja", *Bulletinen* 2014, nr 6:20.

Ronander, Lilian (2015). "Sök bygglov innan du gör en om- och tillbyggnad", *Bulletinen 2015*, nr 3:18).

Siverdahl, Tommy (2014). "Artikel om arvsbeskattning". *Nórdico Nytt 2014*, nr 4:32.

Nórdico Nytt (2014). "Hos tandläkaren", artikel. *Nórdico Nytt*, nr 4:10.

Internetkällor:

Referenser till allmänt förekommande annonser och medlemsinformation under åren 2015–2015 i framförallt föreningarna AHN, Club Nórdico (Costa Blanca), Club Nórdico (Solkusten), Club Sueco och Más Amigos samt information inom Svenska kyrkan och CFS.

Enskilt citerade hemsidor:

AHN (2014). *Bra att veta.* https://sites.google.com/site/ahnare/bra-att-veta. Visning 2014-03-18.

AHN-fuengirola-mijas (2015). *Klubbafton.* https://www.ahn-fuengirola.net. Visning 2015-02-10.

AHN-fuengirola-mijas (2018). *Bra att veta.* https://www.ahn-fuengirola.net/bra-att-veta. Visning 2018-04-25.

AHN-golf (2018). https://sites.google.com/site/ahnojojoj/home. Visning 2018-04-25.

Aktiv i Torrevieja (2018). *Aktiv i Torrevieja.* http://www.aktivitorrevieja.com/. Visning 2018-04-25.

CFS (2014). *CFS Marbella.* http://www.cfsmarbella.com. Visning senast 2014-03-16.

Club Nordico (2018a). *Om Oss.* http://www.clubnordico.com/om-oss. Visning 2018-04-25.

Club Nordico (2018b). *HAR DU SVÅRT MED BYRÅKRATIEN I SPANIEN?.* http://www.clubnordico.com/byrakratien. Visning 2018-04-24.

Club Nordico Solkusten (2014a). *Om Club Nordico.* https://sites.google.com/sites/clubnordicosolkusten/home/om-club-nordico/. Visning 2014-11-27.

Club Nordico Solkusten (2014b). *Fester.* https://sites.google.com/sites/club-nordicosolkusten/home/om-club-nordico/underhaallning/fester. Visning 2014-11-27.

Club Sueco (2014). *Hem.* http://clubsueco.com/. Visning 2014-12-07.

Colling, Torbjörn (2013). *Svenskarna i Lomas del Mar startade turismen i Torrevieja.* https://www.masamigos.com/sv/articulo/svenskarna-i-lomas-del-mar-startade-turismen-i-torre-vieja. Visning 2014-11-26.

Kustradion (2014). *Hem.* http://www.kustradion.fm/. Visning 2014-11-27.

Más Amigos (2014). Notis om adventsfirande. http://www.masamigos.com/sv/evento/julgranst-ndning-s-ndag-30-november-ca1730. Visning 2014-11-27.

Mas Amigos(2018a). *Om Oss.* http://amigos.masamigos.com/sv/nosotros. Visning 2018-04-25.

Mas Amigos (2018b). *Más Amigos Greenfee priser.* http://golf.masamigos.com/sv/greenfee/precios. Visning 2018-04-25.

Megafon.net (2015a). *Bo i Spanien.* http://www.megafon.net/sv/bo-i-spanien.html. Visning 2015-01-22.

Megafon.net (2015b). *Index.* http://www.megafon.net/sv/index.html. Visning 2015-02-15.

Mäklarmässan (2018). *Hem.* http://maklarmassan.nu. Visning 2018-04-25.

Nyttigt.EU (2015). *De mest hälsosamma platserna att bo på i världen.*, http://www.nyttigt.eu/de-mest-halsosamma-platserna-att-bo-pa-i-varlden/. Visning 2015-02-16

Rad, Mattias (2015). *Vad varje svensk borde veta om Spanien.* http://www.semesterbostad-spanien.se/Spanien/artiklar/vad-varje-svensk-borde-om-spanien-innan-semestern. Visning 2018-04-26

Ronander, Lilian (2014). *De ankrade på en strand för femtio år sedan.* https://www.masamigos.com/sv/articulo/de-ankrade-p-en-sandstrand-f-r-dryt-femtio-r-sedan. Visning 2015-02-18.

Skandinaviska Skolan (2015). *Costa Blanca.* http://www.skandinaviskasko-lan.com/page/costablanca.htm. Visning 2015-01-22.

Svenska skolan Costa del Sol (2018). *Vår verksamhet.* http://www.skolan.es. Visning 2018-04-26.

Spanienhem (2015). *Online.* Tillgänglig på http://www.spanienhem.se/cos-ta-blanca.php. Visning 2015-01-25.

Svenska Kyrkan (2014a). *Hem.* http://www.svenskakyrkan.se/default.aspx-?id=652695. Visning 2015-05-28.

Svenska kyrkan (2014b). Protokoll för årsstämman. http://www.svenskakyr-kan.se/costadelsol/protokoll-arsstamma. Visning 2014-02-16.

Sjöö, Hertha. *Solkustens äldsta nordiska förening Asociación Hispano Nordica*, http://www.svenskamagasinet.nu/article.1463.html. Visning 2015-03-02.

Svenskar i Spanien (2011). *Svenskar i Spanien.* http://www.svenskarispanien.com/. Visning 2018-04-26.